VENCEDORES

8 MANERAS DE VIVIR CON
UNA FUERZA IMPARABLE, UNA FE
INAMOVIBLE Y UN PODER INCREÍBLE

DR. DAVID JEREMIAH

GRUPO NELSON
Desde 1798

NASHVILLE   MÉXICO DF.   RÍO DE JANEIRO

Editora en Jefe: *Graciela Lelli*
Traducción: *Andrés Carrodeguas*
Adaptación del diseño al español: *Mauricio Diaz*

ISBN: 978-0-71807-465-4

Impreso en Estados Unidos de América
18 19 20 21 22 LSC 9 8 7 6 5 4 3 2 1

CONTENIDO

Prólogo — v

Capítulo 1: El Vencedor — 1

Capítulo 2: Vence a la debilidad con la fortaleza — 25

Capítulo 3: Vence a la falsedad con la verdad — 47

Capítulo 4: Vence al mal con el bien — 71

Capítulo 5: Vence a la ansiedad con la paz — 93

Capítulo 6: Vence al temor con la fe — 117

Capítulo 7: Vence a la confusión con la sabiduría — 139

Capítulo 8: Vence las tentaciones con las Escrituras — 161

Capítulo 9: Vence todo con la oración — 183

Capítulo 10: Vence a la muerte con la vida — 207

Reconocimientos — 229

Notas — 233

Acerca del autor — 247

PRÓLOGO

La situación actual es difícil. A veces parece como si el mundo se estuviera desmoronando. En ocasiones, nos da la impresión de que nuestro corazón ya no puede resistir más sufrimientos. Sin embargo, y a pesar de todo lo que el mundo te pueda tirar encima —ansiedades, temores, confusiones, tentaciones—, la decisión es tuya sobre cómo responder.

Tú puedes admitir la derrota, o vivir en la victoria que Dios te ha prometido.

Es fácil decir que decides proclamar la victoria, ¿pero estás preparado para ella? ¿Estás listo para ganar esta pelea contra el temor? ¿Estás listo para superar el mundo en la práctica y no solo en teoría?

En este libro te mostraré la manera de lograrlo.

¿Qué sucedería si te enfrentaras a tus desafíos en el nombre del Señor? ¿Cómo sería tu vida si en todas las situaciones tu meta fuera darle gloria a su nombre? ¿Qué sucedería si abrazaras por completo la estrategia de Dios para obtener la victoria?

Si hicieras esas cosas, serías un Vencedor. Y lo creas o no, esto es lo que realmente eres si pones tu fe y esperanza en Cristo: «Sin embargo, en todo esto somos más que vencedores por medio de aquel que nos amó» (Romanos 8.37).

Este libro te enseñará la estrategia de Dios para vencer las pruebas con las que te tienes que enfrentar. ¿Cómo sé yo cuál es esa estrategia?

Porque cuando el Espíritu inspiró a Pablo para que describiera la armadura espiritual que necesitamos a fin de protegernos, escribió:

> Por último, fortalézcanse con el gran poder del Señor. Pónganse toda la armadura de Dios para que puedan hacer frente a las artimañas del diablo. Porque nuestra lucha no es contra seres humanos, sino contra poderes, contra autoridades, contra potestades que dominan este mundo de tinieblas, contra fuerzas espirituales malignas en las regiones celestiales. Por lo tanto, pónganse toda la armadura de Dios, para que cuando llegue el día malo puedan resistir hasta el fin con firmeza.
>
> Manténganse firmes, ceñidos con el cinturón de la verdad, protegidos por la coraza de justicia, y calzados con la disposición de proclamar el evangelio de la paz. Además de todo esto, tomen el escudo de la fe, con el cual pueden apagar todas las flechas encendidas del maligno. Tomen el casco de la salvación y la espada del Espíritu, que es la palabra de Dios. Oren en el Espíritu en todo momento, con peticiones y ruegos. Manténganse alerta y perseveren en oración por todos los santos. (Efesios 6.10-18)

Basados en estos versículos, sabemos que Satanás nos ataca, por lo menos, de ocho maneras distintas:

- Satanás quiere alejarte de la fortaleza divina.
- Satanás quiere destruir tu sinceridad.
- Quiere destruir tu corazón y tu vida justa.
- Te quiere llenar de ansiedad.
- Te quiere llenar de dudas.
- Quiere confundir tu mente.
- Le encanta tentarte para que peques.
- Odia verte orar.

En cada capítulo de este libro aprenderás una estrategia vencedora con la cual podrás derrotar esos ataques. En estas páginas conocerás hombres y mujeres que vencieron a sus propias adversidades, con el fin de que puedas aprender de su firmeza y ser inspirado por ella.

También descubrirás el camino a la victoria sobre las pruebas a las que te tienes que enfrentar en tu propia vida. Sí; todas ellas: la pérdida, la desilusión, la traición, el maltrato, las heridas, las mentiras, la adicción, la baja autoestima, los errores, la angustia, la ira, la ansiedad, los pesares. No hay nada que te pueda enviar Satanás que tú no puedas vencer.

Sin embargo, el momento de prepararte es ahora mismo. Nunca te podré insistir lo suficiente en esto.

Cuando Satanás ataque, no vas a tener tiempo de buscar en Google «la armadura espiritual». No vas a tener tiempo de telefonear a un amigo en busca de un consejo sobre la posibilidad de contraatacar. Tal vez no tengas tiempo ni siquiera para tirarte de rodillas a orar.

Tienes que estar preparado.

En el primer capítulo nos centraremos en David, el mayor Vencedor del Antiguo Testamento. En el último, te contaré el relato sobre el mayor Vencedor de la historia, el Señor Jesucristo. Y en los capítulos que van desde el de David hasta el de Jesucristo, descubriremos ocho estrategias para vencer los desafíos a los que nos tengamos que enfrentar en nuestra vida.

- Cómo superar la debilidad con la fuerza
- Cómo superar la falsedad con la verdad
- Cómo superar el mal con el bien
- Cómo superar la ansiedad con la paz
- Cómo superar el temor con la fe
- Cómo superar la confusión con la sabiduría
- Cómo superar la tentación con las Escrituras
- Cómo superarlo todo con la oración

El viaje espiritual del Vencedor es un viaje sanador profundo y maravilloso. Dios es totalmente bueno, y solo nos da buenos dones, uno tras otro, una y otra vez, con el fin de fortalecernos para todo aquello que nos depare el futuro. Si abres tu corazón para recibir esas cosas, Él lo va a llenar hasta que desborde.

La preparación para ser un Vencedor te dará una fortaleza, una paz, una valentía, una esperanza y un gozo tales como nunca has conocido.

También traerá victoria a su vida espiritual. Y esto es importante, amigo, porque la victoria es lo que Dios quiere para sus hijos: «¡Pero gracias a Dios, que nos da la victoria por medio de nuestro Señor Jesucristo!» (1 Corintios 15.57). «Sin embargo, gracias a Dios que en Cristo siempre nos lleva triunfantes y, por medio de nosotros, esparce por todas partes la fragancia de su conocimiento» (2 Corintios 2.14).

Únete a mí en este camino hacia la transformación de tu vida. Únete a mí para llevar una vida de fortaleza imparable, fe inamovible y poder increíble ante todos los desafíos posibles.

¡Únete a mí y abraza el destino que Dios te ha dado, porque tú eres un Vencedor!

CAPÍTULO 1

EL VENCEDOR

Tendríamos que buscar arduamente y durante mucho tiempo para encontrar un héroe tan improbable como Desmond Doss, un personaje real de la película del 2016 *Hacksaw Ridge*. E igualmente difícil sería encontrar un representante mejor para el tema de este libro: cómo vivir como un Vencerdor.

Nacido en Virginia en 1919 en una familia trabajadora, Doss se enroló en el ejército durante la Segunda Guerra Mundial. Debido a sus profundas convicciones religiosas de que Dios le había llamado a nunca llevar un arma consigo, se entrenó como médico y fue asignado a una compañía carabinera.

¡Imagínate negarse a llevar un arma y aún así determinado a ir a la guerra! Las convicciones de Doss le causaron burla, abuso y desprecio de sus compañeros y menoprecio por parte de sus superiores, pero nunca vaciló. Terry Benedict, quien filmó un documental sobre Doss en 2004, dijo: «Simplemente no se ajustaba al modelo de la Armada de un buen soldado».

Pero todo esto cambió en abril 1945, cunado la compañía de Doss luchó la batalla de Okinawa, la batalla más sangrienta de la guerra del Pacífico. La clave para ganar Okinawa era apoderarse de un bastión japonés en una peña cortada a 122 metros que los americanos llamaron Hacksaw Ridge. Se libró una batalla sangrienta, pero los japoneses mantuvieron la posición. Finalmente, ordenaron la retirada al batallón de Doss.

Pero Doss podía ver los cuerpos americanos esparcidos por el campo de batalla, y sabía que había heridos entre ellos. Se quedó atrás y, con el fuego de las ametralladoras y la artillería alrededor, corrió repetidamente a la zona de muerte, llevando a los soldados heridos al margen de la colina y bajándolos él solo a un lugar seguro con una cuerda que había hecho.

Durante doce horas, repitió esta ardua tarea hasta que supo con seguridad que no quedaban más americanos heridos en el campo. Cuando finalmente salió de la zona, ¡Desmond Doss había salvado las vidas de setenta y cinco hombres!

Días más tarde, las tropas americanas tomaron Hacksaw Ridge mientras Doss yacía herido en un hospital de la base. Cuando su oficial de mando le trajo su preciosa Biblia mojada y quemada que había perdido en el primer asalto, le contaron que cada hombre de la compañía, los mismos que le habían ridiculizado por su fe, habían insistido en buscar su Biblia hasta encontrarla.

Por su increíble hazaña, le otorgaron a Doss la Medalla de Honor Congresional.

Años más tarde, le preguntaron cómo encontró la fortaleza para seguir adelante esa noche. Su respuesta fue simple. Cada vez que terminaba de bajar a otro hombre a un lugar seguro, él oraba: «Señor, ayúdame a encontrar uno más».[1]

Como descubrió Desmond, superarse es un asunto espiritual. Pero la idea de «superar o vencer» también tiene un significado militar: conquistar. Como miembros del reino de Dios, somos llamados a conquistar las barreras entre quienes somos y quienes Dios quiere que seamos. Nuestra meta is «sobrepasar» de lo que somos hoy y florecer como las personas que Dios ha pretendido que fuéramos.

Los obstáculos que debemos vencer caen en tres categorías: pecado, el mundo y el diablo. Nuestra propia naturaleza pecaminosa es un obstáculo; las tentaciones del mundo son otro obstáculo; y el mismo diablo es otro obstáculo. Afortunadamente, en cada caso, Dios nos ha equipado para sobrepasar cada barrera en nuestro camino, como descubriremos cuando lleguemos al capítulo dos.

En mi opinión, David es el Vencedor mayor del Antiguo Testamento, y es el ejemplo modélico para las lecciones que vamos a aprender. David luchó muchas batallas durante su vida, pero es la primera que todos recordamos mejor —el día que derrotó al gigante Goliat.

En este primer capítulo de *Vencedores*, te invito a mirar nuevamente esta historia bien conocida. Escucha la historia como si nunca la hubieras oído antes porque la usaré para ayudarte a entender lo que significa ser un Vencedor. Conforme aprende como David encontró el coraje y las fuerzas para derrotar al gigante, descubrirás cómo superar los desafíos de tu propia vida.

EL DESAFÍO DEL VENCEDOR

En Israel hoy, hay un lugar donde un ancho desfiladero se abre paso entre dos altos precipicios. Se cree que fue este el lugar donde se desarrolló el combate entre David y Goliat.

A un lado del barranco estaba el ejército de Israel. Al otro estaba el de los filisteos. Abajo, en el valle situado entre ambos lados se halla el llano donde se peleó la batalla. Tiene cerca de cien metros de ancho, la extensión de un campo moderno de fútbol.

En medio de ese llano, entre los dos ejércitos, se hallaba de pie un hombre inmenso llamado Goliat. Y del lado de los israelitas salió un muchacho adolescente llamado David.

El relato sobre David y Goliat, que aparece en 1 Samuel 17, no es solo una historia acerca de un muchacho que combatió contra un gigante. Es el conflicto de todos los tiempos. Es la historia de la batalla que se ha estado luchando desde que Satanás se rebeló contra Dios por vez primera. La historia del bien frente al mal; el desafío al Dios viviente lanzado por el diablo y sus fuerzas.

Pero, en primer lugar, ¿cómo llegaron a esa situación estos dos oponentes tan inverosímiles?

Comencemos con Goliat.

La Biblia dice específicamente que Goliat era un guerrero famoso entre los filisteos, y nos informa que procedía de Gat, una ciudad bien conocida en el Antiguo Testamento. Gat es el lugar al que se refirieron los espías cuando volvieron a donde estaba Moisés con un mal informe acerca de la Tierra Prometida. En Gat era donde, según aquellos espías incrédulos, había gigantes; unos gigantes tan enormes, que junto a ellos, los espías parecían langostas.

Un erudito sostiene que la descripción de Goliat que aparece en 1 Samuel 17 es la descripción física más detallada de un hombre entre todas las que aparecen en las Escrituras.[2]

EL TAMAÑO DE GOLIAT

«Un famoso guerrero, oriundo de Gat, salió del campamento filisteo. Su nombre era Goliat, y tenía una estatura de casi tres metros» (1 Samuel 17.4).

En unos tiempos en que la altura promedio de un hombre era de metro y medio, las medidas de Goliat resultan asombrosas. Medía «seis codos y un palmo», lo cual significa que tenía entre 2,90 y 3,0 metros de altura.

Esto significa que tenía por lo menos 0,6 metros más de altura que los jugadores más altos del baloncesto profesional. Y unos 0,4 metros más que el ser humano más alto de todos los que viven en la actualidad, Sultan Kösen, quien mide 2,5 metros de altura. Ahora bien, Goliat no era simplemente alto y delgado. Era un hombre inmenso que es probable que pesara entre ciento ochenta y doscientos treinta kilos.

EL ASPECTO DE GOLIAT

En su libro *David y Goliat: Desvalidos, inadaptados y el arte de luchar contra gigantes,* el autor Malcolm Gladwell describe la armadura de Goliat.

Para protegerse contra los golpes al cuerpo, usaba una elaborada túnica formada por centenares de placas de bronce superpuestas como las escamas de un pez. Esta túnica le cubría los brazos y es probable que pesara más de cuarenta y cinco kilos. Tenía protectores para las piernas, unidas a placas de bronce que le cubrían los pies. Usaba un pesado casco de metal. Tenía tres armas separadas, todas perfeccionadas para el combate cuerpo a cuerpo. Sostenía en la mano una jabalina arrojable hecha totalmente de bronce, y capaz de atravesar un escudo, o incluso una armadura. En la cadera llevaba una espada. Y como opción primaria suya, llevaba una clase especial de lanza de corto alcance con un asta de metal que "era como un rodillo de telar"...

¿Ahora puedes ver por qué ningún israelita estaba dispuesto a presentarse para pelear con Goliat?[3]

Para hacer peores las cosas, Goliat no los había amenazado una vez. ¡Claro que no! Había estado saliendo al frente dos veces al día durante seis semanas, para pararse en el valle y gritarles su reto cada mañana y cada tarde.

EL RETO DE GOLIAT

Imagínate este hombre bestial, inmenso y monstruoso, que llega caminando pesadamente hasta la mitad del llano frente a ti para rugir sus amenazas.

«Goliat se detuvo ante los soldados israelitas, y los desafió: "¿Para qué están ordenando sus filas para la batalla? ¿No soy yo un filisteo? ¿Y no están ustedes al servicio de Saúl? ¿Por qué no escogen a alguien que se me enfrente? Si es capaz de hacerme frente y matarme, nosotros les serviremos a ustedes; pero, si yo lo venzo y lo mato, ustedes serán nuestros esclavos y nos servirán". Dijo además el filisteo: "¡Yo desafío hoy al ejército de Israel! ¡Elijan a un hombre que pelee conmigo!"» (1 Samuel 17.8-10).

¿Qué sonido tendría la voz de un hombre del tamaño de Goliat? Yo me imagino que sería un rugido capaz de sacudirte hasta el alma. Un sonido destinado a infundir el terror en los corazones de los israelitas, por si su tamaño no hubiera sido suficiente para hacerlo. Rugía lo suficientemente fuerte como para que lo escucharan a ambos lados de aquel llano del tamaño de un campo de fútbol, exigiendo que un hombre, uno solo, saliera para enfrentarse a él en combate singular.

Y no hubo hombre alguno entre los israelitas que se pudiera atrever a responderle.

El combate singular era una práctica común en el mundo antiguo. En lugar de destruir por completo al enemigo y perder así todos aquellos posibles esclavos, los filisteos querían resolver la batalla de una forma económica. Cada uno de los lados enviaría un hombre a pelear, y esos dos hombres pelearían a muerte. La nación del ganador proclamaba su propia victoria.

La nación del perdedor era esclavizada, tratada con brutalidad y sufría cosas aún peores.

¿Quién puede culpar a los israelitas por no haber respondido al desafío de Goliat? Estarían escogiendo una muerte segura, o una esclavitud también segura, y todos ellos comprendían esto. ¿Quién de nosotros, dudoso de su habilidad y de su fortaleza, sin tener el poder de Dios, quería ser el hombre que enviara a sus hermanos a un destino semejante?

LA NATURALEZA DEL VENCEDOR

Se iba a necesitar algún tipo de guerrero que se le enfrentara a Goliat. En el ejército de Saúl no había nadie preparado para aceptar aquella responsabilidad. Pero entonces… apareció David.

David era el más joven de los ocho hijos de Isaí. Aunque él había sido ungido por el profeta Samuel como el próximo rey de Israel, su tiempo para reinar no había llegado todavía y él seguía en casa con su familia. Mientras tanto, sus tres hermanos mayores habían seguido a Saúl a la batalla.

Por eso un día Isaí envió a David al campamento de Saúl con provisiones para sus hermanos y para el jefe de su batallón. Un padre sabio, Isaí no solo quería estar seguro de que sus hijos tuvieran alimentos, pero también de que su jefe los viera de una manera favorable. «Averigua cómo les va a tus hermanos, y tráeme una prueba de que ellos están bien» (1 Samuel 17.18).

El muchacho se debe haber sentido entusiasmado de poder ir corriendo a ver los ejércitos cuando su padre lo envió con aquel encargo. Sin embargo, aunque estaba muy emocionado, hizo algo significativo aquella mañana antes de marcharse. Atendió a sus responsabilidades y se aseguró de que hubiera alguien al cuidado de las ovejas (v. 20).

Este detalle es importante; muestra un rasgo pequeño, pero revelador de su personalidad. Los Vencedores se centran en detalles que pasan inadvertidos para los demás. Hacen lo que se necesita hacer, incluso cuando no hay nadie observándolos.

LA CONVICCIÓN QUE SINTIÓ DAVID

Cuando David llegó al campamento, cumplió primero con su deber; encontró al encargado de las provisiones y le entregó la carga que había traído. Después de esto, fue corriendo hasta el ejército y saludó a sus hermanos. Mientras él estaba hablando con ellos, Goliat caminó hasta el campo que estaba debajo y gritó su desafío.

David pareció sorprenderse de que no le respondiera nadie. Les preguntó a los hombres que tenía alrededor: «¿Qué dicen que le darán a quien mate a ese filisteo y salve así el honor de Israel?» (v. 26). Los guerreros le respondieron que el rey le daría a aquel hombre grandes riquezas, la mano de su hija en matrimonio y la casa de su padre quedaría exenta de pagar impuestos.

El incentivo era grande.

A pesar de que era difícil para David entender por qué nadie había aceptado el llamado para defender a Israel, fue aún más terrible para David que Saúl no había aceptado el desafío. Aunque su cabeza sobresalía sobre las de todos sus soldados, y era su rey, no estaba dispuesto a responder al desafío. Él habría debido ser quien se enfrentara a las amenazas de Goliat. Habría debido ser Saúl quien bajara al llano para encontrarse con el gigante dotado de todo el poder y toda la fortaleza del Señor.

Pero la relación de Saúl con Dios se había deteriorado tanto que él estaba operando en la carne. Había perdido su capacidad para confiar en el Dios Viviente.

¡Así que David se ofreció como voluntario!

LA VALENTÍA DE DAVID

Antes de que David declarara que pelearía contra Goliat, algo sucedió que revela el lado humano de los Vencedores, un lado humano que no ha cambiado desde los tiempos bíblicos. Cuando Eliab, el hermano mayor de David, lo oye preguntando acerca de la recompensa, se pone furioso.

«¿Qué has venido a hacer aquí?», le exigió Eliab. «¿Con quién has dejado esas pocas ovejas en el desierto? Yo te conozco. Eres un atrevido y mal intencionado. ¡Seguro que has venido para ver la batalla!» (v. 28).

«¿Y ahora qué hice? —protestó David—. ¡Si apenas he abierto la boca!» (v. 29).

Su respuesta es brillante. Al mismo tiempo que evade la ira de Eliab, se vuelve a centrar en el asunto que tiene entre manos. «No te enojes conmigo», le dice. «¿Acaso no hay algo más importante en lo que nosotros debemos estar pensando?».

Cuando un hombre o una mujer deciden ser campeón de Dios, se está buscando una gran cantidad de oposición y de críticas. Pero como David, podemos mantenernos firmes en nuestras convicciones cuando estamos siguiendo al Señor y su llamado.

LA SEGURIDAD DE DAVID

Y entonces David declaró que él pelearía con Goliat. ¡Imagínate la reacción! Probablemente hubo burla, risas e incredulidad que paulatinamente se tornaron en desconcierto e ira. ¿O, quizás, admiración? Seguramente algunos soldados sentían miedo, por la terrible suerte de este muchacho y por ellos mismos, y por el inevitable final que les aguardaba.

Cuando Saúl escuchó aquello, llamó a David. Al principio, trató de convencer al muchacho para que no lo hiciera, recordándole su juventud y su falta de experiencia, y que Goliat sí era un guerrero bien entrenado y experimentado, «un guerrero toda la vida» (v. 33).

Pero David siguió inalterable. Él sabía que su poder estaba en el Señor. En realidad, su valentía era un producto de su fe en Dios. Sin Dios, David no tenía poder alguno contra ese gigante, pero con Dios, podía vencer al hombre más feroz que existiera.

Al no poder convencer a David para que no peleara, Saúl le ofreció su armadura. Sin embargo, cuando David se la puso, no podía caminar con ella. Así que… se la quitó toda. El rey mismo le había dado su armadura real, seguramente la mejor de todas en el ejército entero, pero David sabía que no la debía usar. Si no podía caminar, ¿cómo iba a pelear?

EL TRIUNFO DEL VENCEDOR

Detengámonos por un instante para observar que los tres términos usados para describir a Goliat son físicos todos ellos: estatura, vista y grito. En cambio, los tres términos que describen a David son todos espirituales: convicción, valentía y seguridad.

Esta observación es clave mientras presenciamos lo que sucede a continuación.

LA HONDA DE DAVID

Entonces David se dirigió al llano. Por el camino, se detuvo en el río, donde escogió cinco piedras lisas, que metió en su bolsa de pastor. Llevando únicamente una honda en la mano, se acercó a Goliat.

Vale la pena que dediquemos un momento a comprender la importancia que tenía la honda en los tiempos bíblicos. Malcolm Gladwell escribe:

> Los ejércitos antiguos tenían tres clases de guerreros. El primer grupo era la caballería, unos hombres armados que iban a caballo o en carros. El segundo era la infantería, soldados de a pie revestidos de armadura y armados de espada y escudo. El tercero era el de los guerreros con proyectiles, o lo que hoy en día llamaríamos la artillería: los arqueros, y más importante aún, los tiradores. Los tiradores tenían un bolso de cuero atado por dos partes con una cuerda larga. Ponían una piedra o una bola de plomo en el bolso, lo giraban haciendo unos círculos cada vez más amplios y rápidos, y después soltaban un extremo de la cuerda, lanzando el proyectil hacia delante.

El uso de la honda exigía una cantidad extraordinaria de habilidad y de práctica. Sin embargo, en unas manos experimentadas, la honda era un arma devastadora... En el libro de los Jueces, en el Antiguo Testamento, se describe a los lanzadores de honda con tal precisión, que eran «capaces de lanzar con la honda una piedra por un pelo, sin errar». Un lanzador de honda con experiencia podía matar o lesionar seriamente a su blanco a una distancia que podía llegar a los doscientos metros... Imagínate que estás de pie frente a un lanzador de las Grandes Ligas de béisbol y este te lanza una pelota a la cabeza. A esto equivalía enfrentarse a un lanzador de honda, solo que él no lanzaba una pelota de corcho y cuero, sino una piedra sólida.[4]

LA ESTRATEGIA DE DAVID

Cuando Goliat vio a David, se sintió insultado, encolerizado incluso.

«¿Soy acaso un perro para que vengas a atacarme con palos? Y maldiciendo a David en nombre de sus dioses, añadió: ¡Ven acá, que les voy a echar tu carne a las aves del cielo y a las fieras del campo!» (1 Samuel 17.43, 44).

Imagínate lo que debe haber pensado Goliat. Había estado bajando a aquel valle dos veces al día durante seis semanas, esperando que apareciera alguien lo suficientemente valiente como para entrar en combate con él, y todo lo que había visto siempre allí era una serie de soldados israelitas aterrados. Entonces, ese día, ve a un muchacho sin armadura, sin escudo y sin espada.

El versículo 42 dice que Goliat le habló «con desprecio» a David, lo cual significa literalmente que «lo tuvo en poco», torciendo el labio.

David le contestó:

«Tú vienes contra mí con espada, lanza y jabalina, pero yo vengo a ti en el nombre del Señor Todopoderoso, el Dios de los ejércitos de Israel, a quien has desafiado. Hoy mismo el Señor te entregará en mis manos; y yo te mataré y te cortaré la cabeza. Hoy mismo echaré los cadáveres del ejército filisteo a las aves del cielo y a las fieras del campo, y todo el mundo sabrá que hay un Dios en Israel. Todos los que están aquí reconocerán que el Señor salva sin necesidad de espada ni de lanza. La batalla es del Señor, y él los entregará a ustedes en nuestras manos». (1 Samuel 17.45-47)

Este es el momento de la verdad. David acababa de enfurecer al mayor bravucón del vecindario, y si Dios no era quien David decía que era, David estaba perdido. Pero David intimidó con toda intención a Goliat, y al hacerlo, se puso en posición de ganar la batalla.

EL DISPARO DE DAVID

En ese momento, Goliat comenzó a avanzar hacia David. Y entonces fue cuando David corrió *hacia* el gigante.

Si tú hubieras estado contemplando la acción desde encima del barranco, habrías visto a un inmenso hombre armado que comenzaba a caminar hacia un muchacho comparativamente pequeño, y al parecer sin armas. Entonces verías algo asombroso: ¡verías que aquel pequeño muchacho salía corriendo directamente hacia el gigantesco guerrero!

Pero aquello no era un acto de fanfarronería. Era una estrategia. El gigante no se iba a marchar, y David estaba decidido enfrentarse a él con la ventaja de su parte. Por eso corrió hasta el lugar donde el alcance de su honda sería más eficaz. Cuando llegó al punto en el que quería estar, dejó de correr, tomó con rapidez una piedra de su zurrón y la puso en la honda. Entonces, con sus años de experiencia y de práctica, «con la honda se la lanzó al filisteo, hiriéndolo en la frente. Con la piedra incrustada entre ceja y ceja, el filisteo cayó de bruces al suelo» (v. 49).

Eitan Hirsch, experto de balística en las Fuerzas de Defensa Israelíes, recientemente hizo una serie de cálculos que indican que una piedra del tamaño típico, lanzada por un experto en el uso de la honda a una distancia de treinta y cinco metros, habría golpeado a Goliat en la cabeza a una velocidad de treinta y cuatro metros por segundo, lo cual significa unos ciento veintidós kilómetros y medio. Velocidad más que suficiente para penetrarle en el cráneo y dejarlo inconsciente, o muerto.[5]

Entonces David cumplió lo que había prometido. Corrió, se puso sobre Goliat, tomó la espada del mismo gigante y le cortó con ella la cabeza a aquel hombre.

Los segundos que siguieron deben haber estado llenos de estupefacción en ambos ejércitos. Es probable que los israelitas pensaran: «¿Será verdad que vi lo que creo haber visto?». ¡Y los filisteos supieron que se habían metido en un gigantesco problema!

Al reflexionar en este famoso relato como Vencedores, vemos que tenemos cinco lecciones que aprender. Veámoslas una por una, a través del lente del relato mismo, y de los relatos de otras personas que se enfrentaron a unos gigantes parecidos... y los derrotaron.

Cuando te tengas que enfrentar a un desafío...

NIÉGATE A PERMITIR QUE TUS AMIGOS TE DESALIENTEN

¿Recuerdas la reacción de Eliab cuando oyó que su hermano menor estaba haciendo preguntas acerca de Goliat? ¿Cuántas veces te ha sucedido algo parecido? ¿Alguna vez has estado decidido a hacer algo importante o grande, solo para ver cómo tus parientes o amigos más cercanos dudan de que lo puedas lograr?

Lo triste de esto es que no siempre podremos estar seguros de que nos van a apoyar aquellos con quienes nosotros contamos. De hecho, algunas veces, todo lo que sabremos que harán será burlarse de nosotros o desautorizarnos, en lugar de animarnos y apoyarnos.

Cada vez que quieras hacer algo grande para Dios, prepárate para ver cómo tus hermanos y hermanas te presentan todas las razones por las que vas a fracasar. Muchas veces, las críticas vienen de aquellos que no tienen la valentía necesaria para aceptar ellos mismos un desafío de esta categoría. Al parecer, lo que piensan es que, si ellos no van a tener éxito, tampoco quieren que lo tenga nadie más.

Prepárate para tropezar con este desafío. No dejes que las actitudes defensivas, los resentimientos, los celos o la ira de otros te desvíen de lo que te propones. Por buena que sea tu idea o tu meta, no esperes que las demás personas estén de acuerdo inmediatamente con tu propósito o tu visión. Te debes mantener firme en tu decisión.

En la década de 1930, Andrew Jackson Higgins estaba al frente de una compañía de construcción de barcos en Nueva Orleans. Cuando Estados Unidos entró en la Segunda Guerra Mundial, Higgins trató de convencer a la Marina de los Estados Unidos de que necesitaba una pequeña barcaza de desembarco con el fondo plano, lados elevados y una ancha puerta frontal que se abriera para desembarcar a las tropas en las aguas poco profundas que los barcos más grandes no pudieran alcanzar. Sin embargo, la Marina no se interesó en su proposición.

En aquel momento de la guerra, todo estaba enfocado en los barcos más grandes: acorazados, cruceros, destructores y portaaviones. Pero Higgins fue persistente. Finalmente convenció a los altos mandos de la Marina sobre la necesidad de esa clase de barcazas, pero decidieron diseñarlas ellos mismos, en lugar de concederle el contrato a él.

Aún así, Higgins se negó a sentirse desanimado. Estuvo empujando y molestando durante dos años más, hasta que la Marina aceptó de mala gana a permitir que él compitiera con sus contratistas preferidos en el diseño de las barcazas. Como era de esperar, el diseño de Higgins era claramente superior. Por último, se le concedió un contrato para fabricar miles de LCVPs (siglas en inglés de Nave de Desembarco, Vehículo, Personal), como se les llamó a estas barcazas.

Pero la historia no termina aquí. Termina tres años más tarde, en las playas de Normandía.

Todos hemos visto en las películas los LCVPs que se usaron para los desembarcos cuando las tropas aliadas cruzaron el Canal de la Mancha para atacar las playas de Normandía, terminando por liberar a Francia y al occidente europeo del control nazi. ¡Eran las barcazas de Higgins!

La batalla de Normandía habría sido imposible sin la barcaza de transporte de tropas de fondo plano. El General Dwight D. Eisenhower dijo sobre Andrew Jackson Higgins: «Este es el hombre que ganó la guerra por nosotros».

Ciertamente, Higgins fue un Vencedor.[6]

Tal vez no te hayas dado cuenta, pero conoces a muchos otros: Abraham Lincoln, que se crió analfabeto y en la pobreza, fue rechazado por los banqueros, los votantes, las empresas y los decanos de las escuelas de derecho antes de convertirse en el presidente de los Estados Unidos. Los maestros de Thomas Edison le dijeron que él era demasiado torpe para aprender algo… y lo echaron de sus dos primeros empleos. Walt Disney fue despedido siendo editor de un periódico, porque su jefe dijo que le faltaba imaginación. Al Coronel Harland Sanders le dijeron que «No» 1.009 veces los dueños de restaurantes antes que hallara uno que estuvo dispuesto a probar su ahora famosa receta de pollo frito.

¿Captas la idea? A veces, los mayores obstáculos con los que nos tropezamos en la vida son las personas que nos rodean; las personas que necesitamos convencer para que nos apoyen, o las personas con poca visión que más nos necesitan.

Y esto nos trae a la siguiente lección…

CÉNTRATE MÁS FUERTEMENTE EN DIOS

Antes de convertirse en presidente de Child Evangelism Fellowship, Reese Kauffman era un exitoso fabricante de Indianápolis. Algunas de las lecciones que había aprendido en los negocios lo han ayudado en todos los aspectos de su vida y su ministerio. Uno de ellos se le presentó bajo la forma de una canoa.

«Un viernes por la tarde me volví en el auto a mi casa en un estado de depresión», dijo. «Aquella semana había perdido cuatro cuentas importantes; eran unos clientes que me había costado mucho trabajo conseguir. Perder uno solo de ellos habría sido un golpe, ¡pero perderlos a los cuatro en una semana! Me parecía que mi negocio se estaba viniendo abajo».

Linda, su esposa, le sugirió que se llevara la canoa para dar un paseo en el río durante un rato.

Así que llevé la canoa al río White», dice Reese, «y comencé a remar contracorriente hacia el puente. Mientras remaba, hablaba conmigo mismo, haciéndome preguntas y tratando de dominar verbalmente mis emociones.

¿Es Dios el soberano de mis asuntos? Sí. ¿Y me ama? Sí, con un amor superior a toda comprensión. ¿Él me haría daño? No. Él nunca me haría daño. Él es mi Padre celestial, que hace que todo obre para mi bien. Si esas cosas son ciertas, ¿de qué me estoy preocupando? No lo sé.

Mientras yo pensaba las cosas desde un punto de vista celestial o bíblico, se levantó la nube. Mi semblante cambió y volví a sentir gozo. Le di vuelta a la canoa y regresé a la casa convertido en un hombre diferente. Más tarde me di cuenta de que el Señor estaba borrando algunas cuentas de las más pequeñas, que de todas maneras no producían mucha ganancia. Las estaba sacando de mi agenda a fin de darles espacio a las cuentas más grandes y mejores que vendrían. También me di cuenta de nuevo que el Señor se aflige cuando nosotros no confiamos en Él. Dios nunca nos ha fallado, ni una sola vez. No te puedo decir en qué cantidad de ocasiones, tanto en el negocio como en el ministerio, he tenido que volverme a montar metafóricamente en esa canoa y recordarme a mí mismo que cada vez que me siento inquieto, es porque no estoy pensando de una manera bíblica, ni viendo con claridad.[7]

Kauffman aprendió a quitar los ojos del «gigante» en su vida y ponerlos sobre Dios, justo como hizo David.

Max Lucado señala que David solo hizo dos observaciones acerca de Goliat:

> Una afirmación hecha a Saúl sobre Goliat (v. 36). Y otra que le dijo a Goliat frente a su cara (v. 26).
>
> Eso es. Un comentario (chabacano) relacionado con Goliat, sin preguntas. Sin preguntas acerca de las aptitudes de Goliat, su edad, clase social o cociente intelectual. David no pregunta nada sobre el peso de la lanza, el tamaño del escudo... David no piensa sobre el diplodoco en la colina. Nada absolutamente.
>
> Pero piensa más en Dios.[8]

Lucado hace a continuación una lista de las nueve veces en que David mencionó la fortaleza del Señor: «Los pensamientos acerca de Dios superan a los pensamientos acerca de Goliat nueve a dos. ¿Cómo se compara esta proporción con la tuya? ¿Meditas sobre la gracia de Dios cuatro veces más que sobre tu propia culpa? ¿Tu archivo mental sobre la esperanza tiene cuatro veces el grueso de tu archivo mental sobre el temor? ¿Es cuatro veces más posible que describas la fortaleza de Dios, que las exigencias de tu día?».[9]

Está bien que hables con Dios acerca de tus problemas. Sin embargo, a veces necesitas hablarles de Dios a tus problemas. Predícales la bondad de Dios. Profetízales las promesas de Dios. Proclama al que venció en la cruz sobre ellos.

Pon tus problemas en perspectiva, y entonces...

REFLEXIONA EN TUS VICTORIAS ANTERIORES

En su condición de rey, Saúl se podría haber negado a permitirle a David que luchara con Goliat. Al fin y al cabo, era mucho lo que estaba en juego. Para convencer a Saúl, David le relató sus victorias anteriores, no para hacer alarde, sino para dejar sentada la verdad.

> «A mí me toca cuidar el rebaño de mi padre. Cuando un león o un oso viene y se lleva una oveja del rebaño, yo lo persigo y lo golpeo hasta que suelta la presa. Y, si el animal me ataca, lo agarro por la melena y lo sigo golpeando hasta matarlo. Si este siervo de Su Majestad ha matado leones y osos, lo mismo puede hacer con ese filisteo pagano, porque está desafiando al ejército del Dios viviente. El Señor, que me libró de las garras del león y del oso, también me librará del poder de ese filisteo». (1 Samuel 17.34-37)

David no exclamó: «¡Yo lo puedo hacer!». Lo que hizo fue indicarle que Dios había estado a su favor en el pasado, y por eso, podía confiar en que volviera a estar a su favor en el futuro. Él encontraba en el Señor su valentía. Sus victorias del pasado lo hacían sentirse seguro en el poder de Dios para vencer todos los desafíos.

Me gusta la observación que oí en una ocasión acerca de los testimonios: «Si nunca has pasado por una prueba, nunca podrás tener un testimonio». Una vez más te digo que hay muchas formas de encontrar fortaleza en tus éxitos del pasado, y permitirles que sostengan tu espíritu y tu fe.

Cuando Jim Jones tenía cinco años, fue enviado desde el hogar de su familia en Mississippi hasta el norte de Michigan para que viviera con sus abuelos. El trauma de este cambio causó que tartamudeara. Llegó a detestar la escuela, porque los otros chicos se burlaban de él cuando hablaba, pero aprendió a hablar lo menos posible y consolarse escribiendo poesía.

Cuando Jim era ya un adolescente, llegó a la escuela un nuevo maestro, Donald Crouch, profesor retirado y menonita devoto a quien le encantaba la poesía. Crouch se enteró de que a Jim también le gustaba la poesía, y que incluso escribía poesías. Entonces le pidió al muchacho que leyera sus poesías en voz alta. Jim se limitó a sacudir la cabeza y dar media vuelta para marcharse.

Sin embargo, estando una mañana en clase, Crouch le hizo un pequeño truco. El muchacho le había entregado un poema que él había escrito, pero el maestro le dijo: «No creo que tú hayas escrito esto».

Cuando Jim insistió tartamudeando en que él sí lo había escrito, el maestro lo obligó a probarlo leyéndoselo a toda la clase. Con las rodillas temblando, mientras los otros muchachos reían por lo bajo y susurraban, Jim comenzó a leer.

Así descubrió, como les sucede a muchos tartamudos, que los ritmos de la poesía permitían que sus palabras fluyeran de manera natural. Aquel día, Jim no tartamudeó. Siguió practicando la lectura de la poesía, y descubrió que tenía una voz resonante y excelente. Después de graduarse, obtuvo su diploma universitario, sirvió en el ejército y regresó para estudiar drama con la ayuda del GI Bill.

Hoy conocemos a Jim como James Earl Jones, magnífico actor, conocido por su talento en la actuación y por su voz resonante e inimitable. ¿Quién lo puede olvidar como la voz de Darth Vader en las películas originales de La Guerra de las Galaxias?

Pero, de nuevo, ese no es el final de la historia. Años mas tarde, estando en la cima de su carrera, a Jones se le pidió que grabara el Nuevo Testamento. Él recordó a Donald Crouch, el hombre que le dio la victoria sobre su discapacidad hace ya muchos años, y le dedicó a él su lectura.

Tal como señala Jones, Crouch «no solo ayudó a guiarme hacia el autor de las Escrituras, sino que, como padre de mi voz resucitada, también me ayudó a hallar vida abundante».[10]

Este es uno de los principales beneficios que podemos obtener cuando llevamos un diario de las bendiciones de Dios. Al fin y al cabo, la vida sigue su curso, y nosotros nos podemos olvidar de nuestros propios éxitos y triunfos, y también de aquellos que nos han ayudado. Cuando escribimos lo que Dios ha hecho por nosotros en el pasado... ¡nos estamos preparando a nosotros mismos para creer en que contaremos con Él en el futuro!

Con esta confianza en su fidelidad, tu puedes...

CORRER HACIA TUS PROBLEMAS; NO HUIR DE ELLOS

En 2008, el arquitecto Chris Downey, de San Francisco, sufrió una grave pérdida de la visión. Los médicos descubrieron que tenía un tumor que se había formado alrededor de su nervio óptico, lo cual exigía una operación quirúrgica inmediata. Cuando Chris despertó de la anestesia, su visión era borrosa, pero al menos podía ver. Sin embargo, al cabo de unos días, todo se le volvió negro. Había perdido la visión, y con ella su trabajo.

En el caso de la mayoría de los arquitectos, la ceguera habría significado el final de su carrera. Sin embargo, no fueron así las cosas con Chris Downey. En lugar de permitir que su ceguera lo alejara de su llamado, se le enfrentó directamente. Encontró un científico de computadoras para ciegos que había desarrollado un programa de *software* capaz de imprimir los planos en una impresora táctil de tal manera que le permitía palpar las líneas en el papel.

Después de aprender a leer los planos con las yemas de los dedos, la ceguera le dio a Chris una forma única de visualizar los espacios. Como lo explicaría otro arquitecto, Chris no ve los planos desde arriba, como los ven las personas videntes. Al contrario, lo que hace es recorrer con los dedos las líneas de los corredores de un edificio y visualizar así el espacio como si estuviera caminando por él. De esa manera, puede «ver» los obstáculos y recomendar detalles de eficiencia que los arquitectos videntes podrían pasar por alto. Las compañías dedicadas a la arquitectura han contratado a Chris como consultor para trabajar en la creación de unos diseños eficientes adaptados a las necesidades de los ciegos.

Chris Downey no huyó de su problema. Lo que hizo fue correr hacia él con valentía y creatividad.[11]

Al igual que los problemas de Chris, tus problemas probablemente no desaparezcan por sí mismos. Por lo general, como Goliat desafió a los israelitas, tienden a seguirse presentando mañana y tarde, con frecuencia mucho más allá de los cuarenta días.

Cualesquiera que sean, problemas familiares, problemas de trabajo, problemas económicos, cuando no podemos encontrarles respuesta, nos preocupamos, sentimos ansiedad, perdemos el sueño. Para mí, hay dos momentos del día en los cuales me preocupan más los problemas: a primera hora de la mañana, y a última hora por la noche.

Esa era la situación a la que se enfrentaban aquellos israelitas. Se veían enfrentados mañana y tarde con un desafío para el cual no tenían respuesta. Y ¿cómo respondió David?: «En cuanto el filisteo avanzó para acercarse a David y enfrentarse con él, también este corrió rápidamente hacia la línea de batalla para hacerle frente» (1 Samuel 17.48).

¿Cómo superas tus problemas? La historia de David nos dice cómo: ¡Corre hacia tus problemas, acéptalos y confróntalos! No los pospongas, ni los ignores, ni trates de esquivarlos. En cambio, ¡encáralos y abórdalos!

Finalmente, conforme corres hacia tu problema, asegúrate de…

PARA QUIÉN ESTÁS LUCHANDO?

En el otoño de 1964, Mary Pinchot Meyer, dama de la alta sociedad de Washington D. C., fue asesinada al estilo de una ejecución junto al canal donde iba ella a caminar todos los días. La policía halló cerca de allí a Ray Crump, Jr., un obrero afroamericano, y lo arrestó, culpándolo del asesinato. Dos testigos presenciales afirmaron haber visto a Crump de pie sobre el cadáver de la víctima. Lo describieron como un hombre afroamericano, al menos de un metro setenta de estatura, y con un peso de alrededor de ochenta y cinco kilos.

Los abogados defensores de Washington no se querían hacer cargo del caso, pero Dovey Johnson Roundtree lo tomó, cobrando como honorario la cantidad de un dólar. En los tribunales, los fiscales federales presentaron una gran cantidad de evidencias circunstanciales, veintisiete testigos y más de cincuenta pruebas documentales, para sostener que Crump había cometido el asesinato.

Sin embargo, la abogada defensora Roundtree llevó a cabo su propia investigación exhaustiva y encontró serias discrepancias dentro del caso presentado por la fiscalía. Al final, presentó solo tres testigos y una prueba documental. La prueba era el propio Crump, un hombre delgado y frágil que tenía apenas metro sesenta de estatura. Después de solo veinte minutos de recapitulación final, Roundtree ganó el caso.

¿Por qué aceptó Dovey Roundtree un caso con un perfil tan elevado y supuestamente imposible de ganar, y en el cual ella no recibió compensación alguna? La respuesta es que sabía que estaba aceptando un caso que era mayor que su cliente, e incluso mayor que ella misma.

Dovey Roundtree era la primera miembro afroamericana de la Asociación de Abogadas del Distrito de Columbia y una cristiana comprometida. A lo largo de toda su vida, Dovey aceptó casos que parecían desesperados, porque creía en la justicia y sabía por quién estaba luchando: el Dios de justicia.[12]

¿Sabes que en cada situación tú también puedes encontrar la fortaleza que necesitas simplemente recordando para quién estás luchando? David lo hizo. Escucha sus palabras a Goliat: «Tú vienes contra mí con espada, lanza y jabalina, pero yo vengo a ti en el nombre del Señor Todopoderoso, el Dios de los ejércitos de Israel [...] Todos los que están aquí reconocerán que el Señor salva sin necesidad de espada ni de lanza. La batalla es del Señor, y él los entregará a ustedes en nuestras manos» (vv. 45, 47).

Que diferente será cuando enfrentemos nuestros desafíos como lo hizo David. Si decimos: «Señor, por tu honor y tu gloria, voy a hacer lo correcto. Voy a honrarte y enfrentar mis batallas con el poder de tu nombre».

En los próximos capítulos hallarás una explicación sobre la estrategia de los Vencedores, y se te pondrá delante la senda a seguir por esos Vencedores. De ti dependerá el que la sigas o no. Aquí tienes algo que te podría ayudar.

Aunque puede ser difícil cambiar, la manera más fácil de adquirir nuevos hábitos es saber que hay una gran recompensa esperando por nosotros. Bueno, yo te aseguro que no hay mayor promesa que esa que te espera al otro lado de este viaje: «El que salga vencedor heredará todo esto» (Apocalipsis 21.7).

Tú estás llamado a ser un Vencedor. Estás llamado a caminar en victoria, fortaleza, paz y amor. Ven a caminar por la senda que Pablo describió para ti.

Ya es hora de que comiences tu nueva vida como Vencedor.

> *Porque todo el que ha nacido de Dios vence al mundo.*
> *Esta es la victoria que vence al mundo: nuestra fe.*
> —1 JUAN 5.4

CAPÍTULO 2

VENCE A LA DEBILIDAD
CON LA FORTALEZA

Denny Morrison, patinador canadiense de velocidad, ganó su primera medalla olímpica en 2006 y siguió ganando medallas hasta las Olimpíadas de Invierno del 2014. Después de esto, tenía los ojos firmemente puestos en los Juegos del 2018 en Corea del Sur. Sin embargo, en mayo del 2015, se vio envuelto en un horroroso accidente de motocicleta, del que apenas sobrevivió con diversas lesiones graves, entre ellas una que lo dejó con una barra de titanio en una pierna.

Tan pronto como le fue posible, comenzó el arduo proceso de rehabilitación y entrenamiento, decidido aún a calificar para las Olimpíadas del 2018. Pero al año siguiente, después de que él y su novia, Josie Spence, terminaron un recorrido de tres semanas en bicicleta, Josie notó en él una conducta sospechosa: dificultad para hablar con claridad, rostro caído, debilidad en el lado izquierdo y la chancla izquierda que se le caía continuamente. Spence se dio cuenta de lo que significaban esas señales. Se apresuró a llevarlo a un hospital, donde le diagnosticaron que había sufrido un derrame cerebral.

Nuevamente, Morrison se recuperó y se volvió a dedicar arduamente a su entrenamiento, luchando ahora también con las secuelas mentales del derrame, entre ellas la depresión. Sorprendentemente, en el 2017, él y Spence, también patinadora canadiense de velocidad, calificaron ambos para representar al Canadá en las Olimpíadas de Invierno del 2018.

El entrenamiento para este nivel de competencias presiona a los atletas hasta sus límites, pero los compañeros de equipo de Morrison dijeron repetidas veces que él era su inspiración para seguir adelante, pasara lo que pasara. Su entrenador decía de él que era la persona más resistente que él había visto. Y, aunque Morrison no ganó medallas en el 2018, su recorrido para llegar a ese punto fue en sí mismo una victoria.

Para describir su «coraje» y empeño, Morrison escribía: «Está en la naturaleza humana el que nos encontremos con las adversidades y, cuando nos encontramos con ellas, tenemos que tomar una decisión: ¿Voy a luchar? ¿Voy a vencer esto y a trabajar para alcanzar mis metas? ¿O me voy a dar por vencido y fracasar?

«Cuando las cosas se interponen entre nosotros y lo que queremos alcanzar, es ese factor de coraje el que nos lleva hasta donde queremos ir. Nadie alcanza sus metas con facilidad, cualquiera que sea su tipo de trabajo. Pero yo pienso que, si lo intentas con coraje y sigues adelante, te sorprenderás a ti mismo y sorprenderás a los demás con lo lejos que puedes llegar».[1]

LA FORTALEZA DEL VENCEDOR

Tal como aprendió Denny Morrison, la fortaleza tiene muchas formas. Lo mismo sucede con la debilidad. Hay debilidades matrimoniales y morales, debilidades económicas y físicas, debilidades en los padres y debilidades relacionadas con nuestro trabajo. Sin embargo, entre

todas, la debilidad que más nos afecta es la debilidad en nuestra v
espiritual; en nuestro caminar con Dios.

Los sufrimientos, los desafíos y las adversidades son universales. En
algún momento, todos nos enfrentamos con algo que nos sacude hasta
lo más íntimo. La causa podrá ser externa, como una lesión, una pérdida
o un maltrato por parte de otras personas. También puede ser interna,
como la desconfianza con nosotros mismos, las malas decisiones, el
orgullo excesivo o las adicciones. En nuestro pasaje básico, tomado
de Efesios, se nos dice que nos enfrentemos a todas las realidades de
un mundo que se nos opone con la fortaleza que recibimos de nuestra
vida espiritual.

Cuando Pablo estaba haciendo su petición final a los Efesios, escri-
bió: «Por lo demás, hermanos míos, *fortaleceos* en el Señor, y en el *poder*
de su *fuerza*» (Efesios 6.10, RVR60, cursiva del autor). Otra traducción
posible sería la que sigue: «Sean fuertes [...] no con su propia fuerza,
sino con la del Señor, en el poder de sus inagotables recursos».

Esta orden que nos da Pablo de mantenernos fuertes se hace eco
de otras presentes en diversos lugares de la Biblia.

- Cuando Dios le encomendó a Josué la misión de ser el
  sucesor de Moisés como líder nacional de Israel, le orde-
  nó en tres ocasiones diferentes: «¡Sé fuerte y valiente!»
  (Josué 1.6, 7, 9).
- David le dijo a su hijo Salomón: «¡Sé fuerte y valiente,
  y pon manos a la obra! No tengas miedo ni te desani-
  mes, porque Dios el SEÑOR, mi Dios, estará contigo»
  (1 Crónicas 28.20).
- Pablo preparó a Timoteo, su hijo espiritual, para su
  nuevo papel pastoral dándole este consejo: «Así que tú,
  hijo mío, fortalécete por la gracia que tenemos en Cristo
  Jesús» (2 Timoteo 2.1).

.s Escrituras encontramos un ejemplo tras otro de situaciones
.uales Dios se acercaba a personas que se sentían débiles e in-
.citadas, que sentían la ausencia de la fortaleza necesitada para la
.comienda que se les había dado, y las llamaba a ser fuertes. De hecho,
.hay más de treinta situaciones en la Biblia en las cuales Dios le *ordena*
a alguien que sea fuerte.

Cuando leemos las palabras motivadoras que le dirigió Pablo a los
efesios, suponemos por lógica que les estaba ordenando que fueran
fuertes para poder pelear. Al fin y al cabo, este pasaje describe de qué
manera se preparaba un soldado, y pelear es lo que hacen los soldados.
Pero leamos con mayor detenimiento el pasaje, y descubriremos que,
en realidad, no es un llamado a pelear.

Es un llamado a *mantenerse firmes*.

En Efesios 6 el apóstol Pablo usa tres veces el lenguaje de exhorta-
ción a mantenerse firmes para describir de qué forma aplicar a la rea-
lidad nuestra fortaleza espiritual (vv. 11, 13, 14). En mi Biblia he escrito
junto a estos versículos las palabras FUERTE PARA MANTENERME
FIRME. No se nos dice que peleemos, porque Cristo, por medio de su
muerte y resurrección, ya ha derrotado a Satanás. Esa es la razón de
que leamos en la Biblia versículos como estos:

- «Sin embargo, en todo esto somos más que vencedores por
  medio de aquel que nos amó» (Romanos 8.37),
- «¡Pero gracias a Dios, que nos da la victoria por medio de
  nuestro Señor Jesucristo!» (1 Corintios 15.57), y
- «Sin embargo, gracias a Dios que en Cristo siempre nos
  lleva triunfantes» (2 Corintios 2.14).

Desde el punto de vista espiritual, no estamos peleando *para obte-
ner* la victoria, sino *porque tenemos* la victoria, y esto lo cambia todo.
Somos llamados a ser fuertes, de manera que nos mantengamos fuertes
en la victoria que ya está ganada. Al mirar atrás, vemos que estamos

descansando en la victoria de Cristo sobre el pecado, Satanás y la muerte. Al mirar hacia delante, nos enfrentamos al futuro, sabiendo que Dios siempre nos guiará en victoria. ¡Esto es lo que significa ser un Vencedor!

Pablo se lo expresa así a los corintios: «Manténganse alertas; permanezcan firmes en la fe; sean valientes y fuertes» (1 Corintios 16.13).

MANTENTE FIRMES

En la versión cinematográfica de *La Comunidad del Anillo*, de J. R. R. Tolkien, el actor Ian McKellen hace el papel del mago inmortal Gandalf el Gris. Mientras él y los demás miembros de la Comunidad del Anillo huían de los orcos a través de las minas de Moria, debajo del monte Caradhras, los persigue un terrible y antiguo monstruo Balrog. En las minas, llegan hasta un profundo abismo sobre el cual se extiende un estrecho puente de piedra. Gandalf hace pasar a toda prisa a los demás este puente hasta llegar a lugar seguro y, de pie en medio del puente, se da vuelta para enfrentarse al Balrog.

El Balrog es una criatura demoníaca, una manifestación viva del fuego. De su garganta brotan las llamas, de su cuerpo emana fuego, y unos látigos de fuego fustigan por delante y por detrás alrededor de él. Mientras el Balrog hace todos los intentos posibles para destrozar al mago, Gandalf planta los pies en el puente de piedra, se enfrenta al monstruo, levanta los brazos, con la vara en una mano y la espada en la otra, y ruge: «¡No pasarás!».

Sin duda ya conoces de qué manera se desarrolla la historia desde este momento, y si no no arruinaré la sorpresa. Pero esto es lo que te quiero decir: Gandalf el Gris peleó a base de mantenerse firme, no de agitar en todos los sentidos posibles su espada o su vara. Esto es lo que Pablo te está diciendo, que Dios te ha llamado a pelear a base de mantenerte firme; a tomar una posición para impedir que pase la maldad. Por medio de tu fe, Él te da la valentía y la fortaleza para hacerlo.

¿Pero qué sucede si tu fe es débil? ¿Qué pasa si las dudas, el dolor o las creencias que te limitan son tan fuertes en tu cabeza y corazón que son todo lo que oyes?

Te entiendo. Seamos francos; todos miramos a Gandalf y decimos: «Bueno, para él fue fácil. Eso es lo que él era». Y es cierto. Gandalf estaba tan bien preparado para esta batalla como el que más. Y su enemigo era inconfundible; ¡nadie ve un Balrog y se pregunta si será un enemigo, o no!

Nuestro caminar es diferente. Nosotros no siempre tenemos un propósito o punto de destino claro. Con frecuencia, nuestros enemigos están buen disfrazados. Y no vivimos en un lugar ficticio llamado Tierra Media, rodeados de seres con fortaleza y capacidades sobrehumanas.

¿O sí?

A mí me parece que nuestro mundo tiene mucho de ser una especie de «tierra media», a mitad de camino entre la Creación y la Nueva creación. Todos nos enfrentamos a grandes desafíos. El maligno nos lanza «dardos de fuego» a diario, para que perdamos el equilibrio, o para lanzarnos al precipicio. Él hace todo lo que está dentro de su gran poder para impedir que nosotros lleguemos a nuestro destino eterno.

Día tras día, mientras nos apoyamos en la fortaleza de Dios, nos tenemos que preguntar: «¿Voy a vencer y a obrar para dirigirme a mis metas, o voy a fracasar, echándolo todo a rodar?».

Cada mañana, mientras tu cerebro lucha por salir del sueño para entrar al mundo consciente, tomas decisiones. ¿Cómo vas a comenzar tu día? ¿Cómo le vas a hablar y vas a tratar a tu cónyuge, a tu hijo, a tu colega, al extraño que tienes a tu lado? ¿Vas a dar pasos para cuidar de tu persona, o te vas a entregar a la precipitación de la vida, descuidando tus propias necesidades?

Y cuando te ataquen de una forma que ponga al descubierto tu debilidad, ¿qué vas a hacer? ¿Vas a pelear? (Satanás es más fuerte que tú).

¿O te vas a *mantener firme*?

Te exhorto a hacer caso de las palabras de Pablo y defender el terreno de tu vida manteniéndote firme. Pelea firme de pie en la victoria que ya es tuya en Jesucristo. Esa es la única cosa que tú tienes, y tu enemigo no tiene; es la única cosa para la cual él no tiene defensas. Sencillamente, mantente firme en todo el poder de la fortaleza de Dios por medio de Jesucristo. •

BUSCA LA FORTALEZA QUE NECESITAS

Yo siempre he sido una persona de mucha energía. Cuando era niño, mi madre me solía decir: «David Paul, ¿de dónde has sacado toda esa energía?». No lo decía por admiración, sino en medio de un frustrado agotamiento.

En la escuela secundaria, cantaba en el coro, tocaba en la orquesta, jugaba béisbol y baloncesto y corría en la pista. Pasé a los estudios universitarios con una beca de baloncesto, fui llevando el máximo posible de clases y trabajaba en dos estaciones de radio distintas durante los dos últimos años.

En Dallas, mientras asistía al seminario, trabajaba como estibador. Todos los fines de semana, mi esposa, Donna, y yo viajábamos en auto hasta Fort Worth para servir de residentes en la Iglesia Northwest Bible. También me las arreglaba de alguna manera para jugar baloncesto en una liga industrial en mis tiempos libres.

Después del seminario, nos mudamos a Haddon Heights, Nueva Jersey, donde trabajamos con los jóvenes de la iglesia bautista en un frenético compromiso de siete días a la semana. Dos años más tarde, seguimos la dirección del Señor hasta Fort Wayne, Indiana, donde fundamos junto con siete familias la iglesia bautista de Blackhawk.

Pregúntale a alguien que haya fundado una iglesia, y es probable que te diga que es lo más difícil de todo lo que ha hecho. Donna y yo estaríamos de acuerdo con él.

En 1981 acepté el llamado a San Diego para tomar la rienda de la iglesia que pastoreaba el doctor Tim LaHaye. Pero no se trataba solamente de una iglesia. También había un sistema escolar con escuela primaria y secundaria. Era una iglesia con tres locales, y en aquellos tiempos estaban en marcha serios planes para un centro de retiro. Yo participaba en todo aquello, asistiendo a las reuniones de la junta y del personal y predicando cinco veces en cada fin de semana. Siempre parecía tener la energía que necesitaba para cada una de esas tareas. No recuerdo haberme sentido cansado, porque nunca necesitaba muchas horas de sueño.

Sin embargo, esto cambió el 26 de septiembre de 1994. Me diagnosticaron un linfoma en su cuarta etapa, y de inmediato entré en un protocolo de tratamientos químicos.

Lo que más recuerdo es la debilidad y la profunda fatiga que le imponían las medicinas a mi sistema. Por mucho que durmiera, ya a las 9:00 A. M. quería volver a la cama. Fui de ser un hombre de gran energía que nunca paraba, a estar continuamente fatigado, confuso y sí, asustado por el estado de tanta debilitación en el que me encontraba. Nunca antes había comprendido cómo se sentía una persona débil.

En el primer domingo después de terminar la terapia con células madre que Dios usó para curarme de cáncer, luché para prepararme a hablarle a nuestra congregación por vez primera en ocho semanas. Todo iba bien, hasta que el coro comenzó a cantar el himno «Total Praise», de Richard Smallwood. Aquella no era la primera vez que lo escuchaba, pero en aquel día me afectó profundamente. Sus palabras se apoderaron de mi corazón.

Mientras estaba allí sentado, en la primera fila, comencé a llorar. Yo sabía que esas palabras eran ciertas. No solo porque estaban en la Biblia, sino también porque eran ciertas para mí, en mi recuperación del cáncer. El Dios Todopoderoso era la fuente de mi fortaleza. Era la fortaleza de mi vida.

Esta es la verdad de las Escrituras. Nuestro Dios es un Dios maravilloso… Un Dios cuya fortaleza es la mayor de todas.

- «¡El Dios de Israel da poder y fuerza a su pueblo! ¡Bendito sea Dios!» (Salmos 68.35).
- «Confíen en el SEÑOR para siempre, porque el SEÑOR es una Roca eterna» (Isaías 26.4).

Si Dios es tu fortaleza, pero aun así, hay debilidad en ti, ¿qué debes hacer? Solo el hecho de creer lo que dice la Biblia acerca de la fortaleza y el poder de Dios no basta para vencer la debilidad. Santiago nos recuerda que «también los demonios lo creen, y tiemblan» (Santiago 2.19).

Esta es la gran verdad: no le tienes que suplicar a Dios que te dé fortaleza; no tienes que buscar esa fortaleza. ¡Él está pendiente de darles su fortaleza a aquellos que la necesiten, y que estén dispuestos a recibirla!

Entonces, ¿cómo vencemos a nuestra debilidad con su fortaleza?

Permíteme decirte la increíble verdad que yo he aprendido: ¡Dios ha prometido *darnos* su propia fortaleza!

- «¿Acaso no lo sabes? ¿Acaso no te has enterado? El SEÑOR es el Dios eterno, creador de los confines de la tierra. No se cansa ni se fatiga, y su inteligencia es insondable. Él fortalece al cansado y acrecienta las fuerzas del débil» (Isaías 40.28, 29, cursiva del autor).
- «Así que no temas, porque yo estoy contigo; no te angusties, porque yo soy tu Dios. *Te fortaleceré* y te ayudaré; te sostendré con mi diestra victoriosa» (Isaías 41.10, cursiva del autor).

Si quieres traducir estas promesas del Antiguo Testamento al lenguaje del Nuevo, vas a escuchar al apóstol Pablo decir con regocijo: «Todo lo puedo en Cristo que me fortalece» (Filipenses 4.13).

Dios tiene toda la fortaleza que tú vas a necesitar en tu vida. Y él quiere poner su fortaleza a tu alcance. Ahora bien, ¿cómo puedes tener acceso a esa fortaleza? ¿Cómo bajas a tu vida la fortaleza de Dios?

LA FORTALEZA DE DIOS LA «BAJAMOS» DE SU PALABRA

En una ocasión se le acercó al erudito bíblico R. A. Torrey un hombre que se le quejó de que no sacaba nada del estudio de la Biblia. «Léala», le dijo Torrey.

El hombre le contestó: «Ya la leo».

«Léala un poco más», le dijo el hombre de Dios. «Escoja un libro y léalo doce veces al día durante un mes». Entonces la sugirió a aquel desalentado cristiano que comenzara con la segunda epístola de Pedro, porque solo tiene tres capítulos.

Muy pronto, aquel hombre decía: «Mi esposa y yo leíamos 2 Pedro tres o cuatro veces por la mañana, dos o tres veces después del mediodía, y dos o tres veces en la cena. Pronto le estaba hablando de 2 Pedro a todo el que me encontraba. Me parecía como si las estrellas de los cielos estuvieran cantando la historia de 2 Pedro. Leía 2 Pedro de rodillas, marcando los pasajes con mis lápices de colores. Mis lágrimas se mezclaban con los colores, y yo le decía a mi esposa: "Mira cómo he echado a perder esta parte de mi Biblia"».

Su esposa se limitaba a recordarle que mientras las páginas de su Biblia se habían vuelto más oscuras, su vida se había ido llenando de luz.[2]

Esto me recuerda algo que oí decir hace años: «Si tu Biblia se está haciendo pedazos, eso suele ser señal de que tú no te estás destruyendo».

El salmista escribió: «De angustia se me derrite el alma: susténtame conforme a tu palabra» (Salmos 119.28). ¿Pero cómo abrimos el corazón para que Dios haga esto?

Piénsalo de esta manera: el disco duro de tu computadora contiene todas las aplicaciones que tú utilizas para procesar textos, hacer contabilidad, gráficos y otras cosas. Cuando tú lanzas uno de esos programas, el contenido de esa aplicación «baja» del disco duro a una memoria temporal donde el sistema de operación de tu computadora lo encuentra y lo lleva a la pantalla de la computadora. Mientras tú no llames el programa para usarlo, él sigue presente en el disco duro, sin usar.

En otras palabras, el programa solo es un conjunto de datos en espera de resolver un problema. Tú tienes que llamar esos datos y aplicarlos.

En una forma similar, la Palabra de Dios está llena de «preciosas y magníficas promesas» de cosas que «necesitamos para vivir como Dios manda» (2 Pedro 1.3, 4). Toda la fortaleza que necesitamos para enfrentarnos a los desafíos de la vida se encuentra en la Biblia. Una Biblia guardada en un estante se halla repleta de verdades que dan fortaleza, pero esas verdades no cambian nada, hasta que se sacan del estante y se llevan al corazón y a la mente.

Logramos el acceso al poder de Dios a base de leer la Biblia, aprenderla de memoria, escucharla, meditar en ella y obedecerla. Como palabras de afecto procedentes de un amigo que nos brinda aliento, las palabras que hallamos en las páginas de las Escrituras fortalecen nuestra alma con sabiduría, gozo y luz (Salmos 19.7, 8). Así nos imparten la certeza de que la Palabra de Dios nos da su fortaleza.

El 19 de noviembre de 2007, Pauline Jacobi cargó en su auto en el estacionamiento de la tienda Walmart de Dyersburg, Tennessee, las provisiones que había comprado y entró en él para dirigirse a su hogar. De repente, un hombre saltó al asiento delantero junto a ella.

«Tengo un revólver, y le voy a disparar si usted no me da dinero», le dijo.

Pauline, una mujer de noventa y dos años, se negó a ceder ante su exigencia tres veces, diciéndole: «Si usted me mata, yo voy a ir al cielo, y usted al infierno. Jesús está en este auto, y va conmigo dondequiera que yo voy».

A aquel hombre se le llenaron de lágrimas los ojos, y durante los diez minutos siguientes, Pauline Jacobi le ministró acerca de la fe, de Dios y de la eternidad. Por último, él le dijo que se iba a su casa a orar. Ella le respondió que él podía orar en cualquier momento que quisiera, porque Dios lo iba a escuchar.

Entonces metió la mano en su bolso y le dio todo el dinero que le había quedado: diez dólares. Las lágrimas le rodaban al hombre por las rodillas mientras tomaba aquel dinero y se marchaba, pero no sin antes inclinarse hacia ella en el asiento para darle un beso en la mejilla.[3]

¿Qué le dio a Pauline Jacobi la fortaleza necesaria para enfrentarse verbalmente a aquel hombre? Fue la fortaleza de su vida espiritual, la fortaleza de su amor por Cristo y la seguridad que sentía en su Palabra. Y esa fortaleza estaba reforzada por su hábito de leer la Biblia todos los días, «bajando» la Palabra de Dios a su corazón y a su mente. ¡Qué Vencedora tan extraordinaria!

LA FORTALEZA DE DIOS LA «BAJAMOS» CON LA ADORACIÓN

Cuando nuestro corazón queda atrapado en la adoración a Dios, algo sucede en nuestro interior. La adoración nos llena el corazón con el conocimiento de que Dios es digno, y nos eleva el espíritu. Esa es la razón por la cual la Biblia está llena de versículos como los que siguen:

- «Enaltécete, Señor, con tu poder, y con salmos celebraremos tus proezas» (Salmos 21.13).

- «A ti, fortaleza mía, te cantaré salmos, pues tú, oh Dios, eres mi protector. ¡Tú eres el Dios que me ama!» (Salmos 59.17).

Uno de mis pasajes favoritos del Antiguo Testamento se encuentra en el libro de Habacuc. Este libro nos abre el corazón de un profeta que se siente angustiado porque Dios no atiende sus oraciones. Habacuc estaba viendo cómo Israel, su nación, estaba cayendo en el pecado y la rebelión. No pudo comprender por qué Dios no juzgó a la nación; porque Dios ni siquiera respondió a sus oraciones. Y entonces, un día Dios le respondió a Habacuc para decirle que había decidido usar a los caldeos como vara de juicio contra el pueblo de Israel.

En aquellos momentos, los caldeos eran la nación más malvada que había sobre la faz de la tierra. Y, sin embargo, ¿Dios los iba a usar *a ellos* para juzgar a su pueblo escogido?

El profeta Habacuc se sentía abrumado. ¿Por qué habría Dios de hacer algo así? Aquello iba contra todo lo que él había llegado a saber y amar acerca de Dios. Cuando leas este pequeño libro, vas a sentir la atroz angustia que le causaba a Habacuc la situación tan difícil de definir en la cual se encontraba.

Las primeras palabras del tercer y último capítulo del libro de Habacuc dicen lo siguiente: «Oración del profeta Habacuc. Según sigionot». Aunque no se conoce el significado exacto de la palabra *sigionot*, se suele considerar que se trata de algún tipo de indicación musical. Dicho esto, mira ahora las últimas palabras del libro: «Al director musical. Sobre instrumentos de cuerda». Estas dos indicaciones de tipo musical nos indican que todo lo que se halla escrito entre ambas es una canción. Y es una de las canciones de adoración más profundas de toda la Biblia. Termina con estas evocadoras líneas:

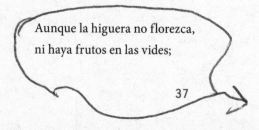

Aunque la higuera no florezca,
ni haya frutos en las vides;

aunque falle la cosecha del olivo,

y los campos no produzcan alimentos;

aunque en el aprisco no haya ovejas,

ni ganado alguno en los establos;

aun así, yo me regocijaré en el SEÑOR,

¡me alegraré en Dios, mi libertador!

El SEÑOR omnipotente es mi fuerza;

da a mis pies la ligereza de una gacela

y me hace caminar por las alturas.

—HABACUC 3.17–19

Al final, Habacuc tuvo que aceptar esta pregunta: ¿confiaré en la sabiduría y la bondad de Dios, pase lo que pase a mi alrededor?

En lugar de mirar hacia atrás, o mirar a su alrededor, Habacuc decidió mirar hacia arriba, y así la conclusión de su libro se convirtió en este maravilloso himno de alabanza.

¿Cómo podemos seguir el ejemplo de Habacuc? Adorando al Señor. Es necesario que amemos, adoremos y alabemos el nombre de Dios, cualesquiera que sean las cosas que sucedan a nuestro alrededor. Sabemos que Él nos acompañará hasta los confines más remotos de la tierra y hasta el final de esta era.

Cuando adoramos, nuestra vida recupera su integridad de maneras inesperadas. Y cuando nos enfrentamos directamente a los desafíos, seguimos alabando y adorando al Dios que es más grande y más fuerte que cuanto desafío se nos atraviese en el camino. Vencemos nuestra debilidad con una fortaleza que hemos «bajado» por medio de la adoración.

🌱 LA FORTALEZA DE DIOS LA «BAJAMOS» CON LA ESPERA

Tal vez no nos agrade esperar, pero la Biblia dice que cuando esperamos en el Señor, encontraremos la fortaleza que necesitamos:

- «Pon tu esperanza en el Señor; ten valor, cobra ánimo; ¡pon tu esperanza en el Señor!» (Salmos 27.14).
- «Aun los jóvenes se cansan, se fatigan, y los muchachos tropiezan y caen; pero los que confían en el Señor renovarán sus fuerzas» (Isaías 40.30, 31).

La esencia de la espera consiste en aceptar el desarrollo del plan de Dios en el tiempo de Él. Nos estamos preparando a nosotros mismos para escuchar su susurro cuando Él sepa que ya estamos listos. Sin embargo, esperar es lo opuesto a lo que nuestro mundo tan lleno de prisas nos ha enseñado.

Entonces, ¿cómo podremos esperar en Dios?

APRENDE A IR MÁS LENTO

Dedica un momento a reflexionar sobre la forma en que el frenético ritmo de nuestra vida afecta a la paz de nuestra alma. Por medio de sus preceptos y de sus ilustraciones personales, la Biblia nos señala en una dirección distinta. Para «bajar» de Dios fortaleza, necesitamos dedicar tiempo a estar con Él. Necesitamos tomar un ritmo de vida más lento, aprender a guardar silencio y orar.

Isaías escribió: «En la serenidad y la confianza está su fuerza» (Isaías 30.15).

La palabra que usa Isaías y que se ha traducido como «serenidad» significa un cese de actividades, más que un cese de ruidos. Este es el mensaje de Isaías 30. Dios quería que su pueblo abandonara su frenética actividad, con la cual estaba tratando de resolver sus propios problemas.

Todo este capítulo está lleno de situaciones en las cuales las personas se están esforzando, corriendo de aquí para allá con el fin de conseguir ayuda, y trabando alianzas con sus vecinos paganos. A medida que leemos el capítulo, podemos sentir cómo van en continuo aumento el estrés y las tensiones.

A medida que aumentan nuestros desafíos, tenemos una fatal tendencia a esforzarnos más y mantenernos aún más ocupados. Sin embargo, Dios dice que la forma en que aumenta nuestra fortaleza es retirarnos a la quietud de su presencia y esperar en Él.

Yo he intentado las dos formas. Algunas veces, he acudido a todos mis colegas, leído todos los libros, reclutado todos los aliados… y al final he terminado más estresado que cuando comencé.

Otras veces he acudido a Dios desde el principio y le he dicho: «Señor, estas cosas son demasiado para mí. No sé qué hacer, ni cómo las voy a manejar, y sencillamente, he decidido acudir a ti. Tú eres el Dios de mi vida. Calma mi alma y fortaléceme para lo que tengo por delante». Y entonces es cuando he recibido paz y fortaleza.

GUARDA SILENCIO

A diario, nos inundan los ruidos, las distracciones, la tecnología y los clamores de nuestra cultura. En los aeropuertos, a veces me he querido sentar en silencio a leer, pero los monitores de la televisión retumban con las noticias. En las clínicas de los médicos, tenemos que soportar los programas de juegos que braman desde una pared. En las grandes ciudades, los sonidos de los martillos neumáticos, las bocinas de los autos y las sirenas parecen no desaparecer nunca. En la casa, nuestros televisores, computadoras portátiles, tabletas y teléfonos inteligentes están sonando, pitando, y silbando alertas continuamente.

Todo ese ruido aumenta la tensión. El *Washington Post* publicó recientemente un relato sobre un azulejo que construyó su nido a setenta y cinco metros de un compresor de gas natural. A medida que pasaban las semanas, los niveles de sus hormonas del estrés se distorsionaron y su salud se deterioró. Simplemente, se le destrozó el cuerpo y sus polluelos no pudieron sobrevivir. Más tarde, cuando unos científicos analizaron su sangre, hallaron los mismos síntomas fisiológicos que el de las personas que sufren de un desorden de estrés postraumático.[4]

A continuación, el artículo describía los efectos debilitantes de la contaminación que crea el ruido en el ambiente natural que nos rodea. Está creando un estrés enorme en la fauna. Y también en nosotros. Nuestro mundo se halla cubierto de tanto ruido, fuerte, penetrante y perturbador, que nuestras almas se hallan crónicamente estresadas.

Si quieres fortalecer tu alma poniéndote en sintonía con la voz de Dios por medio de su Palabra y de la oración, aprende a mantenerte callado. El profeta Elías, en su tiempo de mayor debilidad, buscó a Dios en medio de un viento poderoso, de un gran terremoto y de un llameante fuego. Sin embargo, no oyó la voz de Dios en ninguna de esas manifestaciones dramáticas. Solo después que todo aquello terminó y el mundo quedó en silencio, Elías pudo escuchar el «suave murmullo» de Dios, la voz que le dio la fortaleza y el valor que él necesitaba (1 Reyes 19.12).

En su libro sobre el liderazgo, Ken Blanchard dice: «La soledad y el silencio nos dan cierto espacio para reformar nuestras actitudes más internas hacia las personas y los sucesos. Durante un breve tiempo, nos quitan el mundo de los hombres por un momento e interrumpen nuestro hábito de tratar constantemente de manejar las cosas, o de tener el control de todo, o de pensar que lo tenemos».[5]

ORA

La oración es un río a través del cual la fortaleza de Dios fluye hasta nuestra vida. Tal vez te sientas débil porque no has disminuido tu ritmo de vida lo suficiente para permanecer tranquilo delante del Señor y pedirle que fortalezca su corazón y tu alma. Aquí tienes un sencillo punto de partida para llegar al descubrimiento del don del sosiego y oración. Acepta la exhortación a «tener calma».

En cada día de este mes, aparta diez minutos en los que te puedas sentar en silencio, leer la Palabra de Dios y reflexionar también en silencio sobre lo que Él te dice en las Escrituras. Halla el lugar más silencioso que conozcas y ponte en una posición cómoda. Dedica alrededor de un minuto a inhalar y exhalar profundamente, llevando el oxígeno de Dios hasta el fondo de tus pulmones.

Asegúrate de cerrar tu computadora portátil, además de silenciar tu teléfono y dejarlo lejos de ti. (Aunque es cierto que puedes leer la Biblia en tu teléfono, es mejor que tengas una impresa para hacer este ejército). Comienza por los Salmos, Juan, Filipenses o el libro que prefieras, y lee solo unos cuantos versículos. Léelos en voz alta si quieres. También es útil que subrayes todas las palabras que te hablen de una manera especial.

Termina tu momento de silencio con una sencilla oración. Si no estás seguro de cómo pedir a Dios fortaleza, considera apropiarte de la oración de David:

- «Tenme compasión, Señor, porque desfallezco; sáname, Señor, que un frío de muerte recorre mis huesos». (Salmos 6.2)
- «Pero tú, Señor, no te alejes; fuerza mía, ven pronto en mi auxilio». (Salmos 22.19)

Y cuando te vayas de tu lugar de silencio, te sentirás asombrado, porque notarás que manejas tu día de una forma mucho mejor. Con el tiempo, tus diez minutos se pueden convertir en veinte o treinta, porque pronto te vas a dar cuenta de que tu alma ansía el silencio. Es la santa quietud que te permite escuchar el susurro de Dios.

Disminuye el ritmo de tu vida. Tómate tiempo para esperar. Busca momentos para estar a solas. Sin ruidos. Sin teléfonos. Sin otras personas. Y deja, conforme oras, que Dios te limpie del estrés y las presiones de cada día.

LA FORTALEZA DE DIOS LA «BAJAMOS» CON LA DEBILIDAD

Cuando el apóstol Pablo clamó a Dios para que le quitara su aflicción, Dios le respondió diciendo: «Te basta con mi gracia, pues mi poder se perfecciona en la debilidad». Esta seguridad permitió que Pablo declarara: «Por eso me regocijo en debilidades, insultos, privaciones, persecuciones y dificultades que sufro por Cristo; porque, cuando soy débil, entonces soy fuerte» (2 Corintios 12.9, 10).

A primera vista, la declaración de Pablo parece una contradicción. ¿Cómo es posible que la debilidad lo haga más fuerte a uno? Sin embargo, Pablo comprendía que las circunstancias difíciles de su vida le habían enseñado una profunda verdad acerca del método de Dios para fortalecer a sus hijos.

Hace ya años, un comercial de la televisión anunciaba un pegamento, afirmando que cuando ese pegamento reparaba un objeto roto, el punto de la reparación quedaba más fuerte que cualquier otra parte del objeto. Bajo tensión, se podría romper en cualquier otro lugar antes de romperse por el lugar donde se había usado el pegamento. Eso es lo que Dios hizo con Pablo. Le llenó el punto de su ruptura con su propia fortaleza, de tal manera que Pablo quedó más fuerte en aquel punto débil, que en cualquier otro punto.

«Dios no necesita de tu fuerza», decía Charles Spurgeon. «Su poder es más que suficiente. Lo que Él nos pide es nuestra debilidad: Él no tiene debilidad alguna, de manera que está ansioso por tomar la nuestra y usarla como instrumento en su propia mano llena de poder. ¿Estarías dispuesto a entregarle a Dios tu debilidad, y recibir de él su fortaleza?».[6]

El gran apóstol Pablo, al final de su vida, en una prisión romana, abandonado por sus amigos, podía decir aún con toda confianza: «Pero el Señor estuvo a mi lado y *me dio fuerzas* para que por medio de mí se llevara a cabo la predicación del mensaje y lo oyeran todos los paganos» (2 Timoteo 4.17, cursiva del autor).

«Cuando a los creyentes se les han agotado las respuestas, la seguridad y las fuerzas, cuando no les queda nadie a quien acudir, más que Dios, es cuando están en la posición de llegar al máximo de su eficacia», dice John MacArthur. «En el reino de Dios no hay nadie que sea demasiado débil para experimentar el poder de Dios, pero hay muchos que están demasiado seguros de su propia fortaleza. El sufrimiento físico, la angustia mental, el desaliento, la falta de realización y los fracasos exprimen la vida de los creyentes, sacando de ella las impurezas, y haciéndolos unos canales puros a través de los cuales puede fluir el poder de Dios».[7]

Porque Pablo conocía de primera mano que la fortaleza de Dios se revela en la debilidad, también se daba cuenta de que fue sobre todo en la cruz de Cristo donde se manifestó su poder en su mayor plenitud. Allí, en la más humillante de todas las formas de ejecución, Pablo descubrió el poder de Dios que lo sobrepasa todo. «Nosotros predicamos a Cristo crucificado. Este mensaje es motivo de tropiezo para los judíos, y es locura para los gentiles, pero para los que Dios ha llamado, lo mismo judíos que gentiles, Cristo es el poder de Dios y la sabiduría de Dios» (1 Corintios 1.23, 24).

En la cruz, Cristo se identificó con nosotros en nuestro pecado; se identificó con nosotros en nuestra debilidad. Es nuestro pecado el que nos hace débiles y vulnerables ante la muerte eterna. Sin embargo, tal como escribiera Pablo, «es cierto que fue crucificado en debilidad, pero ahora vive por el poder de Dios. De igual manera, nosotros participamos de su debilidad, pero por el poder de Dios viviremos con Cristo para ustedes» (2 Corintios 13.4).

Nosotros, los que hemos recibido el beneficio de esa «debilidad» que manifestó Cristo en la cruz, conocemos el poder que fue consecuencia de ella. Por el poder de Dios, Cristo fue resucitado, vivió de nuevo, capacitándonos a nosotros para que vivamos por el poder de su resurrección. ¡Nuestra vida ha sido transformada! ¡Hemos sido liberados de nuestro pecado!

Esta es la gran fortaleza que encuentran los Vencedores en la debilidad.

CONVIERTE TU DEBILIDAD EN SU FUERZA

Para un violinista en un concierto, su fortaleza está en cuatro cuerdas finamente afinadas; la ausencia de una cuerda pondría a la mayoría de los violinistas en una posición de debilidad. Pero el violinista israelí-estadounidense Itzhak Perlman no forma parte del grupo de la mayoría de los violinistas. Y Perlman ya desde el principio sabe algo acerca de la debilidad. Afectado por la poliomielitis de niño, aún lleva soportes en ambas piernas y camina con la ayuda de muletas. Llegar hasta el escenario y sentarse para dar un concierto no es cosa pequeña.

En una noche de 1995, mientras tocaba con una orquesta en la ciudad de Nueva York, se le rompió una de las cuerdas de su violín, que quedó colgando flojamente por un lado del instrumento. El fuerte *chasquido* resonó por todo el salón; para todos era obvio lo que le acababa de suceder. Tanto el público como el director de la orquesta dieron por sentado que tendrían que detener el concierto mientras Perlman reparaba o reemplazaba su instrumento músico.

Sin embargo, el gran violinista cerró los ojos por un instante, mientras la audiencia esperaba en silencio, y después le hizo señas al conductor para que comenzara de nuevo la pieza. Lo que habría sido imposible para todos los seres humanos, menos unos pocos, tocar un concierto de violín con cuatro cuerdas en buen estado, fue traducido a algo que tal vez nadie más habría podido hacer: tocar ese mismo concierto con tres cuerdas solamente. Mientras tocaba, Perlman iba ajustando, recomponiendo, innovando y tocando sobre la marcha, convirtiendo una posición de debilidad en una actuación llena de fortaleza.[8]

Toda una vida de familiaridad con el violín le permitió a Itzhak Perlman convertir un momento de derrota en una victoria maestra. Tu objetivo es desarrollar los recursos que necesites para ajustar, recomponer, innovar y triunfar cuando te tengas que enfrentar con tus propios desafíos. Para el cristiano, significa conocer la fuente de fortaleza que permite que esto suceda.

En tu condición de Vencedor, tu fortaleza se halla en Dios, no en ti mismo. Para ti no existe la opción de detener el «concierto» de tu vida cuando te sientas débil o abrumado. Si le abres con diligencia el corazón al Señor y le pides su fortaleza, Él te va a llenar de ella. Y así, de esa manera, por medio de la fe, el Señor va a usar tu debilidad para hacerte fuerte.

> *Cobren ánimo y ármense de valor, todos*
> *los que en el SEÑOR esperan.*
> —SALMOS 31.24

CAPÍTULO 3

VENCE A LA FALSEDAD CON LA VERDAD

El sábado 4 de junio de 1899 era un día tranquilo de noticias en Denver, Colorado. Cuatro reporteros de los cuatro periódicos de Denver estaban en la estación de trenes de la ciudad esperando que llegara una celebridad u oír algo que pudieran convertir en una historia para la edición del domingo de sus periódicos. No tuvieron suerte. Ellos regresaron al Hotel Oxford para compadecerse el uno del otro en el bar del hotel.

Entonces, uno de los reporteros, Al Stevens, tuvo una idea. Inventaría una historia y la entregaría para ser publicada como una historia real. Los otros reporteros percibieron una oportunidad, pero sentían que debería ser una historia extranjera, pues sería difícil de corroborar. Se pusieron de acuerdo: «Un grupo de ingenieros americanos pararon en Denver la noche anterior de camino a China para someter un proyecto para derrumbar la Muralla China».

Otro reportero del grupo preguntó: ¿por qué querría China derribar su monumento nacional más famoso? Unas cuantas ideas y teorías más tarde acordaron que: «Lo harían como un acto de buena voluntad internacional, para significar la nueva apertura al mundo, y para acoger nuevas olas de mercado internacional». De acuerdo con su falsa historia, la Muralla China sería reemplazada por una autopista de 2.400 kilómetros hacia el interior del país.

¡Fabuloso! Los cuatro reporteros escribieron sus versiones de la historia y las sometieron a sus respectivos periódicos.

La historia se contó, o más bien, el fraude enmascarado como una noticia actual se contó. Los cuatro periódicos publicaron la historia, que aparentemente llegó hasta Europa y China. La gente por todo el mundo creía que Estados Unidos estaba mandando una representación para desmantelar la Muralla China.[1]

UN MUNDO DE MENTIRAS

Es posible que no haya ninguna tentación, ni tentador, a quien se pueda seguir con mayor facilidad, que una simple mentira. ¿Qué daño podría hacer? Al fin y al cabo, solo son palabras…

Y aquí es donde comienza la ladera resbaladiza.

Lo vemos por todas partes: en los estafadores que usan el teléfono y el correo electrónico, en los que cometen sus infidelidades en serie, en nuestros compañeros de trabajo o jefes deshonestos, en los hombres que usan a las mujeres, y viceversa, en los abusadores y los provocadores de los medios sociales, e incluso en los miembros de nuestra propia familia que les sacan provecho a nuestro amor y nuestra generosidad.

Jesús dijo acerca de Satanás: «Desde el principio este […] no se mantiene en la verdad, porque no hay verdad en él» (Juan 8.44).

Si tienes una cuenta en el correo electrónico, es probable que hayas recibido mensajes de un «príncipe de Nigeria» que busca tu ayuda en una gran transacción financiera que tendrá por resultado que vas a recibir un pago de centenares de miles de dólares. O tal vez te haya llegado correspondencia de «un alto funcionario» en el gobierno de

Estados Unidos para informarte que se te debe una gran suma de dinero. O un correo electrónico de un famoso billonario que te ha escogido a ti para que recibas un generoso regalo de su fundación, aunque solamente una vez.

¿Te suena familiar todo esto? En todas y cada una de esas ocasiones, todo lo que se te indica para que recibas tu dinero caído del cielo es confirmar tu información de contacto y enviar unos honorarios por concepto de «procesamiento» o de «transacción».

Como en el caso de unas incontables maneras en que alguien se aprovecha de las personas demasiado confiadas, estos «fraudes de honorarios por adelantado», promesas de recibir una gran suma a cambio de enviar una cantidad pequeña de dinero, han existido durante centenares de años. Y no dan señales de que vayan a desaparecer. A nosotros nos toca la tarea de hacer nuestro mejor esfuerzo por separar la verdad del engaño, y para eso, necesitamos saber cuál es el aspecto que tiene la verdad.

Ahora bien, antes de mirar fuera de nosotros mismos en busca de estos delincuentes, examinemos nuestro propio corazón.

En su libro *Freakonomics*, Steven D. Levitt y Stephen J. Dubner relatan la historia de un funcionario del Servicio de Rentas Internas de Estados Unidos llamado John Szilagyi. A principios de la década de 1980, Szilagyi había realizado suficientes auditorías al azar de otras personas para saber que muchos habían exagerado el número de personas dependientes de ellas con el fin de recibir una devolución mayor al final del año.

Szilagyi decidió que era necesario hacer algo, y su solución fue exigirles a los que pagaban los impuestos que dieran los números del Seguro Social de sus hijos. «Al principio hubo mucha resistencia ante esa idea», dijo Szilagyi. «La respuesta fue que aquello era muy al estilo de "1984"».

Sin embargo, pocos años más tarde se volvió a analizar la idea de Szilagyi y convertida en ley para el año 1986. Y cuando al año siguiente fueron llegando poco a poco los informes de los impuestos, tanto él como el resto del Servicio de Rentas Internas se quedaron pasmados: ¡habían desaparecido repentinamente siete millones de personas dependientes![2]

Es probable que la mayoría de aquellos que «se aprovecharon» de la exención fácil por las personas dependientes no se consideraran a sí mismos como mentirosos. Ni tramposos. Sin embargo, eso no cambia la verdad de los hechos. Por mucho que te desagrade el Servicio de Rentas Internas, o cualquier otra persona a la que tomes la decisión de engañar, una mentira sigue siendo una mentira.

Nos es fácil dar por sentado que la mentira es algo ajeno a nosotros; algo que invade nuestra vida, nuestro hogar, nuestras relaciones. Sin embargo, ten cuidado, no vayas a estar ideando para ti mismo unas excusas que no idearías a favor de otros. Dedica tiempo a hacer un inventario de tus propias acciones y decisiones. Esto es una lección de humildad, y también el primer paso para comprender de qué manera te puede engañar el Emperador de las Mentiras.

EL CINTURÓN DE LA VERDAD

En nuestro pasaje central, tomado de Efesios 6, la primera indicación que nos hace Pablo es esta: «Manténganse firmes, ceñidos con el cinturón de la verdad» (Efesios 6.14). Nos podrá parecer extraño que el cinturón o ceñidor sea el primer detalle del equipo usado por los soldados romanos que Pablo mencione, puesto que en realidad, no formaba parte de la armadura. Sin embargo, el cinturón tenía una función vital para gran parte de la armadura y de las armas del soldado.

El atuendo básico del soldado era una túnica, una prenda semejante a una camisa, que le cubría desde los hombros hasta las rodillas. Sobre la túnica, usaba una armadura de metal para proteger el torso, y las largas cintas protectoras de cuero que le colgaban desde la cintura hasta la parte baja de los muslos, alrededor de todo el cuerpo. El cinturón era una banda ancha y gruesa de cuero con varias trabillas y ranuras que las sujetaban. De él colgaban una espada, una soga, una bolsa de racionamiento, otra de dinero y dardos. Todo lo que necesitaba el soldado en el combate cuerpo a cuerpo estaba en su cinturón, al alcance de sus manos.

Cuando el soldado corría, se levantaba la túnica y la metía dentro de su cinturón, con lo cual liberaba sus piernas para favorecer la velocidad y la manejabilidad. Esta acción era conocida como «ceñirse los lomos».

Aunque el cinturón no tenía una función ofensiva en sí mismo, era la pieza del equipo que esencialmente mantenía unido todo lo demás, de manera que el soldado estuviera listo para todo aquello a lo que se pudiera enfrentar.

Lo que esto significa hoy para nosotros es sencillamente esto: la verdad es lo que nos corresponde a nosotros para llevar una vida de cristianos. Es la verdad la que lo mantiene todo unido y hace que estemos siempre listos. En el centro de nuestra vida, ponemos «la verdad que está en él [en Jesús]» (Efesios 4.21). Y todo lo que hacemos procede de ese centro que lo abarca todo.

Cuando conocemos la verdad y la vivimos, podemos tener acceso a nuestras armas con rapidez y seguridad, sin temor a que nada se encuentre fuera de lugar en nuestra vida. «Más bien, hemos renunciado a todo lo vergonzoso que se hace a escondidas; no actuamos con engaño ni torcemos la palabra de Dios» (2 Corintios 4.2). La verdad nos da el valor necesario para enfrentarnos a nuestro enemigo.

¿Por qué la verdad debe ser nuestra preocupación primordial? Porque las armas que usa Satanás en sus grandes ataques contra los creyentes son la falsedad y el engaño. ¡Él es el gran engañador! Esta es la forma en que la Biblia describe al diablo: «Cuando miente, expresa su propia naturaleza, porque es un mentiroso. ¡Es el padre de la mentira!» (Juan 8.44).

Cuando nosotros nos mantenemos firmes en la verdad, nunca hablamos a partir de nuestra propia naturaleza. Hablamos a partir de la verdad que nos ha sido revelada por medio de la Biblia y del Espíritu Santo. No siempre es cómodo hablar la verdad. Sin embargo, siempre es lo correcto.

Hace algunos años, un prominente erudito bíblico estaba a punto de publicar un libro para explicar de qué manera su investigación lo había llevado a una nueva conclusión acerca de la autoría de un libro del Antiguo Testamento. Él sabía que sus hallazgos incomodarían al consenso que prevalecía en la erudición moderna, y temía a la tormenta de críticas que los seguirían. Sin embargo, siguió adelante diciendo: «Hay un destino peor que el de ser malentendido; es el de ser un tímido amigo de la verdad».[3]

Como el soldado que lleva el cinturón de la verdad, no tienes por qué sentir timidez en cuanto a defender con firmeza la realidad de Dios. De ese cinturón sacarás todos los recursos que necesites para combatir contra una cultura que promueve la falsedad y ataca la verdad.

¿Y QUÉ ES LA VERDAD?

Hace casi dos mil años, un gobernador romano le hizo una pregunta profunda, aunque familiar, a un hombre que estaba a punto de ser ejecutado: «¿Y qué es la verdad?» (Juan 18.38).

No tenemos manera de saber si la pregunta que hizo Pilato era una indagación seria o solo una expresión sarcástica de una mente agotada, pero minutos más tarde, entregaría a Jesús a una airada multitud para que fuera crucificado.

R. C. Sproul escribió:

Pilato juzgó a la Verdad. Sentenció a la Verdad. Azotó a la Verdad. Se burló de la Verdad. Crucificó a la Verdad.

Lo irónico es que en el mismo momento en que él hizo su pregunta «¿Y qué es la verdad?», estaba mirando derechamente a la encarnación pura de la Verdad. Aquel que es la Verdad le había acabado de decir: «Todo el que está de parte de la verdad escucha mi voz».[4]

Desde entonces, los seres humanos han hecho la misma pregunta de Pilato: «¿Y qué es la verdad?». Y al igual que Pilato, no han sabido hallar la respuesta.

En marzo de 2017, la revista *Time* presentó una oportuna cubierta en la que se hacía esta pregunta: «¿Acaso ha muerto la verdad?». Llevaba el propósito de referirse a una famosa cubierta publicada cincuenta años antes, en la cual se hacía otra pregunta: «¿Ha muerto Dios?».

Hablando de esas dos revistas, Brett McCracken comenta: «Estas dos cubiertas, publicadas con cincuenta años de distancia, hablan de una importante historia. Sin Dios como norma suprema de la verdad, sin una verdad «objetiva» que sea la misma para todo el mundo, todo lo que tenemos son las «verdades» subjetivas, que dependen de la interpretación individual de cada persona».[5]

Según Os Guinness, la verdad está en peligro:

La verdad, en cualquier sentido objetivo o absoluto, la verdad que es independiente de la mente del que conoce, ha dejado de existir...

Una manera sencilla de ilustrar esto es la historia de los tres árbitros de béisbol que debatían sobre sus diferentes filosofías en cuanto al arbitraje. «Hay bolas y hay *strikes*», decía el primero, «y *yo los canto tal y como son*».

«¡No!», exclamó el segundo árbitro. «Eso es una arrogancia. Hay bolas y hay *strikes, y yo los canto de la manera en que yo los veo*».

«Eso no tiene nada de mejor», dijo el tercero. «¿Para qué andarnos con rodeos? ¿Por qué no ser realistas en cuanto a lo que hacemos? Hay bolas y hay *strikes, y no son nada mientras yo no los cante*».

El primer árbitro representa la manera tradicional de ver la verdad: objetiva, independiente de la mente del que la conoce, y presente para que se la descubra. El segundo habla desde un relativismo moderado: la verdad «tal como la ve cada cual», según su punto de vista y su interpretación. Y el tercer árbitro expresa de una manera contundente el relativismo radical, o posición postmoderna: la «verdad» no se encuentra en ningún lugar para que la descubramos; es según lo que cada uno de nosotros se crea por sí mismo.[6]

En última instancia, la verdad corresponde a la realidad; a lo que *es*. Por eso la verdad se encuentra en Dios, en el gran Yo Soy. La búsqueda filosófica de la verdad termina en Dios mismo.[7]

¿Recuerdas la historia de José en Egipto, de cómo fue acusado falsamente por la mujer de Potifar y condenado a ir a la prisión? (Génesis 39) Él sabía una verdad: la de su inocencia, y también sabía que Dios sabía que él era inocente. Por eso, ante las mentiras de los demás, se comprometió a la verdad de Dios, y su fe quedó reivindicada.

Esto no es solamente una historia de la Biblia. Lo mismo le sucedió a Anthony Ray Hinton, quien pasó treinta años en el corredor de la muerte de una prisión de Alabama por unos asesinatos que él no había cometido. Falsamente acusado, falsamente encarcelado y rechazado una y otra vez por los tribunales de apelación, Anthony Hinton mantuvo viva su fe en el Dios que él creía que conocía la verdad... para ser exonerado y puesto en libertad en el año 2015. El relata su historia en el libro *The Sun Does Shine: How I Found Life and Freedom on Death Row*.

¿Cómo se vive bajo el peso de una mentira cuando uno conoce la verdad? Esta es la forma en que Anthony Hinton sobrevivió:

Cuando todos los tribunales estaban diciendo que «no», yo creía que Dios seguía diciendo que sí. De alguna manera, tuve que hallar esa fe y llegar hasta lo más profundo de mi alma para creer en la enseñanza que me había dado mi madre cuando aún era solo un muchacho: que Dios lo puede hacer todo, menos fallar. Él se sienta en lo alto, y mira hacia abajo. Esa es la forma verdadera en que yo pude sobrevivir a esos treinta años de puro infierno…

Yo puedo decir que Dios tal vez me haya puesto en la prisión para salvarme la vida. Tal vez me haya puesto en la prisión para que lo escuchara; para que escribiera [mi] libro, para ayudar a transformar los corazones y las almas de las personas y ayudarlas a comprender lo que significa el perdón auténtico, a comprender lo que es su verdadera amistad, a hacer que la gente comprendiera lo que es realmente el sistema legal. Tengo que creer que Dios permitió que yo fuera allí con el fin de mostrarme todas esas cosas.[8]

DIOS ES VERDAD

Existe una cosa que es la verdad, y el Dios de la verdad sabe lo que es: «Él es la Roca, sus obras son perfectas, y todos sus caminos son justos. Dios es fiel; no practica la injusticia» (Deuteronomio 32.4).

Dios conoce la resurrección a la pregunta que le hizo Pilato a Jesús. Tal vez no reconozcamos o comprendamos siempre las formas en que Dios decide actuar con respecto a su verdad, o revelarla en un momento determinado del tiempo. Aunque se tome treinta años, como le sucedió a Anthony Ray Hinton, a lo que estamos llamados nosotros es a confiar en el Dios de la verdad.

Cuando la Biblia dice: «Dios, en el principio» (Génesis 1.1), está definiendo la realidad máxima y definitiva. Dios es «el Ser que existe en sí mismo; es el Creador de todo lo que existe; Dios es la verdad, y toda verdad es una verdad de Dios».[9] En la Biblia se le llama «el Dios de la verdad».

El Padre, la primera Persona de la Trinidad, es verdad:

- «En tus manos encomiendo mi espíritu; líbrame, Señor, *Dios de la verdad*» (Salmos 31.5, cursiva del autor).
- «Cualquiera que en el país invoque una bendición, lo hará por el *Dios de la verdad*; y cualquiera que jure en esta tierra, lo hará *por el Dios de la verdad*» (Isaías 65.16, cursiva del autor).

Y Jesucristo, la segunda Persona de la Trinidad, que procede del Padre, está «lleno de gracia y de verdad» (Juan 1.14). Porque es Dios, Jesús se proclama justificadamente como «el camino, la verdad y la vida» (Juan 14.6).

La Biblia nos enseña que Jesucristo era y es el comunicador de la verdad, el testigo de la verdad, el origen de la verdad y el predicador de la verdad. Él *es* la verdad personificada. Cristo es la revelación definitiva de Dios al hombre. La verdad no es un sistema ni una filosofía, sino que es una Persona. Si quieres conocer la verdad de Dios, es necesario que llegues a conocer a Cristo, porque solo Él es la verdad.

De una manera exactamente igual a las dos primeras Personas de la Divinidad, el Espíritu Santo también es verdad:

- «Cuando venga el Consolador, que yo les enviaré de parte del Padre, el Espíritu de verdad que procede del Padre, él testificará acerca de mí» (Juan 15.26).
- «Pero, cuando venga el Espíritu de la verdad, él los guiará a toda la verdad, porque no hablará por su propia cuenta, sino que dirá solo lo que oiga y les anunciará las cosas por venir» (Juan 16.13).
- «El Espíritu es quien da testimonio de esto, porque el Espíritu es la verdad» (1 Juan 5.6).

La verdad no es una especie de idea nebulosa, un concepto flexible ni una suposición teórica; es una entidad sólida, claramente definida e inalterable. Es la realidad máxima, que reside en el Dios Trino del universo, y no está abierta a reevaluación ni a redefinición.

VENCEMOS A LA FALSEDAD CUANDO BUSCAMOS LA VERDAD

Vivimos en una era de relativismo, ética sensacional y mentiras. Pero porque somos los decidores de la verdad, Dios no nos deja sin preparación. Nos equipa con el cinturón de la verdad para que podamos combatir la decepción. ¿Cómo, entonces, nos ponemos ese cinturón de la verdad y vencemos a la falsedad? La Biblia nos dice que todo comienza con la busqueda de la verdad.

El salmista venció a la falsedad a base de meditar en la Palabra de Dios: «Sean avergonzados los insolentes que sin motivo me maltratan; yo, por mi parte, meditaré en tus preceptos» (Salmos 119.78).

Para poder batallar contra el enemigo, el creyente necesita conocer la verdad acerca de Dios, la verdad acerca de Cristo, la verdad acerca del Espíritu Santo y la verdad que se encuentra en ese libro que llamamos «Biblia». Auí están los dos pasos críticos que podemos tomar para hacer esto.

ESTUDIA LA VERDAD

Este es un claro llamado a todos los cristianos para que se vuelvan a comprometer a un profundo estudio de la doctrina. Esa doctrina es la verdad de la Palabra de Dios, organizada y categorizada con el fin de darnos claridad acerca de los asuntos de la vida. Es la verdad sistematizada.

Mientras mejor conozcamos los pedazos, menos nos sentiremos desconcertados en cuanto a la forma de llevar nuestra vida diaria y de encontrar cómo encaja esa vida nuestra adentro del cuadro total. El conocimiento íntimo de la Biblia nos capacita para comprender cómo toda acción y todo suceso tiene su significado en relación con otros actos y sucesos, ya sea a nivel personal, o a nivel cósmico. Esta es la razón por la cual es imprescindible que los cristianos lleguemos a ser profundos conocedores de la Biblia.

Te exhorto a responder con respecto a ti mismo la pregunta que hace Stu Weber: «¿Participas en un régimen continuo y riguroso de estudio bíblico? Si no lo haces, ¿qué estás haciendo?... Tu mente, tu arma más crítica en la batalla, tiene su soporte en la doctrina. Los conocimientos bíblicos son los que fortalecen tu alma».[10]

Si el pueblo de Dios hace del conocimiento de Dios y de su Palabra la gran búsqueda de su vida cristiana, quedarán desbaratados todos los esfuerzos de Satanás para dividir, engañar y destruir.

Es necesario que escudriñes con diligencia las Escrituras en busca de la verdad. Lo maravilloso que tiene esto es que nuestra búsqueda de la verdad nunca será en vano. ¡Dios ha prometido recompensarnos cuando lo busquemos con diligencia! (Hebreos 11.6).

SOMETERSE A LA VERDAD

El año pasado tuve el privilegio de escribir el prólogo de la obra *Not God Enough*, un nuevo libro escrito por el pastor y teólogo J. D. Greear. Mi capítulo favorito, «Uno no recibe su propio Jesús personal», incluía este provocador pasaje:

Cuando Dios se le apareció a Moisés, declaró: «Yo soy el que soy». «Yo soy el que soy» no equivale a «Yo soy el que tú quieras que yo sea».

¿Nos podemos imaginar lo ofensivo que debe ser para Dios el que nosotros tratemos de cambiar su forma de acuerdo con nuestras preferencias? ¿Cómo te agradaría que alguien te hiciera eso a ti?...

Creo que te sentirías ofendido. Si a nosotros no nos agradaría que otra persona nos hiciera eso, ¿por qué habríamos de pensar que estuviera bien que se lo hiciéramos a Dios? ¿Acaso pensamos que nuestra idea sobre Dios es mejor que quien es Él en realidad? ¿Habremos olvidado de quién estamos hablando?[11]

Las falsificaciones de la verdad nunca se exhiben con mayor claridad que en la forma en que oímos con frecuencia que la gente del mundo de hoy habla acerca de Dios. «Mi Dios quiere que yo sea rico». «El Dios en quien yo creo nunca enviaría a nadie al infierno». «¡Cómo es posible que tu Dios se atreva a proclamar que es el único camino que lleva al cielo!».

Esto nos recuerda una afirmación que se atribuye a Voltaire: «Dios creó al hombre a su imagen, y el hombre ha estado tratando de devolverle el favor desde entonces».

Dios no es mi Dios, ni tu Dios; es Dios, sencillamente. Él nunca ha cambiado, y nunca lo hará. Su deseo consiste en transformarnos a nosotros a su imagen, pero nosotros no tenemos ni la autoridad ni la capacidad necesarias para cambiar a Dios a nuestra imagen. Simplemente, no nos toca a nosotros crear un Dios que nos haga sentir bien en cuanto a la forma en que estamos llevando nuestra vida.

En nuestra calidad de creyentes, estamos llamados a vencer a la falsedad con la verdad. No estamos llamados a fabricar la verdad, sino a someternos a la verdad que se encuentra en Dios, y que nunca titubea. Hoy en día, más que nunca antes en la historia, las famosas palabras de James Russell Lowell nos suenan como verdaderas:

> La verdad para siempre en el patíbulo,
>> el error por siempre en el trono,
> Sin embargo, ese patíbulo influye sobre el futuro,
>> y, por debajo de lo sombrío y desconocido,
> Se halla Dios de pie en medio de las sombras,
>> velando sobre los suyos.[12]

VENCEMOS A LA FALSEDAD A BASE DE HABLAR LA VERDAD

Entre 1963 y 1974, el entrenador John Wooden guió al equipo masculino de baloncesto de la UCLA a diez campeonatos nacionales en la NCAA, entre ellos siete campeonatos seguidos entre 1966 y 1972. Aunque murió en 2010 a la edad de noventa y nueve años, sigue siendo un personaje legendario en su campo. Genio del baloncesto, así como mentor y guía de sus jugadores, estaba más interesado en que ellos aprendieran a llevar bien la vida, que cualquier otra cosa. Decía que si llevaban una buena vida, jugarían bien.

El estilo paternal que tenía Wooden como entrenador parecía extraño durante los turbulentos años en que fue entrenador. Bill Walton, uno de los jugadores de Wooden, quien alcanzó grandes éxitos como jugador profesional, decía esto acerca de su entrenador: «Nosotros pensábamos que él estaba loco. Sin embargo, en todas sus predicaciones y enseñanza, todo lo que nos decía resultaba cierto».[13]

«Todo lo que nos decía resultaba cierto». ¿Puede decir eso de ti la gente que tiene que ver con tu vida, o has sucumbido ante la tendencia cultural que espera de la verdad que la embellezcan, la manoseen, la exageren, la oculten o la inviertan cuando sea lo conveniente en una situación?

Lamentablemente, hay una forma aprobada de mentir que usan los políticos para justificarse cuando no dicen la verdad. La llaman «giro». Dar un giro es darle a la verdad una forma nueva, reinterpretarla o revisarla para hacerla más aceptable. Lo que importa no es ser más veraz, sino reinterpretar los hechos de la forma que sea necesaria para pulir la verdad, de manera que sea más políticamente correcta y les haga menos daño a nuestras propias metas.

Sin embargo, cuando de Dios se trata, ese «giro» no es otra cosa más que una mentira; algo que no es aceptable ante sus ojos:

- «Hay seis cosas que el Señor aborrece, y siete que le son detestables: los ojos que se enaltecen, la lengua que miente, las manos que derraman sangre inocente, el corazón que hace planes perversos, los pies que corren a hacer lo malo, el falso testigo que esparce mentiras, y el que siembra discordia entre hermanos» (Proverbios 6.16-19).
- «El Señor aborrece a los de labios mentirosos, pero se complace en los que actúan con lealtad» (Proverbios 12.22).
- «Lo que ustedes deben hacer es decirse la verdad, y juzgar en sus tribunales con la verdad y la justicia. ¡Eso trae la paz! No maquinen el mal contra su prójimo, ni sean dados al falso testimonio, porque yo aborrezco todo eso, afirma el Señor"» (Zacarías 8.16, 17).

No podemos "desdecirnos" de nuestras palabras, tanto habladas como escritas. Una vez que se suelta una mentira, esa mentira adquiere vida propia. Aun en el caso en que se puedan detener o invertir los efectos, la reputación del mentiroso queda dañada para siempre.

LOS VENCEDORES DICEN LA VERDAD CON VALENTÍA

El apóstol Pablo escribió: «Por lo tanto, dejando la mentira, hable cada uno a su prójimo con la verdad» (Efesios 4.25).

No es fácil ser un amigo sincero. Pero si tienes la suerte de disponer de uno o dos de ellos, sabes que esos son los amigos a los que acudes cuando por encima de todo necesitas la verdad.

El pastor y autor Chip Ingram escribió acerca de cuatro personas que «me amaban lo suficiente como para decirme cosas acerca de nuestra vida que ningún otro me amaba lo suficiente para decírmelas».[14] Cada una de ellas se había referido a una parte diferente de su vida: sus relaciones, su personalidad, su ministerio y sus dones.

- *Sus relaciones:* Cuando solo llevaba alrededor de un año siendo cristiano, Chip comenzó una relación con una joven que no era cristiana. Y la relación iba tomando un rumbo peligroso. Un amigo cristiano de más edad lo tomó aparte y le habló de lo que dicen las Escrituras sobre «formar yunta con los incrédulos» (2 Corintios 6.14-18). Por supuesto, a Chip no le agradó lo que había escuchado, pero después de haber orado acerca de aquello, se dio cuenta de que era probable que su amigo lo hubiera salvado de una gran cantidad de problemas.

- *Su personalidad:* Durante sus estudios universitarios, cuando Chip participaba en un ministerio en el campus, uno de los líderes se le acercó para presentarle las Escrituras y hablarle acerca de su orgullo. Al parecer, la motivación de Chip estaba más en tratar de impresionar a los demás, que en agradar al Señor. También entonces, después de orar, Chip se dio cuenta de que las palabras del jefe de su equipo eran dolorosas, pero ciertas.

- *Su ministerio:* Cuando Chip comenzó a pastorear en una pequeña iglesia rural que comenzó a crecer bajo su ministerio, un miembro de la iglesia que llevaba largo tiempo en ella le hizo una advertencia en cuanto a dejar que la política interna de la iglesia influyera en lo que él predicaba. Algunos miembros habían logrado presionarlo sutilmente en cuanto a lo que resaltaba al predicar las verdades de la Palabra de Dios. Chip hizo una nueva evaluación de sus prioridades y se dio cuenta de que necesitaba mantenerse firme, cualesquiera que fueran las consecuencias.

- *Sus dones:* Después de participar junto con su esposa en un seminario de desarrollo del liderazgo, se reunieron los dos con uno de los líderes. Este dijo cosas maravillosas sobre la forma en que la esposa de Chip estaba usando sus dones, pero a Chip le dijo: «Eres perezoso. Eres un predicador perezoso… Con el don que tienes no estás haciendo ni con mucho todo lo que deberías hacer». Chip regresó a su iglesia y cambió por completo su manera de enfocar su ministerio de predicación, dedicando más tiempo a su diligente preparación y evaluación.[15]

Estas cuatro personas le cambiaron el curso a la vida de Chip. Así se convirtieron en ilustraciones vivientes de lo que dice Proverbios 27.5, 6. «Más vale ser reprendido con franqueza que ser amado en secreto. Más confiable es el amigo que hiere que el enemigo que besa».

LOS VENCEDORES DICEN LA VERDAD CON AMOR

No solo debemos hablar con la verdad, sino que debemos hablar esa verdad «con amor» (Efesios 4.15).

Una maestra de cuarto grado que se recuperaba de una operación quirúrgica recibió de parte de su clase una tarjeta en la que sus alumnos le deseaban una pronta recuperación. La tarjeta decía: «Estimada señora Fisher, su clase de cuarto grado le desea una pronta recuperación por una votación de 15 contra 14». Yo no sé si esta historia es cierta (es probable que no), pero solo cumple con una de las dos exhortaciones que hace Pablo en Efesios 4.15: verdad y amor. Aquellos muchachos dijeron la verdad con una pizca de amor solamente, para desearle a su maestra que se recuperara pronto. Ahora bien, ¿informarle el resultado de aquella votación? No tanto.

En Juan 13.35, Jesús dijo: «De este modo todos sabrán que son mis discípulos, si se aman los unos a los otros».

Nuestras palabras y acciones deben estar revestidas de amor. Es muy probable que una verdad presentada con dureza, en forma crítica, carente de bondad, sin compasión o con desconocimiento de toda la realidad o de todo el contexto no sea escuchada ni agradecida.

Kathleen LeBlanc contaba una experiencia que tuvo mientras jugaba al Scrabble con una anciana de noventa y tres años en un asilo de ancianos de su lugar. Eso ilustra cómo las palabras pronunciadas de manera amorosa pueden superar la falsedad y traer vida:

Después de nuestro juego aquel viernes por la mañana, ella me preguntó: «¿Qué piensas tú del suicidio asistido por un médico?», y me señaló un artículo del periódico que se refería a ese tema. Yo le dije que me parecía muy triste que alguien sintiera necesidad de quitarse la vida, y que es un fracaso nuestro como sociedad cuando dejamos que alguien sienta de esa manera. Después de algún tiempo hablando sobre ese asunto, ella me expresó que comprende a las personas que no tienen ni una sola razón para vivir en medio de sus sufrimientos, puesto que ella también se pregunta con frecuencia por qué Dios todavía la tiene a ella «atascada» en su silla de ruedas.

Con lágrimas en los ojos, yo le pude hablar del gozo que ella significa para mí, y de las ansias que sentía, deseando que llegara el momento de visitarla cada semana. Ella también lloró, y con una turbación que se le notaba en los ojos, me dijo: «¿De veras? ¿Es eso cierto?». Yo asentí, incapaz de decir una sola palabra más. «Bueno, entonces tal vez exista una razón que sea suficiente para que yo siga estando aquí».[16]

VENCEMOS A LA FALSEDAD CUANDO VIVIMOS LA VERDAD

El Señor Jesús ilustró el poder de la verdad con la forma en que vivió su vida. Cuando sus enemigos llegaron para arrestarlo, les dijo: «¿Quién de ustedes me puede probar que soy culpable de pecado?» (Juan 8.46). Nadie dijo una sola palabra. ¿Sabes por qué? Porque no podían decir nada. No existía nada legítimo que justificara su condena, porque Él era absolutamente todo lo que afirmaba ser.

Cuando Jesús fue a la cruz, el centurión que supervisaba la ejecución dijo: «¡Verdaderamente este era el Hijo de Dios!» (Marcos 15.39). ¿Cómo había llegado a esa conclusión? Simplemente, había visto a Jesús morir tal como había vivido, manifestando unos atributos que solo podía poseer el Hijo de Dios. Había visto a Cristo viviendo la verdad.

Y el ladrón que pendía de la cruz que se hallaba junto a la de Jesús dijo: «Este […] no ha hecho nada malo» (Lucas 23.41). ¿Por qué diría algo así? Porque él también vio la verdad que se manifestaba en Cristo, incluso bajo la presión de unas circunstancias tan horrendas.

El Vencedor debe estar revestido de una verdad proclamada, y también integrada en su propia vida. Escucha las palabras del apóstol Juan: «Nada me produce más alegría que oír que mis hijos practican la verdad» (3 Juan v. 4).

Caminar en la verdad significa dos cosas. En primer lugar, significa vivir de acuerdo con los principios bíblicos de la fe cristiana. Significa, tal como se dice corrientemente, asegurarnos de que caminamos de acuerdo con lo que hablamos. Para ayudarnos a alcanzar esto, el Señor nos ha dado dos prácticas: la confesión y la corrección.

VIVIR LA VERDAD NOS EXIGE RESPONSABILIDAD

El primer paso para vivir la verdad es ser honestos en cuanto dónde nos encontramos en la vida en nuestro caminar con Dios. En el libro de John Ortberg llamado *The Me I Want to Be*, el autor habla acerca de la sanidad que brota de lo que significa ser verdaderamente responsables ante otros.

Uno de los momentos más importantes de mi vida espiritual fue cuando me senté con un amigo mío de mucho tiempo y le dije: «Yo no quiero seguir teniendo ningún secreto más». Le conté todas las cosas de las que me sentía más avergonzado. Le hablé de mis celos, de mi cobardía, de la forma en que le hacía daño a mi esposa con mi ira. Le hablé de mi historia con el dinero y mi historia con el sexo. Le hablé de los engaños y las cosas que lamentaba de mi pasado, y que me mantenían despierto por las noches. Me sentía vulnerable, porque tenía miedo de perder mi conexión con él. Pero para gran sorpresa mía, él ni siquiera apartó de mí la mirada.

Nunca olvidaré lo que me dijo después.

«John», me dijo, «yo nunca te he querido más de lo que te quiero en este momento». La misma verdad acerca de mi persona que yo pensaba que lo alejaría se convirtió en un lazo que nos acercó más que antes. Después de esto, pasó a hablarme de los secretos que él mismo había estado guardando.[17]

Dios desea que seamos completos, que sepamos y amemos la verdad en las mismas fibras de nuestro ser: «Yo sé que tú amas la verdad en lo íntimo; en lo secreto me has enseñado sabiduría» (Salmos 51.6). Una de las maneras en la que experimentamos esta enteresa es por medio de la confesión. Como Santiago escribió: «Por eso, confiésense unos a otros sus pecados, y oren unos por otros, para que sean sanados. La oración del justo es poderosa y eficaz» (Santiago 5.16).

PARA VIVIR LA VERDAD HACE FALTA LA CONFESIÓN

Para vencer a la falsedad y estar completamente alineado con la verdad, debemos pedir al Espíritu Santo que nos convenza de pecado y nos guíe a la justicia. Esto es lo que David hizo en su oración narrada en el salmo 139: «Examíname, oh Dios, y sondea mi corazón; ponme a prueba y sondea mis pensamientos. Fíjate si voy por mal camino, y guíame por el camino eterno» (vv. 23, 24).

¿Por qué hizo David esta oración? Porque se dio cuenta de que el pecado en su vida lo haría inapto para la responsabilidad que se le había dado. Quería que Dios hiciera brillar la luz de la verdad en su vida. Pidió a Dios que identificara cualquier debilidad que hubiera en su vida y le guiara por un camino diferente.

La palabra teológica para lo que David estaba describiendo es «arrepentimiento». Significa corregir la manera en la que estás viviendo o pensando. El arrepentimiento verdadero abre la puerta para que camines en una nueva vida, y cuando te adentras en este nuevo mundo, Dios cierra la puerta de tus errores y pecados pasados. Tu tarea es aprender de esos errores, usarlos para transformar tu vida. A menudo, esto ocurre rápidamente al principio, y de una manera grandiosa. Con el tiempo, se hace más sutil. El arrepentimiento es un proceso largo.

El autor y pastor Mark Buchanan explica:

> Casi cada semana le pido a la gente que se arrepienta… Los invito a ver las cosas de la forma que Dios las ve. A alinearse con los propósitos de Dios. Al principio ese alineamiento es violento y dramático, un giro de 180 grados. Pero, a partir de allí, son mayormente correcciones de curso; 15 grados por aquí, 5 grados por allí.
>
> Pero cada giro, en cualquier grado, es buena noticia. Cada giro nos mueve más cerca de lo que queremos ser.[18]

El Dios Todopoderoso quiere unos creyentes sinceros que se enfrenten al pecado que haya en su vida y después lo superen por medio de la confesión y el arrepentimiento. Esta es la forma que un Vencedor aprende a vivir la verdad.

HAZ QUE LA VERDAD SUENE MÁS FUERTE

Uno de los recuerdos más vívidos que tengo de los años de mi niñez tuvo lugar en un pequeño poblado de Indiana llamado Winona Lake. Allí era donde estaban los Winona Lake Conference Grounds, y durante las décadas de los años cincuenta y sesenta era un importante centro de conferencias para los cristianos evangélicos.

Durante ese tiempo, mi padre estaba trabajando en un título postgrado de la Escuela de Teología de Winona Lake. Cada verano, se llevaba a toda nuestra familia a Winona Lake durante varias semanas.

Uno de los grupos que se reunían en Winona Lake cada año era Juventud para Cristo, que en esos momentos era una inmensa y creciente organización a nivel nacional. Un verano, Juventud para Cristo invitó al doctor Billy Graham para que hablara en su reunión. Aquella pequeña población se transformó en un centro de los medios de comunicación cuando llegaron a ella miles de personas para ver a este celebrado evangelista.

El doctor Graham debía hablar en el Billy Sunday Tabernacle, un anacrónico pabellón con aserrín y todo. Sí, había verdadero aserrín en el suelo. El pabellón tenía más de 7.500 asientos, todos ellos duros bancos de madera. Las inmensas ventanas estaban abiertas de par en par a fin de permitir que la brisa del lago refrescara el edificio y que las personas que estaban fuera vieran lo que estaba sucediendo dentro. Aquella noche había unas doce hileras de personas rodeando todo el tabernáculo. Todos los puestos del interior y todos los lugares donde alguien pudiera permanecer de pie estaban ocupados desde horas antes de la reunión.

Un amigo mío operaba el foco que seguía al conferenciante desde el techo. Me invitó a unirme a él aquella noche, y así fue como terminé teniendo uno de los mejores lugares del edificio para ver a aquel joven y dinámico evangelista.

No recuerdo los detalles del mensaje que presentó Billy Graham aquella noche, pero sí recuerdo que predicó la verdad: que Jesucristo es la única esperanza para la humanidad perdida. Cuando él hizo la invitación, hubo veintenas de personas, tanto jóvenes como ancianas, que pasaron al frente a fin de recibir a Jesucristo como Salvador. En realidad, nunca me recuperé de la emoción de aquel momento.

Billy Graham era un hombre que decía la verdad; el mayor predicador del mensaje del Evangelio en la historia de los tiempos modernos. Él fue quien abrió la puerta para todos los que hemos usado el poder de la radio y la televisión con el propósito de predicarles la verdad a las masas.

Billy Graham falleció cuando yo estaba terminando este capítulo. Tenía noventa y nueve años y durante más de setenta años dominó el panorama evangélico. Mi esposa, Donna, y yo asistimos a su funeral, que tuvo lugar bajo una gigantesca tienda de campaña en Charlotte, Carolina del Norte. Mientras estaba allí sentado, rodeado por casi todos los líderes evangélicos que yo había conocido en mi vida, sentí una gran tristeza… Tuve una gran sensación de pérdida.

La muerte había silenciado al megáfono del evangelio. Y entonces pensé: *Es cierto que el megáfono ha sido silenciado; nunca volverá a haber otro Billy Graham. Sin embargo, aún quedan miles de micrófonos. Yo no puedo ser un megáfono, pero sí puedo ser un micrófono para la verdad del evangelio.*

Ese día, en Charlotte, yo me comprometí a subirle el volumen a mi presentación de la verdad del evangelio. Te desafío a ti para que hagas lo mismo.

Y conocerán la verdad, y la verdad los hará libres.

— *JUAN 8.32*

CAPÍTULO 4

12/1/8

VENCE AL MAL CON EL BIEN

En 2017 se supo una noticia estremecedora: un doctor y entrenador atlético de la Universidad Estatal de Michigan había sido acusado de asaltar sexualmente a ciento cincuenta atletas femeninas, la mayoría gimnastas. Después de extensas apariciones y juicios en los tribunales, el médico fue hallado culpable y sentenciado a una condena de hasta ciento setenta y cinco años en prisión. Los procesos judiciales se extendían por días mientras las víctimas leían ante el tribunal unas impactantes declaraciones ante el tribunal: su testimonio sobre lo que aquel hombre les había hecho.

Las palabras de aquellas jóvenes atletas destrozaban los corazones. La ira y el resentimiento fluían con tanta libertad como las lágrimas. Mientras más leían aquellas mujeres las acusaciones por los actos de aquel hombre, mayor era la sensación de maldad que invadía la sala. No era posible describir de otra manera lo que aquel médico había hecho.

La última de aquellas impactantes declaraciones fue leída el 24 de enero de 2018 por una joven gimnasta llamada Rachael Denhollander. Tenía el mérito de haber sido la primera de las atletas en decidirse a acusar al médico del equipo por sus acosos sexuales. Parecía adecuado que fuera ella quien tuviera la última palabra ante el tribunal de justicia. Tomando una parte de su declaración de seis mil palabras, dirigida al propio Nassar, he aquí la forma en que Rachel tomó la decisión de convertir este terrible mal en algo bueno:

> A lo largo de todo este proceso, me he aferrado a una cita de C. S. Lewis, en la cual él dice: «Mi argumento contra Dios era que el universo parece muy cruel e injusto. Ahora bien, ¿cómo llegué a esta idea sobre lo justo y lo injusto? Nadie dice que una línea está torcida, a menos que tenga alguna idea de lo que es una línea derecha. ¿Con qué estaba yo comparando el universo cuando dije que era injusto?».
>
> Larry, yo puedo decir que lo hecho por usted es malvado y perverso porque lo era. Y sé que fue malvado y perverso porque existe la línea recta. La línea recta no se mide con base en las precepciones de usted, ni en las de ninguna otra persona, y esto significa que yo puedo hablar la verdad acerca del abuso hacia mi persona sin tener que minimizar ni mitigar nada. Y lo puedo calificar de perverso porque sé lo que es la bondad. Y esta es la razón por la cual le tengo lástima. Porque cuando una persona pierde la capacidad de definir el bien y el mal, entonces ya no puede definir el mal, y por lo tanto, ya no puede seguir definiendo lo que es realmente bueno, ni disfrutándolo.[1]

¡Vaya! ¡Qué entereza! ¡Qué elegancia! Esto, más todo cuanto he leído últimamente, es una ilustración y una demostración de lo que significa vencer al mal con el bien. Aquella joven había descubierto la forma de vencer ambas clases de mal: el mal de la venganza dentro de ella misma y el mal que se le había hecho a ella. ¡Rachael Denhollander es una Vencedora!

¿Qué capacita a alguien para vender al mal con el bien de esta forma? ¿Cómo evitamos sucumbir ante la ira, la amargura, el dolor y el afán de venganza? ¿Cómo impedimos que nuestro corazón acumule en su interior los residuos del mal que nos han hecho a nosotros o a los seres que amamos?

Veamos la instrucción que les dio Pablo a los creyentes de Éfeso cuando les dijo, usando la metáfora de un soldado romano, que se pusieran «la coraza de justicia» (Efesios 6.14).

La coraza del soldado romano común era una pieza de su armadura, hecha de cuero endurecido y reforzado. Para los oficiales, el cuero estaba recubierto con una placa de metal para mayor protección. La coraza cubría el torso y protegía los órganos vitales del soldado, sobre todo su corazón. Un guerrero que no tuviera puesta su coraza quedaba vulnerable y peligrosamente expuesto a los ataques del enemigo.

En su carta, Pablo usa esta coraza literal que protegía el corazón físico en una metáfora. Su deducción era que la justicia actúa como una «coraza» para proteger el corazón espiritual figurado del cristiano, el centro espiritual de su vida.

La palabra *justicia* tiene en realidad varios niveles de significado. El diccionario *Merriam Webster* la define como una actuación que está de acuerdo con la ley divina o moral, el hecho de estar libre de culpa o de pecado y el de estar moralmente en lo cierto o lo justificable, como en una decisión justa.[2]

Cuando hacemos nuestra la justicia de Jesucristo, su perfección moral y su vida sin pecado, obediente al Padre, y vivimos justamente, es cuando podemos vencer la maldad que llevamos dentro y la maldad que nos rodea.

CÓMO VENCEMOS AL MAL QUE LLEVAMOS DENTRO

Cuando pensamos en vencer al mal con el bien, tendemos a centrarnos en el mal que nos rodea, el mal que hay fuera de nosotros. Sin embargo, tal como decía el escritor ruso Alexandr Solzhenitsyn, «¡Como si esto fuera tan simple! Como si se tratara solamente de la existencia de personas malvadas en algún lugar, cometiendo de manera insidiosa sus malas obras, y solo hiciera falta separarlas del resto de nosotros y destruirlas. Sin embargo, la línea divisoria entre el bien y el mal atraviesa también todo corazón humano».[3]

Solzhenitsyn solo se estaba haciendo eco de Jesús, quien no se guardó nada al describir la maldad que hay en el corazón humano: «Porque de adentro, del corazón humano, salen los malos pensamientos, la inmoralidad sexual, los robos, los homicidios, los adulterios, la avaricia, la maldad, el engaño, el libertinaje, la envidia, la calumnia, la arrogancia y la necedad. Todos estos males vienen de adentro y contaminan a la persona» (Marcos 7.21-23).

Es una lista deprimente, ¿no es cierto? Y ni siquiera está completa. No hay forma alguna de hacer una lista de todas las formas de maldad que puede concebir la maldad del ser humano. Por eso, antes de tratar de enfrentarnos a la maldad que hay fuera de nosotros, necesitamos examinar la maldad que llevamos dentro. El ser humano sin restricciones y sin convertir es capaz de toda clase de maldad. Y en los corazones de todo hombre y toda mujer crecen las semillas de esa maldad.

En todos y cada uno de ellos.

La Biblia afirma: «No hay un solo justo, ni siquiera uno; no hay nadie que entienda, nadie que busque a Dios. Todos se han descarriado, a una se han corrompido. No hay nadie que haga lo bueno; ¡no hay uno solo!» (Romanos 3.10-12).

En su libro *The Divine Intruder* [El divino intruso], James Edwards señala cómo los villanos de la literatura mundial son siempre personajes exuberantes, y con frecuencia más interesantes que los héroes. Nos atraen los villanos como más creíbles e imitables, porque lo son; conocemos de manera innata a estos personajes. Tal vez no actuemos de las mismas maneras perniciosas que ellos, pero comprendemos sus caminos sin necesidad de pensar en ellos.[4]

Uno de los pensamientos más peligrosos que puede tener un ser humano, incluso un círculos, es este: «¡No, yo nunca haría nada tan malo!». Ese pensamiento revela una triste ingenuidad acerca de nuestro propio corazón y un peligroso potencial con respecto al futuro.

Entonces, ¿cómo podemos vencer a la maldad que llevamos dentro? Nosotros no la podemos vencer. Pero Cristo sí puede.

LA JUSTICIA DEL VENCEDOR

La mala noticia es que todos llevamos el mal por dentro. La buena noticia es que Cristo, en su bondad y su misericordia, venció por nosotros a ese mal muriendo en la cruz para después ofrecernos su propia justicia, un don gratuito que solo se puede recibir por fe. Con su muerte y su resurrección, Cristo venció a todos los «poderes […] autoridades […] potestades que dominan este mundo de tinieblas […] [y] fuerzas espirituales malignas» (Efesios 6.12). «Desarmó a los poderes y a las potestades, y […] los humilló en público al exhibirlos en su desfile triunfal» (Colosenses 2.15). La maldad ya no tiene poder sobre el que está revestido con la justicia de Cristo.

La transacción realizada en la cruz es la verdad más poderosa de la Biblia. Aquí, en solo veintidós palabras, Pablo nos presenta ese mensaje: «Al que no cometió pecado alguno [a Cristo], por nosotros Dios lo trató como pecador, para que en él recibiéramos la justicia de Dios» (2 Corintios 5.21).

Cuando Jesús murió en la cruz, tomó nuestra identidad de pecadores mientras nosotros tomábamos su identidad como el Hijo justo de Dios. Por medio de esta transacción de su muerte, realizó dos cosas de crítica importancia. En primer lugar, tomó sobre sí nuestro pecado; se convirtió en pecado por nosotros. En segundo lugar, cuando nosotros depositamos nuestra confianza en Él, no solo nos perdona nuestro pecado, sino que nos da su propia justicia. Recibimos esa justicia en el momento en que creemos que Jesús es el Hijo de Dios, nos arrepentimos de nuestros pecados y le pedimos su perdón.

El Pastor Erwin Lutzer nos ha dado una buena ilustración sobre la forma en que es vencido el mal en el corazón del cristiano:

Imagínate un libro que lleve por título *La vida y los tiempos de Jesucristo*. Cuando abres el libro, descubres un relato que contiene todas las cosas buenas que ha hecho Jesucristo. Junto a ese libro hay otro cuyo título es *La vida y los tiempos de [pon aquí tu nombre]*. En ese otro libro encuentras una detallada descripción de toda mala acción que tú hayas cometido jamás, y de todo mal pensamiento que hayas tenido. Cuando tú confías en Cristo como Salvador, Dios les intercambia las cubiertas a esos dos libros. Pone la cubierta del libro *La vida y los tiempos de Jesucristo* en el libro acerca de tu vida. Así, cuando Dios miró a Jesús en la cruz, vio todos los pecados que tú has cometido jamás, o que vas a cometer en el futuro. Vio todos tus fallos como parte de la historia de Jesús.

Después, Dios toma la cubierta del libro de Jesús y se la pone al libro de tu vida; ahora, cuando Él te mira a ti, ya no ve tus pecados, sino que ve la justicia de su Hijo perfecto. Dios ve la historia de tu vida como si fuera la historia de la vida de Jesús. Eso es lo que se quiere decir cuando se habla de justicia imputada o atribuida.[5]

Esa es la forma de vencer a la maldad que llevas en el corazón. Pon tu confianza en Cristo, y Él hará el resto.

Una vez que hayamos recibido por fe la justicia de Cristo, podemos poner en práctica «la coraza de justicia», la justicia de Cristo. Podemos aceptar la obligación y la decisión de vivir tan estrechamente cercanos a la Palabra de Dios y al ejemplo de Jesús, como nos sea posible. Si vivimos de esta forma, no tendremos cargado el corazón.

Cantará con amor y con gozo, y lleno de la inefable maravilla del amor que Cristo nos tiene.

Esa es la clase de corazón que puede vencer al mal.

CÓMO VENCEMOS AL MAL QUE NOS RODEA

Cuando Chris Carrier tenía diez años, un extraño se le acercó, afirmando que era amigo de su padre. Necesitaba que Chris lo ayudara a recoger un regalo de Navidad para su padre. Así que Chris subió a la casa rodante de aquel hombre.

Poco tiempo más tarde, el hombre metió el vehículo en un campo donde apuñaló a Chris en la nuca. Después llevó el vehículo, con el niño herido dentro, por un camino de tierra. Le disparó al niño en la sien izquierda y lo dejó abandonado junto al camino en los Everglades de la Florida, infestados de caimanes.

Durante seis días, Chris estuvo allí tirado, entre consciente e inconsciente, hasta que lo halló un motorista que pasaba por allí. Milagrosamente, sobrevivió, pero perdió la vista del ojo izquierdo. La policía no pudo identificar ni hallar nunca a su atacante. Christopher vivió lleno de temor durante los tres años siguientes hasta que, en una reunión de la iglesia, escuchó el evangelio y le entregó su vida a Cristo. Su fe fue creciendo, hasta que se decidió a entrar a tiempo entero en el ministerio con el fin de ayudar a otros a encontrar la paz y la sanidad que él había encontrado en Cristo.

Muchos años más tarde, cuando Chris ya estaba casado y tenía hijos, un detective hizo contacto con él, diciéndole que un anciano había confesado el brutal crimen del que él había sido víctima. Aquel hombre le tenía rencor al padre de Chris y había desbordado su ira contra Chris como manera de herir al padre de este. Chris visitó a aquel hombre, ya de setenta y siete años, que estaba ya achacoso y débil, en un asilo de ancianos. Al principio, el hombre negó saber nada acerca de aquel crimen, pero terminó pidiéndole perdón a Chris. Este le explicó cómo había llegado a ser cristiano, y la forma en que Dios había usado aquel suceso tan terrible de su vida para compartir su perdón y su amor con muchas personas más.

La familia de Chris comenzó a visitar casi a diario el asilo de ancianos, hablándole a aquel hombre del amor de Dios. Y un domingo por la tarde, el hombre que había atacado a Chris recibió el perdón de Dios y de Chris y depositó su fe en Cristo. Pocos días más tarde fallecía pacíficamente mientras dormía.[6]

He aquí un poderoso ejemplo de la forma en que un hombre puede vencer al mal que le rodea. Lo primero fue que Chris le permitió a Cristo que eliminara de su corazón la idea de vengarse. Después venció la maldad que había en la vida de su asaltante al derramar el amor de Dios sobre él.

La Biblia nos indica con claridad la forma de hacer esto, comenzando con el pasaje central del Nuevo Testamento, que se encuentra en Romanos 12.17-21:

No paguen a nadie mal por mal. Procuren hacer lo bueno delante de todos. Si es posible, y en cuanto dependa de ustedes, vivan en paz con todos. No tomen venganza, hermanos míos, sino dejen el castigo en las manos de Dios, porque está escrito: «Mía es la venganza; yo pagaré», dice el Señor. Antes bien,

«Si tu enemigo tiene hambre, dale de comer;
si tiene sed, dale de beber.
Actuando así, harás que se avergüence de su conducta».

No te dejes vencer por el mal; al contrario, vence el mal con el bien.

En él hallamos seis formas de vencer al mal con el bien, la primera de ellas, la manera de eliminar los deseos de venganza.

DÉJALE LA VENGANZA A DIOS

Pablo escribe: «No paguen a nadie mal por mal [...] No tomen venganza, hermanos míos [...] porque está escrito: "Mía es la venganza; yo pagaré", dice el Señor» (Romanos 12.17, 19).

¿Has notado cómo hablamos acerca de vengarnos? Decimos que queremos «quedar a mano», «quedar parejos», lo cual significa que queremos quedar a la par en la hoja del balance. Queremos que la persona que nos ha hecho un mal *a nosotros* experimente *de nosotros* la misma cantidad de mal. En otras palabras, hagas lo que hagas, no permitas que nadie te tome la delantera en hacer el mal; mantén en perfecto equilibrio los platillos de la balanza.

El Pastor Chuck Swindoll habla de un predicador que se negaba a vengarse. A la persona que le había hecho un daño, le decía: «No me voy a vengar. ¡Te voy a delatar ante Dios!».[7] Por suerte, nosotros no tenemos que decirle nada a Dios; Él lo conoce y lo ve todo, incluso todos los actos de maldad. Y nos dice un día Él pondrá el equilibrio entre los platillos de su balanza.

Sin embargo, hay muchas personas que no están dispuestas a esperar hasta ese día. Hacen cuanto sea necesario para equilibrar los platillos ellas mismas.

Nick Stafford, de Cedar Bluff, Virginia, estaba enojado con la oficina de Departamento de Vehículos de Motor porque no le daban acceso a sus líneas directas de teléfono. Por eso, para pagar los impuestos por dos autos que había comprado, Nick se fue a esa oficina con cinco carretillas en las cuales cargaba 300.000 centavos para cubrir su evaluación. Su lógica era esta: «Si ellos me querían incomodar a mí, ahora yo los voy a incomodar a ellos».[8]

En 1991, en un juego de béisbol entre los Cachorros de Chicago y los Rojos de Cincinnati, Andrew Dawson, jardinero de los Cachorros, se opuso enérgicamente a un *strike* cantado por el árbitro Joe West. En el calor de la discusión que siguió, Dawson le dio un golpe a West (él afirmaba que había sido accidental) y fue sacado del juego con una multa de mil dólares. Pero se vengó haciendo público que en el cheque que envió para pagar la multa había escrito: «Donativo para los ciegos».[9]

Cuando nos tratamos de vengar de otra persona, le estamos robando esa función a Dios. Él dice que la venganza es suya, y nosotros no tenemos derecho ni autoridad para desempeñar un papel que se reserva para sí mismo. La Biblia nos dice de manera explícita: «No seas vengativo con tu prójimo, ni le guardes rencor. Ama a tu prójimo como a ti mismo. Yo soy el SEÑOR» (Levítico 19.18).

Este es el versículo que citó Jesús en Marcos 12.31 cuando afirmó que «Ama a tu prójimo como a ti mismo» es el segundo mandamiento en importancia en todas las Escrituras. En los tiempos en que ministró Jesús, este mandamiento había sido corrompido por el desarrollo de una nueva tradición judía: ama a tu prójimo y odia a tus enemigos. Esta tradición aprobaba el que alguien ejerciera venganza sobre otra persona que le hubiera hecho daño.

Ahora bien, Jesús corrigió esta distorsión de Levítico 19.18 en el Sermón del Monte, al decirles a los que le escuchaban que debían amar a sus enemigos y orar por ellos (Mateo 5.43-48). En otras palabras, le debemos dejar a Dios la venganza y el juicio.

Si tratamos de hacer nosotros algo que le corresponde a Dios, vamos a fracasar. Nosotros debemos tener paciencia y dejar que Él lleve a cabo su obra de acuerdo con sus planes.

Hasta el Señor Jesucristo, cuando estaba en esta tierra, le tuvo que entregar a Dios todos los pensamientos de represalias o de «quedar a mano». Pedro lo describe de esta manera: «Cuando proferían insultos contra él, no replicaba con insultos; cuando padecía, no amenazaba, sino que se entregaba a aquel que juzga con justicia» (1 Pedro 2.23).

APRENDE PLANEAR CON ANTICIPACIÓN

El apóstol Pablo nos da una manera de realizarlas: «Procuren hacer lo bueno delante de todos» (Romanos 12.17).

El verbo griego traducido en este versículo como «procurar hacer» significa literalmente «planificar con anticipación».[10] En otras palabras, cuando puedas ver más allá de lo que tienes ante ti en el presente, planifica para hacer lo que es correcto ante los ojos de todos los humanos. Cada semana, ora y planifica formas estratégicas de vencer al mal que te vas a encontrar. Pablo amplía más esta idea en su carta a los Tesalonicenses: «Asegúrense de que nadie pague mal por mal; más bien, esfuércense siempre por hacer el bien, no solo entre ustedes, sino a todos» (1 Tesalonicenses 5.15).

Cuando se trata de la manera de manejar el mal en nuestra vida, la mayoría de nosotros *reaccionamos*. En cambio, Pablo nos está llamando a *actuar*. A planificar de antemano; a buscar lo bueno, en lugar de limitarnos a reaccionar ante lo malo.

No hay nadie inmune a las irritaciones de la vida diaria. Hay situaciones y personas que sacan de una manera muy natural lo peor de nosotros, ¿no es cierto? Tal vez sea el tío que siempre habla y nunca escucha, o la suegra a la que le encanta enojarte hablando de sus ideas políticas. O es posible que no soportes el mensaje de teléfono que te dice: «Su llamada es muy importante para nosotros. Por favor no cuelgue, y uno de nuestros representantes lo atenderá en un instante». O quizá te hierva la sangre mientras evitas a los que se van pasando de un carril a otro en la autopista.

Es frecuente que nos encontremos en nuestros peores momentos cuando nos enfrentemos con gente y situaciones así. En nuestra frustración, decimos sin pensarlo: «¡Me hacen esto todo el tiempo! ¡Ella sí que sabe ponerme de mal humor! ¡Este hombre me pone furioso!».

Permíteme decirte primero que no hay ninguna persona ni ningún suceso que te *ponga* molesto o frustrado. Tú eres el responsable de tus reacciones ante las personas y las situaciones difíciles. Una vez dicho esto, te diré que esas personas y esas situaciones no van a desaparecer; por eso Pablo nos exhorta a trazarnos una estrategia para poder hacer el bien, incluso bajo unas circunstancias tan desagradables. Lo que nos corresponde a nosotros es aprender a hacer mejor las cosas la próxima vez que nos enfrentemos a sucesos y personas así.

APÓYATE EN LA SIGUIENTE COSA CORRECTA

Los tiempos de prueba vendrán los anticipemos o no. Y cuando se presentan, debemos decidir como responderemos.

Para el cristiano, no responder no es una opción. Claramente, no las podemos ignorar, aceptarlas, ni ser pasivos de cara a la maldad. En Efesios 6 Pablo dice claramente que debemos tomar acción contra la maldad haciendo frente —un verbo activo. Debemos equiparnos con la armadura de Dios para hacer frente al diablo y así vencerlo.

Está claro que no podemos buscar venganza. Pero ¿qué debemos hacer entonces?

Uno de los pensamientos filosóficos mejores y más breves con respecto a la vida es este: «Haz la siguiente cosa buena».

Empezé este capítulo con la historia de un mujer de gran coraje que habló en contra de la persona que abusó de ella. Cuando otras personas con más poder e influencia ignoraron y cubrieron la maldad, ella se adelantó y la sacó a relucir. ¿Cómo encontró la fortaleza para poder harcerlo?

La encontró por medio de su fe profunda. Rachael Denhollander comparó «lo bueno delante de todos» que Pablo menciona (Romanos 12.17) —que ella llamó «la línea directa» en su declaración— a la «línea torcida» de la maldad. Lo que estaba sucediendo era contrario a lo que ella sabía que era correcto y bueno, así que ella hizo lo siguiente correcto. Ella le hizo frente.

La maldad puede ser difícil de exponer. De hecho, el enemigo a menudo lo hace así. Podemos no ser capaces de explicar completamente lo que está ocurriendo, o definir exactamente lo que necesitamos. Pero mientras nuestra armadura espiritual no da la resistencia y la fortaleza para hacer frente a los enemigos obvios, también no da lo que necesitamos para hacer frente a los enemigos sutiles y que nos confunden —tales como la persona en la que confiábamos y nos traiciona, o la inacción deliberada de otras frente a la maldad.

Como Vencedores debemos poner nuestra confianza en Cristo. Cuando tengas dudas, pídele ayuda. Pídele, por medio del Espíritu Santo, cómo hacer «la cosa (buena) que sigue». Confía en Dios sabiendo que si haces la siguiente cosa buena, una cosa buena tras otra, estarás venciendo toda equivocación, toda maldad, en tu camino.

Es posible que a veces no veas el resultado de los actos con los que vences la maldad. En ocasiones, Dios te usa de formas y en planes que son mayores que cuanto tú puedas comprender, o más extensos que el tiempo que te quede de vida. Dios obra en su tiempo, no en el tuyo ni en el mío. Nosotros no estamos llamados a presenciar los resultados; solo estamos llamados a vencer al mal con el bien, a limitarnos a realizar las buenas tareas que tenemos delante de nosotros en el momento.

La famosa expedición de Lewis y Clark a la región noroeste del Pacífico norteamericano fue salvada en realidad en 1804 cuando un acto de bondad venció a una intención malvada. Ken Burns relata la historia en su obra *Lewis and Clark: The Journey of the Corps of Discovery* [Lewis y Clark: El viaje del Cuerpo de Descubrimiento].

La expedición pasó un invierno helado y con pocas provisiones en las montañas Bitterroot de Utah. Salieron con dificultad de las montañas y fueron a parar al campamento de los indios Nez Percé, en la esperanza de hallar alimento y calor. Algunos de los Nez Percé quisieron matar a los miembros de la expedición para quedarse con todas sus posesiones: rifles, munición, herramientas y otro equipo. Sin embargo, una anciana india moribunda del campamento salvó a la expedición de perecer aniquilada.

Esta mujer había sido capturada cuando era solo una jovencita por otra tribu india, que a su vez la vendió a otra tribu en el este de Norteamérica. Ella se escapó de esa tribu y terminó al cuidado de unas personas blancas del Canadá que la sostuvieron hasta que años más tarde, ella pudo regresar a su propio pueblo Nez Percé. Durante años, les habló a los suyos de aquellas personas de tez pálida que «vivían hacia donde sale el sol» y que habían cuidado de ella. Por eso, cuando los miembros de la expedición de Lewis y Clark, que eran blancos, llegaron a su campamento, ella intervino: «Estas son las gentes que me ayudaron a mí. No les hagan daño».[11]

En este caso, el acto de bondad estaba separado por décadas del mal que superó más tarde. Las bondadosas personas del Canadá que cuidaron de una jovencita india no tenían idea de que su acto de bondad alejaría la mala intención de una tribu india de Utah muchos años más tarde. No habían hecho ningún proyecto de futuro; sencillamente habían hecho lo que era correcto hacer después.

VIVE EN PAZ CON TODOS

«Si es posible, y en cuanto dependa de ustedes, vivan en paz con todos» (Romanos 12.18).

Las familias de Rick y Tony, vecinos inmediatos en San Antonio, mantenían una estrecha amistad; se visitaban con frecuencia y asistían juntos a las diferentes actividades, entre ellas las bodas de familia y las vacaciones. Sin embargo, en 2012 aquella amistad terminó y comenzó una enemistad que obligó a la policía a responder a más de ciento cuarenta quejas.

La enemistad comenzó el día en que Rick subió unas recetas de jugos a Facebook. La familia de Tony sostenía que aquellos jugos los enfermaban. La esposa de Rick subió una respuesta en la que decía que si ellos no comieran con tanta grasa, tal vez no estarían tan pasados de peso. A partir de entonces, las cosas se fueron cuesta abajo a la carrera.

Una contienda sobre unos árboles en los traspatios llevaron a Rick a levantar una monstruosa cerca de cuatro metros de metal corrugado entre las dos casas. Entonces Tony usó un aguijón de ganado para tumbar los contenedores de la basura y hacer ruido por las noches. Rick respondió pintando cerdos por el lado de la cerca correspondiente a Tony y exhibiendo cerdos de juguete en poses obscenas. Después Tony levantó un poste de cuatro metros y medio y le puso encima una cámara que apuntaba hacia la cerca de Rick. Este respondió a su vez con un equipo de vigilancia dirigido hacia la casa de Tony. Entonces Tony empezó a reclamar que cada vez que su familia salía de la casa, Rick gruñía como los cerdos, e incluso había subido a YouTube videos de la esposa de Tony en los que se oían gruñidos de cerdos.

Un altercado que tuvo que ver con un contenedor de basura tuvo como consecuencia una condena, una multa y servicio comunitario para Rick. Sin embargo, eso aún no fue suficiente para la familia de Tony. Su esposa puso un cartel en el que decía que la familia de Rick era una familia de pervertidos. A pesar de las órdenes de la policía para que retirara el cartel, ella lo siguió poniendo. Ambas familias plantearon demandas legales y recibieron órdenes del juzgado para que lo detuvieran todo hasta que se resolvieran las demandas.[12]

¿Te lo puedes imaginar? Por desgracia, sí es probable que puedas.

Me preocupa profundamente el hecho de que esta lamentable historia sea reflejo de una tendencia cada vez más acelerada hacia los conflictos inflamados de ira en toda nuestra nación. Desde las esferas más altas, donde las rivalidades políticas se han convertido en animosidad, los oponentes se lanzan unos a otros odio y veneno como animales salvajes. Esto se ha desbordado hacia el mundo del espectáculo, en el cual las comedias de situación, los comediantes e incluso los presentadores insultan, difaman y desprecian a los que no comparten sus puntos de vista. En nuestros centros educativos se oyen palabras de odio donde nunca antes se las habría tolerado. En las universidades, a los conferencistas que no agradan se los saca de la plataforma a gritos.

Esta manera de conducirse es exactamente la opuesta a la que ordena el Nuevo Testamento:

- «Dichosos los que trabajan por la paz, porque serán llamados hijos de Dios» (Mateo 5.9).
- «Busquen la paz con todos, y la santidad, sin la cual nadie verá al Señor» (Hebreos 12.14).

Responder a un mal acto con otro solo sirve para incrementar la maldad, como lo demuestra a las claras la enemistad entre Rick y Tony. Es como rociar de gasolina un fuego ya furioso. En cambio, cuando vencemos al mal a base de bien, sofocamos el mal, porque le falta el combustible de la animosidad para mantenerse vivo.

Por supuesto, no tenemos control total de estas situaciones. Cuando hayamos hecho *todo* lo que esté a *nuestro* alcance para establecer y mantener la paz y la otra persona no esté dispuesta a que haya paz, entonces Dios no nos pedirá responsabilidad por la falta de paz. Pero primero, a nosotros nos toca hacer todo lo que se halle a nuestro alcance, y dentro del alcance del poder de Cristo que vive en nosotros, para vivir en paz.[13]

LITIGA CONTRA EL MAL A BASE DE BIEN

Ante el Juez Albert Tomei compareció un atrevido y endurecido joven acusado en el Tribunal Supremo del Estado de Nueva York. El acusado había asesinado a tiros a otra persona al estilo de las ejecuciones. Después de un juicio de dos semanas que terminó con el veredicto de culpable, la madre y la abuela de la víctima hablaron durante la etapa de la sentencia. Ambas mujeres perdonaron al acusado. La abuela se ofreció a escribirle a la prisión si él le quería escribir a ella, confesando que había tratado de odiar al joven sin lograrlo. Solo habló de compasión y de perdón.

Durante todo el juicio, el acusado había mantenido una actitud airada hacia el juez y el jurado. Sin embargo, a medida que le hablaba la abuela, su lenguaje corporal comenzó a cambiar. El Juez Tomei escribe:

Por vez primera desde que se inició el juicio, los ojos del acusado perdieron su fuerza de rayos láser y parecieron someterse a una fuerza vital que solo una madre puede engendrar: un amor incondicional, lleno de apoyo. Después que terminó de hablar la abuela, yo miré al acusado. Había inclinado la cabeza. Ya no había fanfarronería, ni miradas hostiles. Las fuerzas destructoras y malvadas que había dentro de él se habían desplomado indefensas ante aquella notable manifestación de humanidad.[14]

Tanto la madre como la abuela habían hecho lo que recomienda Pablo: «Si tu enemigo tiene hambre, dale de comer; si tiene sed, dale de beber. Actuando así, harás que se avergüence de su conducta. No te dejes vencer por el mal; al contrario, vence el mal con el bien» (Romanos 12.20, 21).

He aquí algunos de los consejos mejores que yo haya recibido jamás en cuanto a responder a la maldad. Cuando alguien te ataque para herirte con un acto de maldad o una acusación, no lo maldigas; no le des vueltas en tu cabeza; no lo alimentes; invalídalo.

Jesús habló de invalidar el impacto de la maldad: «Ustedes han oído que se dijo: "Ojo por ojo y diente por diente". Pero yo les digo: No resistan al que les haga mal. Si alguien te da una bofetada en la mejilla derecha, vuélvele también la otra. Si alguien te pone pleito para quitarte la camisa, déjale también la capa» (Mateo 5.38-40).

Y Pedro escribió: «No devuelvan mal por mal ni insulto por insulto; más bien, bendigan, porque para esto fueron llamados, para heredar una bendición» (1 Pedro 3.9).

El consejero Jay Adams dice que «la maldad es poderosa, pero el bien es más poderoso. De hecho, el mal es tan poderoso que solo el bien tiene el poder necesario para vencerlo. Solo la luz puede disipar las tinieblas».[15]

AMA A TU ENEMIGO

La expresión de Pablo que aparece en el texto original griego de Romanos 12.20, «amontonarás ascuas de fuego sobre su cabeza», nos parece muy extraña. Dice que eso es lo que sucede cuando le ofrecemos de comer o de beber a nuestro enemigo; es decir, cuando le pagamos con un bien el mal que él nos haya hecho.

El Pastor John MacArthur lo explica:

> La expresión «amontonarás ascuas de fuego sobre su cabeza» se refiere a una antigua costumbre egipcia. Cuando una persona quería manifestar su contrición en público, se ponía sobre la cabeza una olla llena de carbones encendidos para representar el ardiente dolor que le causaban su vergüenza y su culpa. La idea que contiene esta expresión es que, cuando amemos a nuestro enemigo y busquemos genuinamente la forma de satisfacer sus necesidades, lo estaremos avergonzando del odio que nos tiene».[16]

Piensa en la historia de David y el rey Saúl. David era el sucesor ungido del rey Saúl, el cual lo odiaba y lo perseguía. En una ocasión, David estuvo tan cerca de Saúl en una cueva oscura que le cortó una esquina al manto del rey, pero se negó a hacerle daño alguno en su persona.

Piensa en las palabras de David después que él y Saúl habían salido de la cueva:

> «Usted podrá ver con sus propios ojos que hoy mismo, en esta cueva, el SEÑOR lo había entregado en mis manos. Mis hombres me incitaban a que lo matara, pero yo respeté su vida y dije: "No puedo alzar la mano contra el rey, porque es el ungido del SEÑOR". Padre mío, mire usted el borde de su manto que tengo en la mano. Yo corté este pedazo, pero a usted no lo maté. Reconozca que yo no intento hacerle mal ni traicionarlo. Usted, sin embargo, me persigue para

quitarme la vida, aunque yo no le he hecho ningún agravio. ¡Que el Señor juzgue entre nosotros dos! ¡Y que el Señor me vengue de usted! Pero mi mano no se alzará contra usted». (1 Samuel 24.10-12)

David acababa de amontonar ascuas de fuego sobre la cabeza de Saúl. ¿Y cuál fue la reacción de Saúl ante aquella situación?

«Cuando David terminó de hablar, Saúl le preguntó:

—David, hijo mío, ¡pero si eres tú quien me habla!

Y alzando la voz, se echó a llorar.

—Has actuado mejor que yo —continuó Saúl—. Me has devuelto bien por mal. Hoy me has hecho reconocer lo bien que me has tratado, pues el Señor me entregó en tus manos, y no me mataste. ¿Quién encuentra a su enemigo y le perdona la vida? ¡Que el Señor te recompense por lo bien que me has tratado hoy!». (1 Samuel 24.16-19)

Alguien dijo sabiamente: «El enemigo nos ha vencido cuando ha logrado hacernos como él». Pagar el mal con el mal es hacerse semejante a Satanás. Adoptar los métodos de nuestro enemigo significa convertirnos nosotros mismos e nuestro enemigo.

En cambio, pagar el mal con bien es hacerse semejante a Dios.

La victoria esencial sobre el mal es obra del amor. Jesús dijo: «Amen a sus enemigos y oren por quienes los persiguen» (Mateo 5.44).

Ama. Bendice. Haz el bien. Ora. Esa es la manera de vencer al mal con el bien.

No se trata de una victoria imaginaria. Esta es la fuerza más revolucionaria que hay en el mundo. Imagínate lo que sería nuestro mundo si nosotros utilizáramos todos los días esta fuerza.

Esto es lo esencial de esta lección, presentada en una sola afirmación: vence al mal con el bien. Ese es el estilo del cristiano. Es algo exclusivo en un mundo lleno de venganzas y de represalias.

HAZ CONTINUAMENTE EL BIEN

En la semana anterior al momento en que comencé a escribir este capítulo sobre vencer al mal con el bien, estuve en Nashville, Tennessee. Cuando entré al ascensor del hotel, un distinguido caballero anciano de color y su hija entraron al ascensor junto conmigo. Cuando intercambiamos saludos, él me preguntó si yo era David Jeremiah, y me dijo que él y su esposa ven nuestro programa de televisión *Momento Decisivo* todos los domingos. Cuando le pregunté su nombre, me sorprendí al descubrir que estaba hablando con John Perkins. Muchas veces he mencionado la increíble historia de este hombre en mis sermones desde el púlpito; él es uno de los grandes vencedores en la historia de nuestra nación.

John Perkins nació en Mississippi en 1930, hijo de agricultores aparceros pobres. Su madre falleció por complicaciones del hambre que pasó cuando él era solo un bebé, y su padre abandonó a la familia. Criado por sus demás parientes, tenía diecisiete años cuando su hermano mayor, veterano decorado de la Primera Guerra Mundial, fue herido de muerte por un policía, y expiró en sus brazos. Lleno de angustia y de rabia, se marchó de Mississippi y se fue a California, donde se casó, tuvo hijos y se hizo cristiano.

En 1960 sintió que el Señor lo llamaba para que regresara a Mississippi, lugar aún lleno de luchas raciales, a predicar el evangelio, así que se mudó con su familia a Mendenhall, Mississippi, un poblado vecino al poblado donde él había crecido. Allí fundó el Instituto Bíblico La Voz del Calvario.

En febrero de 1970, Perkins y dos de sus asociados fueron a la cárcel local para pagar la fianza a favor de un grupo de estudiantes universitarios de color. Él y sus asociados fueron rodeados por policías y arrestados, y Perkins fue gravemente golpeado y torturado, solo por ser un líder de color dentro de la comunidad. Los estudiantes y los asociados de Perkins temieron que él muriera mientras yacía inconsciente, tirado en el suelo de la celda de aquella cárcel.

De algún modo, por medio de sus propios sufrimientos, John Perkins comprendió que las personas blancas de su comunidad necesitaban el evangelio tanto como lo necesitaba la comunidad de color. Comprendió que el odio que le tenían a él los agentes de la policía se basaba en los prejuicios y la ignorancia, y que aquellos actos de racismo y de odio eran todo lo que aquellos airados hombres sabían hacer. Perkins prometió que si Dios lo libraba de aquella situación, él predicaría un evangelio que sanaría a *toda* la comunidad.

Dos médicos del lugar, uno blanco y el otro de color, supervisaron la sanidad de sus heridas físicas. Al mismo tiempo, Dios le sanó el alma, revelándole cada vez más que el evangelio es la única cosa que libera a las personas de la maldad y del odio, cualquiera que sea el color de su piel. Se dio cuenta de que Cristo había sufrido injustamente a manos de seres humanos llenos de odio, y, sin embargo, había orado para que Dios los perdonara (Lucas 23.24). Con el tiempo, Dios le dio a John Perkins la capacidad de perdonar a sus atacantes y amarlos realmente, y él se comprometió a vencer con el bien el terrible mal que le habían hecho.

John Perkins se convirtió en un campeón de la sanidad en las comunidades quebrantadas, primero en Mississippi y después en toda la nación, por medio de la bondad del evangelio. Ha recibido catorce doctorados honorarios y escrito cerca de una docena de libros en los que ensalza el poder del amor de Dios para vencer al mal con el bien. En el momento en que yo escribo estas líneas, John Perkins tiene ya ochenta y ocho años y aún sigue trabajando para traer el evangelio de la paz y la comprensión a una nación dividida. ¡Ciertamente, es un Vencedor![17]

Tú y yo nunca dejaremos de encontrarnos con la maldad en el mundo que nos rodea, y de este lado del cielo, nunca estaremos totalmente libres de la tentación de actuar nosotros mismos con maldad. Dentro y fuera de nosotros, solo hay un poder en el mundo que tenga la fuerza suficiente para vencer al mal. Y ese poder es la bondad de Dios.

La justicia es el aspecto que tiene la bondad de Dios cuando la vivimos. Si queremos proteger nuestro corazón del mal que hay en el exterior y el que hay en nuestro interior, lo debemos proteger con la justicia de Cristo. Él nunca dejó de vencer al mal con el bien en su vida, y ahora nos da a nosotros la capacidad necesaria para hacer lo mismo mientras caminamos por fe: «No quiero mi propia justicia […] sino la que se obtiene mediante la fe en Cristo, la justicia que procede de Dios, basada en la fe» (Filipenses 3.9).

*No nos cansemos de hacer el bien, porque a su debido
tiempo cosecharemos si no nos damos por vencidos.*
— *GÁLATAS 6.9*

CAPÍTULO 5

VENCE A LA ANSIEDAD
CON LA PAZ

Cuando Shawn Baker, obrera de planta eléctrica en Houston, fue cesanteada en el 2015 y comenzó un nuevo negocio que se convirtió muy pronto en un «éxito aplastante». Es un lugar donde las personas enojadas, estresadas o llenas de ansiedad pueden descargar sus frustraciones sobre objetos inanimados. Dentro del edificio hay cuatro cuartos con las paredes cubiertas por gruesas planchas de madera contrachapada, y provistos de muebles viejos, vajilla, televisores y electrodomésticos quemados, aparatos electrónicos pasados de moda y hasta almohadas de plumas que ella les compra a los vendedores de chatarra o a las tiendas de muebles usados. Los clientes reciben el instrumento que escogen: un palo de golf, un bate de béisbol, un tubo de plomo o un mazo. Entonces, después de revestirse con el equipo protector que es obligatorio, se encierran en uno de los cuartos y destrozan todo lo que ven.

Baker le puso a su negocio el nombre de Tantrums, LLC («Berrinches S. A.»).

Los clientes pagan entre veinticinco y cincuenta dólares por un tiempo de demolición que va de cinco a quince minutos. Después de una sesión, el cuarto parece un escenario de guerra, lleno de vidrios rotos, plumas, trozos de cerámica y entrañas de aparatos electrónicos. Al negocio de Shawn Baker llegan a montones personas procedentes de todos los caminos de la vida: madres, negociantes, médicos, maestros, trabajadores del petróleo o de la gasolina, e incluso algunos terapeutas.

Los clientes celebran con gran entusiasmo lo beneficiosas que han sido para ellos esas sesiones de destrozo que les han permitido aliviar su estrés en un ambiente controlado. Baker dice: «Yo nunca me imaginé que estaría ayudando a la gente de esta manera».[1]

Es fácil comprender el impulso que lleva a los clientes al negocio de Shawn Baker. La ansiedad es uno de los síntomas que definen nuestros tiempos. Según la Asociación Americana para la Ansiedad y la Depresión, los desórdenes derivados de la ansiedad afectan a cuarenta millones de adultos en los EE. UU., lo cual equivale a algo más del dieciocho por ciento de la población. Es un factor importante que afecta a nuestra salud en general; las personas con desórdenes de ansiedad acuden a los médicos entre tres y cinco veces más que la población en general.[2]

Hay algunos desórdenes de ansiedad que tienen un origen clínico derivado de condiciones genéticas, de la química cerebral o de ambas cosas. Otros son consecuencia de sucesos y situaciones que se presentan en la vida. Cualquiera que sea su causa, sabemos que su proporción está aumentando entre gente de todas las edades, y esto incluye a los niños y a los adolescentes.

Cada vez son más jóvenes los niños a los cuales se les diagnostica un estado de ansiedad, mientras que las universidades dicen que las proporciones de personas con ansiedad son mayores que nunca entre sus estudiantes.[3] No es difícil ver la razón; nuestro mundo mide, clasifica y juzga todo lo que hacen los jóvenes. Todo lo que se sube a los medios sociales es clasificado con un «me gusta» o no lo es, el ciberacoso va en aumento y los jóvenes sienten más presión que nunca antes en cuanto a lograr el éxito.

El hecho de ver ansiedad en las personas que amamos puede aumentar nuestro nivel de preocupación. El enfrentamiento con el estrés normal del hogar, del trabajo y de la vida es ya de por sí un reto, pero en algún momento también nos vamos a tener que enfrentar a otras presiones: preocupaciones con el dinero, tensiones en el trabajo, conflictos familiares, sucesos traumáticos, adicciones, el cuidado que les debemos a nuestros seres amados… Añadido a estas preocupaciones inmediatas se halla la sensación general de que nuestro mundo, nuestra nación y nuestras comunidades cada vez son más inseguros, plagados con conflictos internacionales, discordias políticas, una ira y una falta de urbanidad en aumento, violencia, e incluso un clima de incertidumbre.

Cuando se trata de enfrentarse a estos temores y tensiones, la mayoría de nosotros nos damos cuenta de que el hecho de destrozar un aparato de microondas en un cuarto seguro no los va a eliminar. Detrás de esta clase de terapia se halla la idea de que nuestros temores y nuestras frustraciones crean una tensión cada vez mayor que solo se puede liberar por medio de la violencia. Ciertamente, romper un televisor con un mazo es mejor que tomar un rifle de asalto para ir a disparar a una escuela, pero la teoría de que se puede eliminar la ansiedad por decreto y lograr la paz por medio de la aplicación de violencia sencillamente no es cierta.

En su sabiduría, Dios ha proporcionado apoyo para aquellos que lo necesitan por medio de los medicamentos, la consejería y los grupos de apoyo. Cada vez que tú o tus seres amados lo necesiten, te exhorto a que busques ayuda. La vida en Cristo no nos saca del mundo, sino que nos sostiene dentro de él. Afortunadamente, una de las maneras que Cristo nos sostiene en este mundo es a través del don de la paz.

EL CALZADO DE LA PAZ

La tercera arma de guerra que aparece en la lista de Efesios 6 está pensada para ayudarte a vencer la ansiedad. He aquí cómo describe Pablo esa parte de la armadura: «Manténganse firmes [...] calzados con la disposición de proclamar el evangelio de la paz» (Efesios 6.14, 15). Otra traducción dice así: «Como calzado, pónganse la paz que nos dan las Buenas Nuevas, de manera que estén totalmente preparados».

El calzado que Pablo usa para esta ilustración no equivale a los zapatos de la persona promedio. Se trata aquí de las botas de cuero abiertas por los dedos que usaban los soldados romanos. Estaban hechas con unas suelas provistas de clavos destinados a aferrarse al suelo y se parecían a los zapatos con tacos que se usan en el fútbol *rugby* moderno. Esas botas no eran hechas para correr; ni siquiera para marchar, sino que eran diseñadas específicamente con un propósito principal: darle estabilidad al soldado en el combate cuerpo a cuerpo contra el enemigo.[4]

Los cristianos de aquellos tiempos habrían comprendido lo que esto significaba: ¡en el combate cuerpo a cuerpo, el primero que resbalara accidentalmente era el primero que caía!

Luchar contra la ansiedad es como luchar contra el enemigo en combate cuerpo a cuerpo en su mente. Si uno no está preparado, él ve esa vulnerabilidad. Si uno siente dudas o temor, vacila o se siente inseguro, él lo nota. Y todo cuanto Satanás observa, lo usa para su propia ventaja.

Si tú estás luchando con una ansiedad, de cualquier clase que sea, sabes que la preocupación llena de ansiedad puede salir a la superficie muchas veces al día. Tal vez sea una voz crónicamente irritante que te dice que tú no vales gran cosa, y nunca lo valdrás. O quizá sea la secuela del temor y el trauma procedentes de la violencia o de una pérdida. Es posible que estés luchando con un temor al rechazo que hace que pronuncies palabras hirientes antes que te hieran a ti. O puede ser que te agotes tratando de controlar todos los aspectos de tu vida y la de tu familia, en un vano esfuerzo por disminuir la preocupación y la ansiedad constantes que se ciernen de continuo en los bordes de tu mente.

Ahora bien, ¿qué sucedería si en lugar de temor y vulnerabilidad, el enemigo viera en ti preparación y fortaleza? ¿Si viera certidumbre, fe y confianza? ¿Si viera que tú, al mismo tiempo que te enfrentas a duros desafíos y a tus propias limitaciones humanas, también te mantienes firme en la paz de Cristo?

¡Entonces el enemigo se estaría enfrentando a un Vencedor! Y el Señor te ha diseñado de manera que lo seas. No eres perfecto; tampoco eres vulnerable y la vida también te afecta. Pero sí eres fuerte, decidido y triunfante en tu caminar, capaz de vencer la preocupación con la paz de Cristo.

De la misma manera que el calzado con clavos anclaba firmemente en el suelo al soldado romano cuando este se enfrentaba a su oponente, la paz nos ancla firmemente en Dios cuando nos enfrentamos a los problemas y las incertidumbres que nos asaltan en este mundo caído.

LA PAZ POR MEDIO DE CRISTO

La Biblia enseña que la vida sin Cristo no alcanza una paz profunda. Todos estamos conscientes en algún grado de esta incomodidad cósmica. Es como decía bromeando el novelista británico Julian Barnes: «Yo no creo en Dios, pero lo echo de menos».[5]

Este vacío ha sido evidente a lo largo de toda la historia, hasta en los tiempos más antiguos, cuando las culturas primitivas, sintiendo su alienación con respecto a los poderes de lo alto, vivían llenas de temor y escalofrío, creyendo que las tormentas, los terremotos y las inundaciones eran manifestaciones de la reprobación divina.

Hoy en día, muchos de nosotros estamos conscientes de una manera igualmente aguda, de que nuestra vida no anda bien. Sin embargo, cuando acudimos a Jesucristo y depositamos en Él nuestra confianza, la Biblia dice esto acerca de nosotros: «En consecuencia, ya que hemos sido justificados mediante la fe, tenemos paz con Dios por medio de nuestro Señor Jesucristo» (Romanos 5.1).

La paz que Jesús nos está dando aquí es una paz que fue comprada pagando el precio de su propia sangre. Es nuestro legado gracias a la cruz. Es él quien nos ha hecho ese legado a todos. Ahora, nosotros tenemos la responsabilidad de vivir a la luz de la gran provisión que Dios nos ha hecho en Jesucristo, quien es nuestra paz. Cuando vivimos así, sabemos que en Cristo no hay condenación.

Después de dar a luz a su quinto bebé, Lindsey Carlson comenzó a tener ataques abiertos de pánico. Como sucede con una de cada ocho madres, Lindsey estaba sufriendo de depresión postparto, la principal complicación del alumbramiento. Aunque había batallado después del nacimiento de su cuarto hijo, esta vez las cosas fueron muy diferentes.

«Ese oscuro valle era más doloroso y amenazante físicamente que todo cuanto yo había experimentado con anterioridad... Me sentía como si solo fuera la cáscara vacía de una persona. Sabía que no era yo misma, pero por mucho que oraba, leía las Escrituras o trataba de mejorarme, no podía salir de aquella situación».[6]

A pesar de lo frecuente que es, la depresión postparto (DPP) muchas veces no llega a ser diagnosticada, en parte porque sus síntomas pueden variar. Sin embargo, según el *American Journal of Clinical Medicine*, hay también otra razón: «La mayoría de los casos no diagnosticados se deben probablemente al estigma social de ser clasificada como una "madre insatisfecha", y eso sin mencionar la imagen pública que tiene la DPP».[7]

Y lamentablemente, tal como hace notar Lindsey, las madres cristianas se pueden enfrentar a una barrera más a la hora de pedir ayuda.

En el caso de las que amamos a Jesús y lo queremos glorificar, nos es embarazoso admitir que nos sentimos abrumadas por los hijos que Dios nos ha dado... Nos es fácil preocuparnos de que si admitimos que tenemos algún tipo de lucha, esto sea percibido por los demás como pecaminoso, falto de fe o reflejo de una falta de gratitud por lo que Dios nos ha dado. Dentro de la iglesia, es posible que las mujeres que sufren de la depresión postparto en realidad reciban una corrección en lugar de recibir gracia, y juicio en lugar de recibir esperanza.

Por fortuna, Lindsey tuvo el valor de aplicar el evangelio a su estado, de manera que buscó y recibió ayuda médica.

Jesús conoce las tentaciones del enemigo; él conoce la sensación de que nos están empujando más allá de nuestras limitaciones físicas, y conoce también el anhelo por sentirse libre del dolor. Cuando estemos sintiendo que estamos en nuestro punto más bajo y poniendo en tela de juicio nuestra fe en Dios, o la buena disposición de Dios en cuanto a librarnos del sufrimiento de la depresión postparto, necesitamos recordar el evangelio, la buena noticia de que Jesús salva.

Nuestra posición ante Dios y su aceptación de nuestra persona no se basan en nuestra capacidad para ser buenas madres, para confiar en Dios lo suficiente como para superar la depresión postparto, o en la forma en que nos estemos sintiendo… La DPP no nos puede separar de Dios. Pablo anima a los creyentes al asegurarles: «Por lo tanto, ya no hay ninguna condenación para los que están unidos a Cristo Jesús» (Romanos 8.1). Porque Cristo sufrió y murió por ti, tú estás libre de la vergüenza de la depresión postparto.[8]

Si luchas con la ansiedad, la vida te puede llegar a parecer una batalla. Pero Dios comprende el alcance de tu preocupación. Y gracias al evangelio de la paz, lo que no tienes que temer es la pérdida de su amor. Hasta en las noches más oscuras del alma, el Dios de toda paz está *contigo* y *de tu lado*.

Te exhorto a que abraces estas palabras del apóstol Pedro: «Humíllense, pues, bajo la poderosa mano de Dios, para que él los exalte a su debido tiempo. Depositen en él toda ansiedad, porque él cuida de ustedes» (1 Pedro 5.6, 7).

UNA PAZ QUE SUPERA TODO ENTENDIMIENTO

En más de una ocasión, Jesús les dijo a sus discípulos que hay una paz que se halla a su alcance en todo tiempo, y que es capaz de calmar su corazón en cualquier tormenta que haya en su vida.

- «La paz les dejo; mi paz les doy. Yo no se la doy a ustedes como la da el mundo. No se angustien ni se acobarden» (Juan 14.27).
- «Yo les he dicho estas cosas para que en mí hallen paz. En este mundo afrontarán aflicciones, pero ¡anímense! Yo he vencido al mundo» (Juan 16.33).

Jesús les dijo estas palabras a sus discípulos cuando sabía que en cuestión de unas horas, la vida de ellos quedaría destrozada a causa de la dura experiencia por la cual Él pasaría y de su muerte. Y, sin embargo, les dijo que ellos podían tener paz en medio de aquel trauma… una paz interior que nos da seguridad y estabilidad.

La paz que nos da Jesús no es la promesa de eliminar de nuestra vida el sufrimiento y las tensiones de la vida diaria. Esos problemas son inevitables, y no nos serán quitados hasta que el Señor regrese. La paz que él ofrece es una seguridad serena y carente de temor que nos dice que después de haber puesto nuestra vida en sus manos, todo nos va a ir bien. Nada puede dañar nuestro ser interior. Nada nos puede sacudir para sacarnos de la conexión íntima que hemos establecido con el Señor del universo por medio de nuestra fe salvadora en él. Esta es una paz que tenemos a pesar de nuestras circunstancias eternas; una paz que no es posible destruir.

Eric Barker fue un misionero cristiano que pasó cincuenta años predicando el evangelio en Portugal en los años inmediatamente anteriores a la Segunda Guerra Mundial, y más allá de ellos. Ese campo misionero, que en sus mejores tiempos se manifestaba desafiante, se volvió más estresante aún a medida que la guerra iba adquiriendo impulso. Llegó un punto en el cual las cosas se volvieron tan peligrosas en Portugal, que se le aconsejó que embarcara a su esposa y a sus ocho hijos hacia Inglaterra, junto con su hermana y los tres hijos de esta. De manera que él puso en un barco a las trece personas que más atesoraba en el mundo, y vio cómo el vapor del barco se perdía en el horizonte. Tenía el plan de unirse a su familia en Inglaterra en un barco posterior después de terminar algunas gestiones misioneras que tenía pendientes en Portugal.

El domingo después de la partida de su familia fue como la mayoría de los domingos, con la excepción de un telegrama que recibió poco antes del comienzo del culto; un telegrama que le leyó a su congregación: «Acabo de recibir la noticia de que toda mi familia ha llegado segura al hogar». La congregación dio un respiro de alivio y continuó el culto.

Solo más tarde la congregación supo lo que significaban realmente las palabras del pastor: «Segura al hogar» no significaba «segura a Inglaterra». Poco antes de comenzar el culto, Barker había recibido la noticia de que un submarino alemán había torpedeado el barco donde iba su familia y no habían quedado supervivientes. Su esposa, sus ocho hijos, su hermana y los tres hijos de esta se habían perdido. Pero Barker sabía con exactitud dónde estaban. Ciertamente, estaban «seguros en el hogar» con el Señor.[9]

Hasta ahora, mientras te relato esta historia, me sigue pareciendo algo superior a cuanto podríamos imaginar. Y, sin embargo, en mis años de pastor he presenciado notables ejemplos de la paz que es posible ante una tragedia o un sufrimiento extremos. He visto cómo muchos creyentes manifiestan esta paz de Dios mientras atraviesan la profunda sombra que arroja sobre ellos la muerte de un hijo, o mientras batallan con una enfermedad debilitante. El mundo observa a las personas que llevan sobre sí esas cargas tan pesadas y se preguntan cómo logran hacerlo. No es por casualidad que Pablo dice que esta es una paz que «sobrepasa todo entendimiento» (Filipenses 4.7).

EXPERIMENTAR LA PAZ DE DIOS

¿Es posible hallar paz cuando se tiene que enfrentar el peligro? La respuesta es que sí. Durante nuestros tiempos de mayor oscuridad, cuando la ansiedad nos quiere abrumar, la respuesta sigue siendo que sí. Aunque te estés enfrentando a la misma muerte.

Dietrich Bonhoeffer era un joven pastor y teólogo alemán que fue enviado a prisión en la Alemania nazi por su resistencia ante Hitler y el Tercer Reich. Durante los dos años que estuvo en prisión, les ministró a sus compañeros y les escribió muchas cartas a sus parientes y amigos que estaban fuera de la prisión. Sus cartas eran sacadas de contrabando de la prisión por unos guardas alemanes que simpatizaban con él, y fueron objeto de una publicación póstuma como «Cartas y Apuntes desde el Cautiverio». Revelan a un hombre que vivía en paz, sostenido por la oración, entregado a las Escrituras y seguro de la vida nueva que le esperaba si moría.

Después que Bonhoeffer fue ahorcado en abril de 1945, un oficial militar inglés compañero suyo de prisión escribió acerca de él: «Bonhoeffer... era todo humildad y dulzura; siempre parecía difundir una atmósfera de felicidad, de gozo en todos los sucesos más pequeños de la vida, y de profunda gratitud por el simple hecho de estar vivo... Era uno de los escasos hombres que he conocido jamás, para los cuales su Dios es real y cercano».[10]

Cuando hemos hecho las paces con Dios y tenemos la paz de Dios en nuestra vida, nos podemos mantener firmes y vencer todos los asaltos de nuestro enemigo. Nuestra fe, como el calzado con clavos del soldado romano, se mantendrá firme en su lugar y no permitirá que nos resbalemos ni caigamos. Nuestro Señor quiere esta doble paz para cada uno de nosotros. Sin embargo, la distancia entre los que han hecho las paces con Dios y los que realmente llegan a experimentar la paz de Dios parece estarse volviendo cada vez mayor.

Por desdicha, cada vez me encuentro con un número mayor de cristianos que piensan que solo porque creen en Cristo... solo porque leen la Biblia... solo porque el Espíritu Santo vive dentro de ellos... solo porque «ha llegado ya lo nuevo» (2 Corintios 5.17), ellos deberían ser inmunes a las presiones de la vida. Definen erróneamente la paz como la eliminación de los problemas, y no como una forma de vivir con gozo y libres de preocupaciones, a pesar de los problemas.

Cuando las presiones de la vida aparecen para tratar de aplastarnos, muchos se vuelven al dinero, las drogas, el alcohol, diversos medios de escapismo, relaciones inadecuadas y otras fuentes de alivio. Tal vez haya algunos que se decidan a hacer añicos los objetos de su casa, como en Tantrums, LLC. Sin embargo, ninguno de estos remedios es permanente. Cuando desaparece su efecto temporal, nos quedamos más ansiosos que antes y, si somos creyentes, tenemos una sensación más grande de culpa y desesperación.

En cambio, Dios tiene para ti un plan que va a perdurar. Hay dos pasajes centrales de la Biblia que nos dan unas estrategias positivas y factibles para enfrentarnos al tema de la ansiedad. Se encuentran en Filipenses 4 y Mateo 6. ¿Cuáles son esas estrategias? Las podemos revelar si hacemos las cinco preguntas del patrón que suelen seguir los periodistas: ¿Cómo? ¿Qué? ¿Quién? ¿Dónde? y ¿Cuándo?

¿CÓMO ORAS?

¿Sabes cuáles son los dos versículos de la Biblia que más se hacen resaltar en el presente? Según un trabajo de seguimiento hecho con el programa Kindle de Amazon, son las palabras de Pablo acerca de la ansiedad.[11]

«No se inquieten por nada; más bien, en toda ocasión, con oración y ruego, presenten sus peticiones a Dios y denle gracias. Y la paz de

Dios, que sobrepasa todo entendimiento, cuidará sus corazones y sus pensamientos en Cristo Jesús» (Filipenses 4.6, 7).

En este pasaje, el verbo traducido como *inquietarse* significa literalmente «ser tirado en dos direcciones diferentes».[12] Significa llevar una guerra, una batalla, dentro de nuestro espíritu interior; una batalla que nos está destrozando por dentro.

Alguien ha dicho: «Si algo es lo suficientemente grande para preocuparte, es lo suficientemente grande para orar por ello». Martín Lutero escribió: «Ora y deja que sea Dios quien se preocupe».[13] Y Mark Batterson nos aconseja a «pensar en la preocupación como una alarma de oración. Cada vez que suene, llévala a tu oración."[14]

O sea, que mi primera pregunta es esta: ¿cómo estás orando? (No te voy a preguntar *si estás orando,* porque el que está pasando por ansiedades en su vida… ¡ora!) Y no me estoy refiriendo a las palabras que dices, o si te arrodillas, te sientas o juntas las manos. Te estoy preguntando qué clase de oración haces. Cuando yo me enfrenta al estrés y la turbulencia en mi vida, considero útiles dos tipos de oración: la oración progresiva y la oración dinámica.

LA ORACIÓN PROGRESIVA

Cuando nos hallamos bajo presión, tenemos la tendencia a apresurarnos a entrar en la presencia de Dios con nuestra lista de necesidades, sin decirle ni siquiera «Hola» al Señor: «Dios mío, yo necesito esto, esto, esto, esto y esto. Y lo necesito ahora mismo, y mañana, y pasado mañana. Si lo puedes hacer enseguida, antes de tiempo incluso, eso sería mejor que mejor».

¿Te parece familiar ese lenguaje? La oración verdadera es un estilo de vida que se distingue por el amor al Señor. Si nos apresuramos a entrar a su presencia con nuestra lista de necesidades que parecen más bien ropa sucia por lavar, sin hacer una pausa para centrarnos realmente en él, ¡esto en realidad nos puede deprimir más que si no hubiéramos hecho oración alguna! ¿Alguna vez has comenzado a hablarle a Dios acerca de tus problemas y te has sentido más abrumado que cuando comenzaste? Esto se debe a que no te estás centrando en Dios, sino en esos problemas tuyos!

Hace ya mucho tiempo, alguien me dio un bosquejo de oración en cuatro pasos: adoración, confesión, acción de gracias y súplica. Te lo recomiendo como una manera sencilla de poner en orden tus oraciones.

- *La adoración:* Deja a un lado tu lista de oración tan pronto como entres en la presencia de Dios. Dedica un tiempo únicamente a adorarlo a Él por ser quien es. El hecho de reconocer y admitir la grandeza de Dios permitirá que veas tus necesidades y tus problemas en la perspectiva adecuada.
- *La confesión:* Dile a Dios cuáles son tus pecados. Arrepiéntete; apártate de ellos con todo el corazón, y pídele con sinceridad que te perdone. Sabiendo que Jesús murió por ti e intercede a tu favor ante su Padre, permite que el perdón de Dios llene tu espíritu.
- *La acción de gracias:* Lleva tu corazón a un estado de gratitud pura hacia Dios. ¡Este estado es un lugar lleno de gozo! Dale gracias por su amor y su misericordia, y por las bendiciones que ha derramado sobre tu vida. Cuando te detienes a pensar con gratitud y acción de gracias, tu corazón recibe sanidad y tu espíritu se llena de ánimo.
- *La súplica:* Pídele humildemente a Dios lo que necesitas. Sé específico, confiando en que Él cuidará de tus problemas y los reemplazará con su gozo. Pídele al Espíritu Santo que entre a tu vida para hacerte crecer en fe, amor y esperanza. Termina tu oración en paz.

Al edificar nuestra oración sobre estos cuatro elementos progresivos, entramos a la presencia de Dios, y en ella experimentamos una comunión más profunda con Él. Lo adoramos en nuestra alabanza, confesamos nuestros pecados, le damos gracias por sus bendiciones y le presentamos nuestras súplicas (o peticiones). El hecho de seguir este sencillo bosquejo te va a ayudar grandemente para que puedas vencer la ansiedad que sientes en tu vida.

Recuerda que un punto de vista inadecuado solo sirve para distorsionar la realidad. Ponte una piedrecita del tamaño de una moneda pequeña a un par de centímetros de un ojo, y esa piedrecita bastará para bloquear la vista de la montaña más majestuosa. Pero si apartas la piedrecita del lugar donde la pusiste, verás la montaña y la piedrecita misma en su relación mutua real.

Eso es lo que sucede con la oración. Tus ansiedades, si las mantienes demasiado cercanas, te pueden cegar e impedir que veas la verdad de la majestad de Dios. En cambio, cuando te centres en su majestad, saldrás de esa experiencia con tu punto de vista restaurado.

LA ORACIÓN DINÁMICA

Te quiero decir algo que he aprendido acerca de la oración, y nunca lo he visto mencionado en ningún libro sobre este tema: la oración debe ser preventiva y dinámica. Por lo general tratamos la oración como remedio, lo cual significa que oramos cuando tenemos una necesidad o cuando nos hallamos en problemas. En cambio, en Lucas 18.1, Jesús nos dice que debemos orar siempre, sin desanimarnos.

La oración dinámica consiste en aprender a orar antes que aparezcan los problemas, pidiéndole a Dios fortaleza para enfrentarnos a esos desafíos antes que ellos nos golpeen a nosotros. Si oramos por anticipado para vencer la ansiedad, nos estamos preparando para lo inevitable en unos momentos en que nuestra mente está clara y actúa de manera razonable. Orar de esta manera es lo que trae a la escena el poder del Espíritu Santo, dándonos una fortaleza futura que nos permitirá vencer las dificultades.

En otras palabras, la oración no debe ser lo último que se te ocurra; debe ser lo primero, antes que seas tentado. Antes que te abrumen la duda y el temor. Antes de ser vulnerable.

En cuanto a la tentación, esta es la forma en que se nos indica que debemos orar: «Y no nos dejes caer en tentación, sino líbranos del maligno» (Mateo 6.13). En otras palabras, Jesús nos está diciendo que oremos en primer lugar, todo el tiempo, incluso cuando nos sintamos fuertes, de manera que no «caigamos en tentación». Las tensiones y las dificultades van a aparecer. El temor se va a deslizar hasta dentro de nuestra vida mental; la preocupación se va a convertir en nuestro estado normal… a menos que nosotros nos estemos fortaleciendo continuamente en la paz de Cristo a base de pedirle que derrame esa paz sobre nosotros.

Hugh Cairns fue Lord Canciller del Reino Unido en 1868 y también entre 1874 y 1880. Todos los días que ocupó esa posición, su agenda estaba repleta de reuniones y de incontables decisiones que tomar. Sin embargo, pudo escribir lo siguiente: «Si algo he realizado en el mundo, lo atribuyo al hecho de que durante años, la primera hora de cada día de mi vida ha estado dedicada a tener comunión secreta con Dios y a estudiar su Palabra. ¿Acaso cree alguien que yo puedo acudir a una reunión del Gabinete sin haber hablado primero las cosas con Dios?».[15]

La oración no era para Cairns un recurso de última hora. Era su primer recurso: orar antes que surgiera siquiera la crisis. Cuando uno no está ansioso, estresado o bajo presión, es cuando le da gracias a Dios por darle su fortaleza, y es cuando ora para que él lo apoye y defienda contra las presiones que van a aparecer con toda seguridad.

¿EN QUÉ PIENSAS?

En Filipenses 4, Pablo escribe: «Hermanos, consideren bien todo lo verdadero, todo lo respetable, todo lo justo, todo lo puro, todo lo amable, todo lo digno de admiración, en fin, todo lo que sea excelente o merezca elogio» (v. 8).

En esta lista, Pablo nos está diciendo con exactitud y de manera concreta en qué debemos pensar, aclarándonos que podemos y debemos dirigir nuestro pensamiento a lo que él describe. Se trata de una orden, una afirmación sobre la forma en que se debe actuar. Es en hacer esto en lo que debemos emplear nuestra mente.

Nuestra vida mental debe ser positiva, inspiradora y redentora, porque esa vida mental es el punto de partida de nuestra vida activa exterior. Si quieres que tu mente esté libre de ansiedades, escoge de una manera deliberada y concreta lo que permites que entre en ella. Nunca me habría parecido suficiente lo que te insistiera en este punto. Tú eres el guardián de tu propia mente.

Max Lucado explica:

Probablemente ya sabes esto, pero, por si acaso no lo sabes, me alegra muchísimo darte la buena noticia: puedes escoger lo que piensas. No escogiste tu lugar ni tu fecha de nacimiento. No escogiste a tus padres ni a tus hermanos. No puedes decidir sobre las condiciones del tiempo ni la cantidad de sal en el océano. Hay muchas cosas en la vida sobre las que no puedes decidir. Pero la actividad más importante de la vida sí está dentro de lo que puedes controlar. Tú puedes escoger en qué piensas. Puedes ser el controlador aéreo de tu aeropuerto mental. Ocupas la torre de control y puedes dirigir el tráfico mental de tu mundo. Los pensamientos sobrevuelan, vienen y van. Si alguno aterriza, es porque le diste permiso. Si se va, es porque le diste instrucciones de que lo hiciera. Tú puedes escoger tu patrón de pensamiento.

Resulta que el arma más eficaz que tenemos contra la ansiedad pesa menos de tres libras y está entre nuestras orejas. ¡Piensa en lo que piensas![16]

Dios quiere que nuestra mente esté tan saturada de su verdad que aprendamos ver la vida desde su punto de vista. Ciertamente, Él tiene paz, y cuando nosotros lo veamos tal como Él es, también podremos tener paz. Aprende a hacer que tus pensamientos descansen en el Todopoderoso. Cuando surjan los problemas, dirige tus pensamientos al amor y al cuidado que tiene el Padre hacia ti en todas las cosas, y confía en su sabiduría.

Un hombre de negocios se hallaba en medio de un largo vuelo cuando se oyó por los altoparlantes la voz del capitán del avión. «Damas y caballeros, tengan la bondad de amarrarse sus cinturones de seguridad. Les pido a las azafatas que se sienten, y suspendemos por el momento el servicio de bebidas porque estamos esperando encontrarnos pronto con una turbulencia».

Y la turbulencia los encontró. Al cabo de unos minutos, el avión estaba temblando y sacudiéndose a causa de la tormenta. Se podía oír el estruendo de los truenos por encima del rugido de los motores. Los relámpagos alumbraban los cielos entenebrecidos y el avión parecía un simple corcho lanzado de un lugar a otro en el océano del cielo. En un momento, las terribles corrientes de aire levantaban el avión, y al siguiente lo dejaban caer como si se fuera a estrellar. Aquel hombre estaba tan aterrado como los demás pasajeros. Solo había una persona que parecía perfectamente serena: una pequeña niña con los pies debajo de su cuerpo, inclinada mientras leía un libro en medio de aquel caos. A veces cerraba los ojos, como si estuviera durmiendo una siesta.

El avión fue escapando lentamente de aquella tormenta, y por fin voló con serenidad hasta su lugar de destino. Mientras esperaban para desembarcar, el hombre no pudo dejar de preguntarle a la niña por qué ella no había parecido preocupada. «Mi papá es el piloto», le respondió ella, «y me lleva a mí a casa. Yo no me preocupé, porque sabía que era él quien estaba en la cabina».[17]

En medio de la tormenta, necesitamos centrar nuestra mente en Aquel que tiene en su mano los controles: el Dios Todopoderoso. Podemos descansar seguros en Él mientras nos lleva al hogar.

Isaías 26.3 es una oración de la cual nos debemos hacer eco: «Al de carácter firme lo guardarás en perfecta paz, porque en ti confía».

¿A QUIÉN SIGUES?

Para vencer la ansiedad, no te puedes limitar con pensar en lo que es bueno, justo y cierto. También necesitas comenzar a vivirlo. Muchas veces, esto significa tener un mentor, alguien que te puede mostrar el camino. Por eso Pablo le dice a la iglesia de Filipos: «Pongan en práctica lo que de mí han aprendido, recibido y oído, y lo que han visto en mí, y el Dios de paz estará con ustedes» (Filipenses 4.9).

El mensaje de Pablo a los creyentes de Filipos es este: tomen las lecciones que yo les he enseñado y practiquen las cosas que me han visto hacer, y ustedes también comenzarán a experimentar la presencia del Dios de paz.

Si estás batallando contra la ansiedad, rodéate de personas que hayan aprendido a confiar en el Señor cuando la vida se vuelve abrumadora. Pasa momentos con personas que comprendan las complejidades de la ansiedad y conozcan las claves del éxito. Hazles preguntas... Estudia su vida... Escucha su historia... Aprende de ellas.

Tal vez sea el momento oportuno para que hagas una cita con un médico, o con un consejero sabio, o le pidas a un amigo que se tome un café contigo, o te unas a un grupo pequeño de tu iglesia, o sencillamente, tomes y leas un libro acerca de alguien que te sirva de aliento, tal vez el apóstol Pablo; alguien que aprendió a entregarle al Señor sus preocupaciones llenas de ansiedad.

Permite que la paz de Dios que hay en sus vidas influya sobre la ansiedad que hay en la tuya.

Cuando lo sacudió la ansiedad «como un tornado en plena acción», el pastor y autor Tommy Nelson conoció la forma en que el estrés extremo tiene un impacto en el cuerpo físico, y cómo esas respuestas físicas tienen a su vez un impacto en la mente. Tras su primer ataque de pánico, que le mandaría al doctor pensando que se trataba de un ataque al corazón, se dio cuenta de que había experimentado señales de ansidad durante dos años.

Finalmente, Nelson se alejó de la iglesia para curarse. Eliminó la causa inicial de su ansiedad, sobrecarga crónica y estrés, pero su sistema entero había sufrido un terrible daño fisiológico.

> Es aterrador que la mente, nuestro medio mismo de percibir las cosas, queda dañada… El gozo más grande que tenía en mi vida era mi Biblia, pero no la podía leer más allá de unos treinta segundos… El sueño natural se había vuelto algo imposible. Durante cuatro meses me fue imposible conciliar el sueño sin la ayuda de medicamentos.
>
> Yo era el hombre que acababa de dar una conferencia ante una asociación de consejeros cristianos. Había escrito libros sobre el matrimonio y el éxito en la vida. Había escrito una revisión general de la Biblia, y sin embargo, allí estaba, necesitado de que alguien me aconsejara… Era el momento de mi vida en que había caído más bajo.[18]

Aunque un médico había diagnosticado su dolencia, Nelson no lograba actuar de acuerdo con su consejo.

> Estando así, me di cuenta del gran dilema al que se enfrenta un cristiano que tenga este problema. Por mucho que quiera citar versículos de la Biblia sobre la ansiedad, sencillamente, el cuerpo no le responde. Sería más fácil decirle a un cuadripléjico que se esforzara en medio de su entumecimiento y caminara.

Me limité a seguir así un día tras otro, como los fantasmas de Marley. No podía seguir adelante y recuperar mi vida, pero tampoco estaba dispuesto a irme a un hospital.[19]

Y fue entonces cuando, perdido en las tinieblas de la depresión, siguió a otras personas más sabias y más fuertes; personas que querían defender los mejores intereses de él y que habían caminado por el sendero que él ahora caminaba. Fue también entonces cuando esas personas se ofrecieron para ser sus guías.

Las personas que están pasando por una depresión suelen tener una persona segura, o un lugar seguro, en cuya presencia la depresión se les hace más ligera. Mi persona segura era mi esposa Teresa. A veces ella iba a comprar provisiones para la casa y yo la seguía como si fuera un niño discapacitado... porque eso es lo que yo era.[20]

Otras personas se ofrecieron también a apoyarlo.

Un hombre de mi iglesia llamado Carl había pasado hacía ya años por todo lo que yo estaba experimentando entonces. Cuando se me acercaba, me decía todo lo que yo estaba sintiendo, porque él había pasado por todo eso. Yo le pedía: «Dime que voy a poder salir de todo esto». Y Carl siempre me respondía: «Lo vas a lograr; te lo aseguro».[21]

Finalmente, después de hablar con la esposa de Nelson, un amigo que nos tenía aprecio puso a la familia en contacto con otro médico. Los conocimientos prácticos de ese médico le abrieron los ojos a Nelson, y le comenzó a recetar los medicamentos que terminaron sacándolo de las tinieblas.

A medida que tratamos de alejarnos de la ansiedad, algunas veces nuestro camino consiste en salir adelante en medio de las tinieblas. Otras, en seguir a un consejero en quien confiamos, hasta ver de nuevo la luz.

¿DÓNDE VIVES?

Hemos visto «el cómo», «el qué» y «el quién». Ahora es el momento de examinar «el dónde» de encontrar la paz. ¿Dónde residen tus pensamientos? ¿Dónde estás viviendo? Solo hay tres respuestas posibles: en el pasado, en el futuro o en el presente.

Jesús dijo: «Por lo tanto, no se angustien por el mañana, el cual tendrá sus propios afanes. Cada día tiene ya sus problemas» (Mateo 6.34).

Piénsalo. El pasado solo existe como un simple recuerdo, y el futuro existe únicamente en nuestra imaginación. El único que existe como una realidad verdadera es el presente. Entonces, ¿por qué echamos a perder el único momento de existencia que tenemos con una serie de problemas sacados de unos lugares que no existen?

El 27 de julio de 2013, Rick Warren, el fundador y pastor de la Iglesia de Saddleback y autor de *Una vida con propósito*, regresó a su púlpito por vez primera en cuatro meses. Durante ciento doce días, uno a uno, el pastor Warren había estado buscando al Señor después que su hijo menor se quitó la vida a la edad de veintisiete años.

Cuando Warren regresó a su púlpito, comenzó una serie de mensajes titulados «Cómo atravesar lo que estás atravesando». Y he aquí el primer punto de ese primer sermón: «La vida carece de sentido, pero podemos tener paz porque sabemos que Dios está con nosotros y que nos ama».[22]

Eso es lo que uno aprende después de perder a su hijo que se ha suicidado e ir pasando los días uno tras otro con Dios durante cuatro meses: *Podemos tener paz gracias a la presencia y el amor de Dios.*

Tres años más tarde, después de haberse esforzado con diligencia para superar su aflicción y la de su familia, y recuperarse, el pastor Warren publicó en su portal personal de la web un artículo titulado «Confía de día en día». Basándose en Filipenses 4.6-8, comenzó escribiendo: «Dios quiere que tú renueves tu confianza en Él de día en día: "Danos hoy nuestro pan cotidiano". No para la semana que viene.

Tampoco para el año que viene. Ni para el mes que viene. Solo para un día a la vez». Y después escribió los mismos cuatro pasos que yo estoy destacando en este capítulo con base en Filipenses 4. No te inquietes por nada; ora en toda ocasión; dale gracias a Dios por todo; piensa en todas las cosas buenas.[23]

Esa es la manera de tener paz cada día. Confiar en Dios y recibir su paz un día tras otro. No te vas a poder hundir bajo tus cargas si te limitas a llevar encima solo los problemas del día de hoy. En cambio, cargar con la agenda de mañana significa ponernos más allá de nuestro límite de peso.

En *Aplaste a los gigantes que hay en su vida*, escribí las palabras siguientes:

Hay una razón por la cual Dios nos puso dentro del momento presente, separado tanto del pasado como del futuro. Ambos son nuestros límites, y necesitamos poner carteles que digan «No entrar». El pasado está definitivamente cerrado y el futuro aún está en construcción. En cambio el presente tiene todo lo que necesitas. Ven a él y haz en él tu hogar.[24]

La ansiedad con respecto al futuro nos hace más ansiosos en el presente. Sin embargo, Jesús nos dijo que no habitáramos en nuestro mañana. Se estaba haciendo eco de la verdad que expresa Deuteronomio 33.25: «¡Que dure tu fuerza tanto como tus días!».

¿CUÁNDO HALLARÁS LA PAZ?

Tal vez recuerdes la gráfica foto de la «Niña del Napalm», durante la guerra de Vietnam. Es doloroso ver esa imagen: una niña de nueve años que corre desnuda por una calle llena de suciedad, batiendo los brazos y con el rostro torcido por el horror. Con ella vienen corriendo otros niños, y detrás de ellos se levantan unas nubes de napalm que avanzan hacia ellos y les queman la piel.

Esa niña se llamaba Kim Phuc Phan Thi, y se vio atrapada en un asalto con bombas de los vietnamitas del sur en una ruta usada por los rebeldes del Vietcong. Nick Ut, el fotógrafo que tomó la foto, tiró al suelo su cámara, que había levantado por instinto, y la transportó con rapidez a un hospital, salvándole la vida.

Kim siguió sufriendo físicamente durante décadas. Por muchos años dirigió sus oraciones a los dioses del Cao Dai, la religión tradicional de su familia, pidiéndoles sanidad, pero nunca obtuvo respuesta. El sueño de Kim era convertirse en doctora, y finalmente comenzó sus estudios. Sin embargo, el mundo la conocía de una manera diferente, y su gobierno la obligó a dejar los estudios a fin de estar disponible para dar conferencias y viajar.

Devastada y desesperada en busca de respuestas, fue a la biblioteca central de Saigón y comenzó a sacar de los estantes libros vietnamitas sobre religión, uno tras otro. En la pila de libros que tenía ante sí había un Nuevo Testamento. Después de hojear varios libros, abrió el Nuevo Testamento y comenzó a leer los Evangelios. La fascinaron los sufrimientos de Cristo mientras llevaba nuestros pecados en la cruz.

Poco después, en la víspera de la Navidad de 1982, Kim le entregó su vida a Cristo en un culto de adoración. El mensaje de aquel día era sobre Jesucristo, el Príncipe de Paz.

Yo necesitaba paz de una manera desesperada», escribiría Kim. «Cuán lista estaba para recibir amor y gozo. Tenía mucho odio en el corazón; mucha amargura. Quería desprenderme de todo mi dolor. Quería buscar la vida en lugar de aferrarme a las fantasías de la muerte. Quería ese Jesús.

Así que, cuando el pastor terminó de hablar, yo me puse de pie, salí al pasillo y me abrí paso hasta el frente del santuario para decirle que sí a Jesucristo. Y allí, en una iglesita de Vietnam, a unos pocos kilómetros de la calle donde había comenzado mi viaje en medio del caos de la guerra, en la noche anterior al día en que el mundo celebraría el nacimiento del Mesías, yo invité a Jesús a que entrara en mi corazón.

En la mañana de aquella Navidad, cuando me desperté, experimenté esa clase de sanidad que solo puede proceder de Dios. Finalmente, estaba en paz.[25]

Muchos años más tarde, Kim se casó y emigró al Canadá. Se volvió a conectar con el fotógrafo, al cual le llama «tío Nick», y conversan todas las semanas. Hoy en día, la razón de ser de la vida de Kim es sanar a otras personas por medio del amor de Cristo.

Lo más notable de todo es que Kim terminó perdonando a todos los que le habían hecho daño. Se levantó por encima de sus cicatrices físicas y emocionales y tomó la decisión de abrazar la esperanza de la salvación por medio del perdón. Comprendió que, a menos que ella pudiera perdonar, no se podría acercar más a Cristo, ni llevar a nadie más a su rebaño.

¿Cuándo encontrarás la paz de Dios? Cuando haga del cómo, qué, quién y dónde de su paz tu prioridad. Examina cómo estás orando, qué estás pensando, a quién estás siguiendo y dónde residen tus pensamientos. Cuando abraces estos pasos, permítele, entonces, a nuestro Señor llenar tu corazón Vencedor con su paz.

Y el mismo Señor de paz os dé siempre paz en toda
circunstancia.
El Señor sea con todos vosotros.
—2 TESALONICENSES 3.16

CAPÍTULO 6

VENCE AL TEMOR CON LA FE

Durante mis primeros años de universidad, mi amigo Ken Davis dio una charla en su clase de oratoria sobre la ley del péndulo. Esta ley dice que cuando un peso que cuelga libremente se mueve en uno y otro sentido, va oscilando a unas distancias cada vez más cortas, debido a los efectos de la gravedad y la fricción. Al final, termina deteniéndose y colgando en un mismo punto muerto, a menos que se le dé impulso de nuevo.

Para demostrar este principio, Ken colgó de un pivote situado en la parte superior de la pizarra una cuerda de cerca de un metro de largo con un pequeño peso atado al final, creando así un péndulo simple. Poniendo en movimiento el péndulo de manera que oscilara paralelo a la pizarra, fue haciendo una marca en la pizarra en cada punto que el péndulo alcanzaba en su movimiento oscilatorio. A medida que el péndulo seguía oscilando, la extensión del arco que recorría iba disminuyendo, haciendo que las marcas estuvieran cada vez más cercanas al centro de la pizarra. Esto demostraba la ley del péndulo en acción.

«La ley establece que un péndulo que oscila nunca vuelve a alcanzar el punto desde el cual se comenzó a mover en la oscilación anterior», declaró Ken. «¿Quién cree que esta declaración es cierta?». Las manos levantadas indicaban que había convencido al profesor y a los alumnos.

Sin embargo, Ken aún no había terminado. Después, le pidió a su profesor que se pusiera de pie con la espalda contra la pared. Usando un peso mucho mayor que él había atado previamente al cielorraso con una fuerte soga, tiró del peso desde su punto central, lo sostuvo a un par de centímetros de la nariz del profesor y lo soltó. El peso se alejó del profesor, alcanzó el final de su oscilación y comenzó a recorrer de nuevo su arco, moviéndose directamente hacia el rostro del profesor. ¡Pero nunca se le acercó, porque se había marchado! La vista del peso que se movía directamente hacia él era más de lo que podía soportar. Se agachó y se quitó del medio.[1]

Aunque el profesor dijera que creía en la ley del péndulo, no estuvo dispuesto a poner a prueba su fe. ¿Qué quería demostrar Ken? Que la fe solo se puede probar por medio de las acciones.

Para los seguidores de Jesús, raras veces la falta de fe es una cuestión de incredulidad; por lo general, es una cuestión de temor. Como escribió C. S. Lewis: «La fe [...] es el arte de mantenerse firme en las cosas que nuestra razón ha aceptado en una ocasión, a pesar de haber cambiado de estado de ánimo».[2] Nuestro estado de ánimo, es decir, nuestras emociones, como, por ejemplo, el temor, ejercen una influencia tal, que a menos que las dominemos, pueden destruir nuestra confianza en aquello que sabemos que es cierto.

Solemos pensar en la fe como un término bíblico o teológico. Sin embargo, manifestamos fe todos los días en las rutinas de nuestra vida. Piensa en lo que es viajar en avión: hace falta fe para meterse en un cilindro de metal y lanzarse por los aires hasta alcanzar cerca de diez kilómetros de altura a ochocientos kilómetros por hora. Y la terminología que define al uso de aviones no nos ayuda. Terminamos nuestro viaje en una *terminal*, palabra que tememos escuchar de labios de nuestros médicos, y que la azafata nos asegura que alcanzaremos cuando hagamos nuestro *acercamiento final*. Después se nos dice que permanezcamos sentados hasta que el avión llegue a detenerse *por completo*. (Siempre me he preguntado cómo se sentiría uno cuando se detuviera de una manera *incompleta*).

¿Quién inventaría toda esta terminología? Y no ayudamos mucho si escogemos la línea aérea que ofrece *los vuelos más baratos*. A pesar de todo esto, ejercitamos la fe continuamente, poniendo la vida en manos de la industria de transporte aéreo.

Todos los días actuamos de acuerdo con nuestra fe en los seres humanos. Si se puede poner la fe en el piloto de un avión, con toda seguridad se podría poner en Jesús.

EL ESCUDO DE LA FE

Llegamos ahora al cuarto instrumento militar que menciona el apóstol Pablo en los versículos finales de Efesios 6: «Además de todo esto, tomen el escudo de la fe, con el cual pueden apagar todas las flechas encendidas del maligno...» (Efesios 6.16).

Aquí Pablo está describiendo el gran escudo que usaban los soldados romanos de infantería para protegerse todo el cuerpo. Estos escudos tenían más de un metro de alto y ochenta centímetros de ancho. Estaban hechos de cuero estirado sobre madera, y reforzados con metal en la parte superior y la inferior.[3]

En los tiempos antiguos, los soldados enemigos solían mojar la punta de sus dardos o flechas en una solución de veneno mortal. Aunque esos dardos solo le rasparan la piel a un soldado, el veneno se propagaba por medio de su torrente sanguíneo, produciéndole una muerte rápida y dolorosa. En otras ocasiones, el enemigo impregnaba sus dardos con alquitrán y los encendía antes de dispararlos hacia el campamento romano, incendiándolo.

De todos los instrumentos de guerra que se incluyen en la descripción que hace Pablo del soldado romano, este es el único al que se le da un objetivo claramente especificado. Pablo nos dice que el objetivo del escudo de la fe es protegernos de «todas las flechas encendidas del maligno».

Según Peter O'Brien, experto en el Nuevo Testamento, estos dardos encendidos representan «todas las clases de ataque que lanzan el diablo y sus huestes contra el pueblo de Dios. Tienen un radio de acción tan amplio como los insidiosos engaños que los fomentan y entre ellos se incluyen, no solo toda clase de tentación a tener una conducta impía, o dudas, o desesperación, sino también los asaltos que vienen del exterior, como las persecuciones y las falsas enseñanzas».[4]

Si eres cristiano, a lo largo de toda tu vida te vas a ver bombardeado por miles de flechas encendidas, lanzadas por Satanás y sus secuaces. La única manera de protegerte es hacerlo por medio de la fe. El apóstol Juan escribió: «Esta es la victoria que vence al mundo: nuestra fe» (1 Juan 5.4).

¿QUÉ ES LA FE?

Ahora bien, ¿cómo funciona la fe, y cómo vence a las flechas ardientes (los ataques) del maligno? En primer lugar, recuerda que la fe abarca más que las simples creencias. «También los demonios lo creen, y tiemblan» (Santiago 2.19).

Tal como nos dice Kent Hughes en los términos más fáciles de comprender, «la fe es el resultado de la suma entre las creencias y la confianza. Consiste en descansar en la persona de Dios y en la Palabra que él nos da».[5]

La fe es una práctica activa apoyada en la creencia. La fe no es ambigua; no es insegura. Es una convicción concreta. Es la seguridad que tenemos en el presente sobre una realidad futura. La fe es una confianza sólida e inconmovible en Dios, construida sobre la seguridad de que Él es fiel a sus promesas.

A los nueve años, a Marla Runyan la diagnosticaron con la enfermedad de Stargardt, un estado macular degenerativo que pronto la dejó legalmente ciega. Los objetos que tenía delante le parecían espacios vacíos. Alrededor de la periferia de la visión podía distinguir vagamente las formas y los colores.

Marla estaba decidida a no permitir que su discapacidad le echara a perder la vida. Después de la escuela secundaria, asistió a la Universidad Estatal de San Diego, donde adquirió dos maestrías con la ayuda de equipos especiales y lectores voluntarios. Mientras estaba allí, comenzó a competir en las competencias de pista. Entre 1992 y 1999, ganó cinco medallas de oro en los Juegos Paralímpicos, incluyendo la carrera de 1.500 metros en los Juegos Panamericanos.

En el año 2000, y de nuevo en el 2004, calificó para el equipo olímpico de EE. UU. y se convirtió en la primera persona legalmente ciega que compitió en los Juegos Olímpicos, colocándose en el octavo lugar, el primero entre todas las mujeres estadounidenses, en la carrera de 1.500 metros en Sydney, Australia. En 2006, ganó su segundo Campeonato Nacional en la carrera de los 20.000 metros.

Marla Runyan aprendió a mantenerse en su carril y dar los giros en la pista usando su limitada visión periférica. Aunque no podía ver cuánto había corrido durante una carrera, aprendió a mantener un ritmo escuchando la intensidad de la respiración de las demás competidoras. Un entrevistador le preguntó perplejo cómo ella podía correr hacia una meta que no podía ver siquiera. Ella le contestó: «No la puedo ver, pero sé que está allí».[6]

Por la fe avanzamos incluso si nuestro destino no está claro. La fe nos dice que lo que Dios nos ha prometido acontecerá, y es tan cierto que es como si ya hubiera pasado. La fe trata las cosas que esperamos como realidades. Esa es la descripción de la fe dada en Hebreos 11.1: «Ahora bien, la fe es la garantía de lo que se espera, la certeza de lo que no se ve».

El doctor Martin Luther King, Jr. expresó esta necesidad de confianza cuando dijo: «La fe es tomar el primer paso aun cuando no vemos toda la escalera».[7]

EL CAMINO DE LA FE

Mi esposa, Donna, y yo compartimos el amor por dos versículos de las Escrituras que se encuentran en el libro de Proverbios: «Confía en el Señor de todo corazón, y no en tu propia inteligencia. Reconócelo en todos tus caminos, y él allanará tus sendas» (Proverbios 3.5, 6).

Cuando recuerdo los sucesos de mi vida, me encuentro con que ha habido cinco ocasiones principales en que este principio, este mensaje de Dios, ha cambiado y profundizado nuestro caminar con Él. Cuando estábamos en el último año de la universidad, ya comprometidos para casarnos, yo comencé a creer que Dios me había llamado a ser pastor. Mis estudios universitarios no me habían preparado de forma adecuada para desempeñar ese papel, así que, después de escuchar de nuevo la Palabra de Dios, me decidí a ir al Seminario Teológico de Dallas, con el fin de prepararme para el ministerio. Después seguí la dirección de Dios y una vez graduado, me convertí en el director de educación cristiana y pastor de jóvenes de la Iglesia Bautista de Haddon Heights, en New Jersey. Años más tarde, Dios nos llamó a Fort Wayne, Indiana, y después a San Diego, California.

En todas y cada una de estas situaciones, no confié en mi intuición, sino en Dios. Actué de acuerdo con lo que creía que Dios me estaba indicando que hiciera. Mirándolo hoy desde mi perspectiva actual, puedo ver lo que Él se proponía conseguir y la forma en que dirigió nuestros pasos. Sin embargo, aún hoy, la parte más difícil de mi caminar en fe sigue siendo la de «no apoyarme en mi propio entendimiento».

Y sospecho que también es la parte más difícil de tu propio caminar en fe.

Confiar no es fácil; es mucho más fácil caminar por vista, que caminar por fe. Tiene sentido que caminemos por vista; queremos ver hacia dónde vamos antes de haber salido. Nos apoyamos en nuestros sentidos físicos, nuestra lógica y nuestro sentido común. Nos fijamos la meta, sopesamos los obstáculos contra nuestros recursos, y después planificamos nuestra ruta.

Si este es el *modus operandi* de tu vida cristiana, te exhorto a prestarles gran atención a mis próximas palabras: si lo que Dios te pide que hagas siempre te parece lógico y con sentido, *es probable que no sea a Dios a quien estás escuchando.*

Como escribiera Mark Batterson: «La fe no es lógica, pero tampoco es ilógica. Es *teológica*. Sencillamente, lo que hace es introducir a Dios en la ecuación».[8]

LA FE ES ALGO ASOMBROSO

En Hebreos 11 encontramos una inspiradora letanía donde aparecen algunas de las personas más fieles a Dios que no pudieron ver la meta, pero que sabían que estaba allí. La fe de estos santos los movió a actuar, incluso en unas circunstancias inciertas y temibles. Fueron gente capaz de tomar riesgos, quebrar moldes y sacudir sistemas. Y, sobre todo, fueron gente capaz de caminar por fe… ¡Y nosotros necesitamos ser exactamente como ellos!

Viendo sus vidas, aprendemos cuál es el aspecto que puede tener la fe verdadera. La fe produce el sacrificio adecuado. La fe nos capacita para caminar con Dios. La fe construye un arca cuando nunca ha llovido. La fe comienza un viaje de manera obediente, a pesar de no saber cuál es el punto final de destino. La fe habita en tiendas en un país extraño. La fe busca una ciudad cuyo constructor y hacedor es Dios mismo. La fe le da fortaleza a una madre para dar a luz un hijo cuando ya ha pasado de la edad en que se tienen los hijos. La fe está dispuesta a sacrificar nuestro propio hijo en obediencia. La fe cree en la resurrección. La fe promete que no dejará en Egipto los huesos de José. La fe se niega a ser llamado hijo de la hija del Faraón. La fe decide sufrir aflicción junto con el pueblo de Dios. La fe estima el reproche de Cristo como mayor que los tesoros de Egipto. La fe abandona Egipto para dirigirse a la Tierra Prometida. La fe pasa el mar Rojo como por tierra seca. La fe camina rodeando Jericó hasta que se desploman sus muros. La fe somete reinos, obra justicia, obtiene promesas, cierra la boca de los leones, apaga la violencia del fuego, escapa al filo de la espada, hace huir a los ejércitos del enemigo. La fe recibe vivos de nuevo a los muertos, y la fe recibe la promesa.

¿Te hacen sentir estas grandes obras de la fe que tal vez tu propia fe sea pequeña en comparación? No te preocupes. Tu fe puede y debe crecer. Pablo anhelaba que aumentara la fe de los corintios (2 Corintios 10.15), y quería visitar a los creyentes de Tesalónica para fortalecer lo que les faltaba en su fe (1 Tesalonicenses 3.10). Y en la segunda carta que les dirigió, los elogió por el crecimiento de su fe (2 Tesalonicenses 1.3).[9]

El Nuevo Testamento relata dos ocasiones en las cuales Jesús «se maravilló» (o «se sorprendió», según la traducción de la Biblia que estés usando). Ambas tienen que ver con la fe. En una ocasión, un centurión romano le envió unos mensajeros para pedirle la sanidad de un siervo suyo. Lo que hizo que la fe de este romano fuera tan extraordinaria fue su convicción de que Jesús no tenía necesidad de viajar hasta llegar junto al lecho de su siervo. Él sabía que bastaba con que Jesús dijera una palabra, y el siervo quedaría curado. Jesús se sorprendió ante aquel gentil, del cual no se habría podido esperar que tuviera fe alguna en Jesús, y sin embargo, manifestó una fe asombrosa en el simple poder de su Palabra (Lucas 7.1-9).

La segunda vez que Jesús se sintió asombrado por algo relativo a la fe, fue por su ausencia. Cuando fue a Nazaret, el pueblo donde se había criado, y donde habría sido de esperar que la gente creyera, nos dice Marcos: «Y él se quedó asombrado por la incredulidad de ellos» (Marcos 6.6).

Podemos ver por qué Jesús se había asombrado: los que habrían debido tener fe, no la tenían, mientras que aquellos de quienes no era de esperar fe alguna, sí la tenían. Si queremos asombrar a Jesús, es un buen comienzo el que tengamos fe en Él. Si queremos vivir como vencedores de nuestros temores y fallos, necesitamos fortalecer nuestra fe y nuestra confianza en el Señor.

Aquí tienes cinco estrategias clave que te ayudarán a crecer en tu fe.

PARA QUE NUESTRA FE CREZCA, NECESITAMOS LA PREDICACIÓN

Nicky Cruz nació en Puerto Rico de unos padres que practicaban la brujería, y que lo maltrataban profundamente. A los quince años fue enviado a Nueva York hirviendo de rabia y de ira, a vivir con un hermano suyo. Pero él se fugó para ir a vivir en la calle. Se unió a la notoria pandilla de los Mau-Mau de Brooklyn y pronto se convirtió en su caudillo de guerra. Descendió hasta hundirse en una vorágine de drogas, alcohol y salvajismo, que empeoró después que un compañero suyo de la pandilla, acuchillado y golpeado de muerte, murió en sus brazos. Nick fue arrestado en un número incalculable de ocasiones, y un psiquiatra predijo que iba «derecho a la prisión, la silla eléctrica y el infierno».

Cuando el predicador callejero David Wilkerson le habló a Nicky del amor imperecedero de Dios, Nicky lo golpeó, lo escupió y amenazó con matarlo. Wilkerson le contestó: «Me puedes cortar en mil pedazos... Cada uno de los te seguiría amando».

Esta contestación de Wilkerson le quedó impresa a Nicky en el cerebro, y poco después él y su pandilla se presentaron en una reunión que estaba haciendo Wilkerson en una arena de boxeo. Aquella noche, Wilkerson predicó sobre la crucifixión de Jesucristo y el amor que lo había llevado hasta la cruz. El mensaje le llegó a Nick hasta el corazón. Él lo describiría de esta manera: «Me sentí lleno de angustia y me comenzaron a correr las lágrimas, seguí llorando y batallé, pero terminé rindiéndome».

Aquella noche también se convirtieron unos cuantos miembros más de los Mau-Mau, y al día siguiente se presentaron en la jefatura de policía para entregar todos sus revólveres, cuchillos y ladrillos. Los estupefactos policías dijeron que era bueno que ellos no se hubieran dado cuenta de que se acercaba la pandilla repleta de armas, porque era probable que, de notarlo, ellos hubieran abierto fuego.

Nicky dejó la pandilla, se inscribió en un Colegio Bíblico, se casó y volvió a Nueva York, donde estuvo a cargo de Teen Challenge, un programa para adolescentes metidos en problemas. Convirtió a muchos de sus antiguos compañeros Mau-Mau, entre ellos a su nuevo líder, y desde entonces se ha convertido en un evangelista que ha recorrido el mundo, escritor y director de Nicky Cruz Ministries.[10]

¿Dónde estaría hoy Nicky Cruz si no hubiera oído el sermón de aquella noche? Sin que le hubieran predicado el evangelio, tal vez nunca habría hallado la fe en Dios que desde entonces les ha ido comunicando a miles de personas.

El apóstol Pablo dijo que «la fe viene como resultado de oír el mensaje, y el mensaje que se oye es la palabra de Cristo» (Romanos 10.17). Con esto no quiso decir que todos los que oigan la Palabra de Dios se conviertan en creyentes, sino que esa fe no puede existir, a menos que haya un mensaje o un informe sobre las realidades y los acontecimientos que lo llevan a uno a creer.

Pablo está identificando así una necesidad crítica en la vida de un cristiano: la fe que es generada por el hecho de escuchar la Palabra de Dios. Esta es una poderosa razón para que convirtamos la asistencia a la iglesia en nuestra más alta prioridad. Si nos perdemos la predicación de la Palabra, nos estaremos perdiendo un catalizador usado por Dios para hacer que crezca nuestra fe. Si nunca te sientas cerca del sonido de la Palabra de Dios que es predicada, nunca serás la persona que Dios anhela que llegues a ser.

Cuando escuchamos la Palabra hablada y predicada por otros, estamos permitiendo que las Escrituras lleguen hasta nosotros y nos llenen de una forma esencial. El estudio personal de la Palabra es la forma en la cual anclamos en nuestra vida la Palabra de Dios hablada. No crecemos en la fe a base de poner la Biblia junto a nuestra cama por la noche. No crecemos en la fe a base de una experiencia de tipo emocional. La fe se va haciendo más profunda a medida que leemos o escuchamos la Palabra de Dios.

D. L. Moody decía: «Yo oraba para pedir la Fe, y pensaba que algún día la fe descendería y me sacudiría como un relámpago. Sin embargo, la fe no parecía llegar nunca. Un día, leí algo en el décimo capítulo de Romanos: "La fe viene como resultado de oír el mensaje, y el mensaje que se oye es la palabra de Cristo..." Entonces abrí mi Biblia y la comencé a estudiar, y desde entonces la fe ha ido creciendo».[11]

Cuando escuchamos la Palabra de Dios, o la oímos y después respondemos a ella, nuestra fe crece. Cuando Dios nos dice que hagamos algo y lo hacemos fortalecemos la fe para creer en Él. Descubrimos que Él está de nuestra parte y que nos está guiando en el camino por el cual debemos ir.

PARA QUE NUESTRA FE CREZCA, NECESITAMOS PROBLEMAS

En su libro *Waiting: Finding Hope When God Seems Silent* [La espera: hallar esperanza cuando Dios parece guardar silencio], el autor y pastor Ben Patterson relata una desgarradora historia que ilustra lo que significa ejercer la fe contra todo razonamiento humano.

Él y tres amigos suyos estaban escalando la montaña más elevada que hay en el Parque Nacional de Yosemite. Cuando comenzaron a ascender los seiscientos metros finales hasta la cumbre, los dos montañistas más experimentados se adelantaron a Ben y a su compañero. Con ánimos de presumir, Ben buscó un atajo para llegar a la cumbre antes que los dos montañistas más rápidos. Contra el consejo de su compañero, se fue solo. Media hora más tarde, se encontró atrapado encima del Glaciar de Lyell, mirando debajo de sí un frente totalmente formado de hielo que bajaba por varios centenares de metros haciendo un agudo ángulo. Inmediatamente al otro lado de la grieta había una roca segura, pero él no se atrevió a correr el riesgo tratando de alcanzarla.

A los otros tres montañistas les tomó una hora alcanzarlo, atrapado e inmóvil sobre el frente del glaciar. Uno de ellos se plantó en la roca que él quería alcanzar y, estirándose, picó con su hacha en el hielo dos pequeñas hendiduras para los pies. Entonces le dio a Ben estas indicaciones:

Sal de donde estás y pon tu pie allí donde veas el primer punto de apoyo. Cuando lo toques con un pie, balancea el otro y ponlo en el siguiente paso sin dudarlo un momento. Cuando hagas eso, estira tu mano; yo la tomaré y te sacaré de un modo seguro... ¡No te apoyes en la montaña mientras das un paso! En todo caso, asómate un poco. De lo contrario, tus pies podrían salir disparados y comenzarás a deslizarte hacia abajo.

El instinto natural de Ben era que debía abrazar el frente del hielo; inclinarse hacia el hielo en lugar de alejarse de él. Sin embargo, él decidió no apoyarse en su propio entendimiento, sino confiar en la sabiduría de su amigo. Dos segundos más tarde, su fe quedó recompensada y él estaba seguro.

Por un momento, basado solo en lo que creía ser verdad en cuanto a la buena voluntad y buen sentido de mi amigo, decidí decir no a lo que sentía, reprimir mi impulso de escalar a la seguridad de la montaña, a asomarme, salir y atravesar el hielo a la seguridad.

Esperar en Dios es confiar tu vida a Dios de esa manera. La gran diferencia es que el paso de confianza se extiende toda la vida. Es una decisión diaria.[12]

Ninguno de nosotros quiere problemas. Queremos ir navegando sin problemas por el mar de la vida. Queremos unas relaciones felices, un trabajo en el cual nos sintamos realizados, una salud excelente y unos hijos obedientes. Los problemas impiden que haya todo eso, ¿no es cierto? Nos golpean como las tormentas, y traen consigo oleadas de temor y de interrupción.

Los problemas nos llevan al Señor y nos enseñan a apoyarnos en Él. Pueden hacer crecer nuestra seguridad en la realidad invisible de Dios y en su participación en nuestra vida.

Esto es lo que escribe el pastor Tim Keller al respecto:

> Los creyentes comprenden muchas verdades doctrinales en su mente, pero esas verdades raras veces viajan hasta el corazón, a menos que sea por medio de la desilusión, el fracaso y la pérdida. Es como me dijo en una ocasión un hombre que parecía a punto de perder tanto su carrera como su familia: «En principio, yo siempre supe que "Jesús es todo lo que necesitaba" para salir adelante. Sin embargo, en realidad uno nunca sabe en realidad que Jesús es todo lo que necesita, hasta que Jesús es todo lo que tiene».[13]

Nuestra tendencia normal consiste en confiar en nosotros mismos y aprender de acuerdo con nuestro propio entendimiento. Pero cuando aparece un problema que es mayor que nuestra capacidad para manejar las situaciones, entonces es cuando nos enteramos de que nuestros propios recursos resultan inadecuados, y no podemos confiar realmente en Jesús mientras no dejemos de confiar solamente en nosotros mismos.

Dios usa nuestros problemas para hacer más profunda nuestra fe en él. Las situaciones más desafiantes y temibles pueden ser nuestras mejores oportunidades para darnos cuenta de nuestras debilidades y de la fortaleza de Dios.[14] Idealmente, nos acercamos a Jesús como primer recurso, y no como el último. Sin embargo, por su sorprendente amor y gracia, Jesús nos acepta en cualquier momento en que acudimos a Él.

La agencia de noticias Reuters reportó sobre la historia de Mark Ashton-Smith, académico de treinta y tres años en la Universidad de Cambridge, en Inglaterra, quien estaba recorriendo solo en kayak las turbulentas aguas frente a la Isla de Wight. Su kayak se volcó, y él se dio cuenta enseguida de que no lo podría enderezar para llevarlo hasta la orilla. Flotando en medio de las olas tempestuosas, su primer instinto fue usar su teléfono celular para llamar a su padre y pedirle ayuda... aunque su padre estaba en Dubai, a 5.600 kilómetros de allí, entrenando las tropas británicas. Logró hablar con su padre, quien inmediatamente le comunicó la situación en que se encontraba su hijo a la base de la Guardia Costera más cercana al lugar donde su kayak se había volcado, por fortuna, solo a cerca de un kilómetro de distancia. Al cabo de doce minutos, un helicóptero de la Guardia Costera estaba en la escena y rescató a Ashton-Smith.

Nosotros queremos ser como él: ejercer la fe en nuestro Padre cuando nos encontremos frente a un problema que no podamos resolver.

PARA QUE NUESTRA FE CREZCA, NECESITAMOS PERSONAS

Estamos explorando la habilidad de Pablo de superar el temor «embrazando el escudo de la fe, con que podáis apagar todos los dardos encendidos del maligno» (Efesios 6.16, RVR). Demasiado a menudo, sin embargo, los cristianos modernos creen que deben embrazar ese escudo por sí solos. Pero esta metáfora es mucho más amplia.

El escudo romano lo cargaba un solo soldado, pero cuando era más eficaz cuando se combinaba con los escudos de otros soldados. Una de las innovaciones militares de los romanos se llamaba la «tortuga», o «formación en falange». Los soldados marchaban hacia delante formando un grupo organizado y hermético, a base de superponer y trabar entre sí sus escudos para que fueran muy pocos los puntos por los cuales podían entrar las flechas enemigas.

«¿Puedes ver aquí el punto crítico?», escribe Stu Weber. «Este es el escudo de la fe, el cual, por su diseño, está trabado con el del soldado que tienes a tu lado. Este es el escudo de la fe utilizado en comunidad, en la comunidad de la fe. En nuestras batallas espirituales, tal como es cierto también de cualquier ambiente de combate, no hay lugar para los comandos solitarios. Si esperas protección, te tienes que unir al grupo, marchar en la unidad y vivir con él como con una familia».[15]

A veces, Dios nos fortalece cuando estamos totalmente solos en medio del silencio de nuestra habitación. Pero con frecuencia, fortalece nuestra fe por medio de las palabras o la presencia de otras personas en nuestra vida. Entra a una comunidad de creyentes, y deja que Dios haga crecer tu fe junto a esas personas y como parte de su pueblo.

Dietrich Bonhoeffer lo expresó de esta manera:

> Dios puso esta Palabra en los labios de los seres humanos para que se la pudieran transmitir a otros. Cuando la Palabra afecta profundamente a los seres humanos, ellos se la comunican a otros seres humanos… Los cristianos necesitan otros cristianos que les hablen la Palabra de Dios. Los necesitan una y otra vez cuando se llenan de incertidumbre y se sienten descorazonados… Necesitan a otros cristianos que sean portadores y proclamadores de la palabra divina de salvación.[16]

La historia de Marcos 2.1-12, en la que Jesús sana a un paralítico, es un ejemplo clásico del poder que tiene la fe combinada. Jesús estaba en Capernaúm enseñando en una casa. La multitud estaba toda de pie, en varias filas de personas, llenando toda la casa y también el patio. ¿Cómo habría podido alcanzar jamás a Jesús un hombre paralítico en medio de esa multitud? No lo habría logrado.

Para fortuna suya, tenía cuatro amigos que creían que Jesús lo sanaría. Esos amigos pusieron su fe en acción de una manera notable e hicieron descender a su amigo paralítico a través del techo hasta abajo, a la habitación donde Jesús estaba sentado enseñando. Entonces, encontramos esta declaración clave en el versículo 5: «Al ver Jesús la fe *de ellos* [en plural]…» (cursiva del auutor), ¡sanó al hombre!

Nos podemos pasar todo el día haciendo preguntas especulativas sobre la forma en que Jesús habría respondido si solamente el paralítico hubiera tenido fe, o si hubieran estado presentes uno, dos o tres amigos en lugar de cuatro. Sería una pérdida de tiempo. Lo que leemos es lo que sucede: a Jesús le agradó la fe en acción de este grupo de cinco hombres, uno enfermo y cuatro ayudándolo, que engancharon juntos sus escudos de fe. Este es el poder de la simbiosis: el todo es más grande que la suma de las partes.

El 25 de enero de 1736, John Wesley, aún no convertido, o al menos cristiano de nombre, se hallaba a bordo de un barco cruzando el Atlántico junto a un grupo de misioneros moravos, un grupo de cristianos intrépidos y fieles. Tres tormentas habían azotado ya al barco, y ahora una cuarta, más poderosa aún, estaba a punto de hundirlo. Wesley estaba petrificado. En su diario solo pudo garabatear: «Tormenta más grande: ¡tengo miedo!».

En cambio, los moravos alemanes habían convertido la zona del barco que estaba debajo de la cubierta en un culto de alabanza y adoración. Mientras las olas se estrellaban por encima del barco, ellos cantaban sin perderse ni un compás, contemplados por Wesley, quien miraba incrédulo su compostura. Después que pasó la tormenta, Wesley le preguntó a su líder: ¿Tenían miedo? No. ¿Tampoco tenían miedo sus esposas y sus hijos? Tampoco.

Así fue como Wesley se dio cuenta de que esa comunidad de misioneros moravos tenía algo que él no tenía: una fe colectiva que lo podría proteger de todo temor… incluso del temor a la muerte.

Poco más de dos años más tarde, en 1738, Wesley encontró una fe genuina en una reunión de moravos en Londres y se convirtió en la columna de fe llena de valor que aún hoy nos sirve de inspiración a nosotros.

Una de las mayores debilidades que tiene el cristianismo occidental moderno es su enfoque en la salvación individual sin un enfoque paralelo en la integración al cuerpo de Cristo. Dios nunca quiso que los humanos siguiéramos a Cristo solos. Para llegar a tener una fe que disipe nuestros temores, necesitamos de otras personas. ¡La fe es contagiosa!

Si tu fe es fuerte, piensa si Dios no te estará llamando a ser mentor de aquellos cuya fe es joven o débil. Y si tu fe es débil, o flaquea ante los desafíos extremos, busca el aliento y el ejemplo de aquellos que tienen una fe fuerte. Vivir como un cristiano aislado es algo que hace que el crecimiento en la fe se vuelva difícil, o incluso imposible.

PARA QUE NUESTRA FE CREZCA, NECESITAMOS PROPÓSITO

Daniel Ritchie nació sin brazos. Fue un gran desafío el que aprendiera a funcionar usando los pies y los dedos de los pies para vestirse y asearse, comer, abrir las puertas y conducir un auto. Pero lo hizo. Sin embargo, su mayor desafío estaba en lidiar con las actitudes que se proyectaban hacia su persona. Tuvo que soportar miradas imprudentes, insultos y tosquedades. Hasta en una ocasión le pidieron a su familia que se marchara de un restaurante, porque el hecho de que él comiera con los pies ofendía a los otros clientes. Lo peor de todo era la suposición, a veces expresada directamente, de que él era un error sin esperanza alguna, un inadaptado lamentablemente insuficiente para llevar una vida plena.

Como consecuencia, Daniel Ritchie mismo se llegó a creer todo esto. Así desarrolló el odio hacia sí mismo y hacia las personas que lo despreciaban.

Daniel no era cristiano y casi no tenía amigos. Pero una noche, un compañero de clase lo invitó a la iglesia. Aquella noche el predicador dio un sencillo devocional sobre el amor de Dios por todos los seres humanos y citó el Salmo 139.14: «¡Te alabo porque soy una creación admirable! ¡Tus obras son maravillosas, y esto lo sé muy bien!». Aquel mensaje le penetró a Daniel en el corazón. Se dio cuenta de que Dios lo había creado con un propósito, y que él también era una maravillosa obra de Dios, tanto como los que tenían brazos.

Aquella noche, Daniel Ritchie le entregó su vida a Cristo y poco después se sintió llamado al ministerio. En la actualidad predica y habla en iglesias, conferencias y reuniones de jóvenes en los EE. UU. y en el extranjero. Tal como él lo dice, «usa sus mangas vacías para señalarles a los demás hacia Dios».[17]

En 1787, Dios le dio al devoto británico Christian Thomas Clarkson un proyecto que parecía imposible. Clarkson se sintió llamado a luchar contra el comercio de esclavos en Inglaterra. Él y una docena de personas más, entre ellas William Wilberforce, fundaron el Comité sobre el Comercio de Esclavos y se dedicaron a reunir datos, distribuir panfletos, dar conferencias, imprimir carteles, reclutar defensores y dedicarse a otras actividades con el fin de poner al descubierto la falta de humanidad y la brutalidad de la esclavitud. El objetivo que les había encomendado Dios iría cobrando impulso hasta lograr la prohibición del comercio de esclavos en Gran Bretaña.

Clarkson se convirtió en el único activista e investigador de la campaña a tiempo entero. Viajaba por todo el país reuniendo evidencias para que Wilberforce las usara en el parlamento. Su trabajo no solo era sumamente difícil, sino que también era increíblemente peligroso. La hostilidad era abrumadora; gran parte de la economía de Inglaterra dependía del comercio de esclavos. Los funcionarios más prominentes del país lo apoyaban y la opinión pública se mantenía apática. Le rehuían y lo aislaban. Recibió numerosas amenazas de muerte y al menos un intento real de quitarle la vida. En los días más oscuros de la campaña, escribiría: «Ahora comencé a temblar por vez primera ante la ardua tarea que había emprendido… Me preguntaba si al menos saldría vivo de ella».

A pesar de todo, la fe de Clarkson se mantuvo firme. Con la fe de que Dios era quien lo había llamado a esa labor, perseveró. Pronto él y sus colegas comenzaron a ver cambios. Las peticiones que hacían circular reunían miles de firmas; se publicaban libros; los boicoteos contra los bienes producidos por la esclavitud triunfaban; y al cabo de cinco años, la opinión pública se había vuelto por completo contraria a la trata de esclavos.

La victoria en el Parlamento les tomó más tiempo, pero después de varios años de repetidas derrotas, el proyecto de ley de Wilberforce que prohibía el comercio de esclavos fue aprobado en el año 1807. Aquel proyecto había sido extenuante para Thomas Clarkson, pero gracias a que se mantuvo firme con su escudo de la fe, tuvo la recompensa de ver terminada la tarea que Dios le había encomendado.[18]

Dios a menudo nos da un propósito que requiere que confiemos en Él de maneras especiales. Esa es una razón por la cual a Jesús le encantaba darles a sus discípulos tareas y desafíos para desarrollar su fe. Los envió de dos en dos para predicar y expulsar demonios y sanar a los enfermos. En una ocasión Él les ordenó alimentar a cinco mil personas con solo cinco panes de pan y dos pescados, y en otra a alimentar a cuatro mil con siete panes y algunos peces pequeños. Y luego, al final de su ministerio en la tierra, Él los envió a Jerusalén para que esperaran a ser empoderados por el Espíritu Santo.

Dándonos un sentido de propósito es su manera de estirar y fortalecer nuestros músculos de fe.

PARA QUE NUESTRA FE CREZCA, NECESITAMOS TENER UNA PERSPECTIVA

Cuando los discípulos le pidieron a Jesús que aumentara la fe de ellos, Él les respondió diciéndoles que, si su fe era tan pequeña como un grano de mostaza, ellos podrían arrancar una morera y arrojarla al mar (Lucas 17:5, 6). En otras palabras, lo importante no era el tamaño de su fe, sino el tamaño de su Dios.

Los discípulos de Jesús necesitaban la perspectiva adecuada para poder aumentar su fe. También nosotros.

Recibo una lección de perspectiva cada vez que conduzco mi auto. Con la dirección asistida, yo puedo mover fácilmente las dos toneladas que pesa mi automóvil usando un solo dedo; no porque mi dedo sea tan fuerte, sino porque la dirección asistida lo es. Todo lo que hace mi dedo es poner en marcha el poder que realiza la tarea.

Así es como obra la fe.

Ron Dunn, fundador de LifeStyle Ministries, lo expresó de esta manera:

> La fe debe tener un objetivo. Para muchas personas, lo importante es creer, y lo que se cree es secundario. Tienen la idea de que hay algo místico, mágico, en el simple acto de creer, una especie de *shazam* santo que transforma a los simples mortales en Capitanes Marvel. No obstante, lo cierto es que la fe en sí misma no tiene poder. No es la fe la que mueve montañas, sino Dios… Hablando en un sentido bíblico, la fe, como simple actividad humana, no posee virtud alguna, carece de mérito, no contiene poder de ninguna clase. El poder de la fe se encuentra en su objetivo.[19]

Es significativo que el escritor de Hebreos, después de celebrar la fe de unos creyentes extraordinarios en el capítulo 11 nos diga: «Fijemos la mirada en Jesús, el iniciador y perfeccionador de nuestra fe» (Hebreos 12.2). Para que nuestra fe sea eficaz, es necesario que nos mantengamos centrados en Él.

En 1991, en los tiempos que condujeron a las tropas de EE. UU. y de la coalición a la Primera Guerra del Golfo, el general Charles Krulak, del Cuerpo de Marina de los EE. UU., tenía la responsabilidad de proporcionarles apoyo logístico a los 80.000 marinos que entrarían a Kuwait. Se escogió el lugar para su base porque era un antiguo aeropuerto que tenía la capacidad de proporcionar 400.000 litros de agua fresca al día.

Como ha sucedido a lo largo de los siglos, las batallas en el desierto se ganan o se pierden según lo disponible que esté el agua.

Catorce días antes de comenzar la guerra, el general Norman Schwarzkopf, Comandante en Jefe de las fuerzas estadounidenses, puso en práctica un nuevo plan táctico de ataque. Ese plan exigía que se creara una nueva base para los marinos y con ella, un nuevo abastecimiento de agua. Sin embargo, ¡no se podía hallar agua en el nuevo lugar!

Durante dos semanas, el general Krulak hizo que los ingenieros militares excavaran pozos de exploración e indagó con el gobierno saudita, el gobierno de Kuwait, las tribus y los nómadas beduinos locales acerca del abastecimiento de agua que se pudiera lograr en el nuevo lugar. La respuesta era siempre la misma: allí no hay agua.

El general Krulak, cristiano comprometido, oraba diariamente en su momento de devoción para que Dios le proporcionara el agua que necesitaban sus tropas. En el domingo anterior a la invasión, uno de los oficiales de su personal lo llamó para que saliera del culto que se estaba celebrando en la capilla, porque necesitaba enseñarle algo. Tomaron un camino que habían construido los marinos de Krulak, y por el cual él había pasado por lo menos setenta veces; un camino por el que habían pasado por lo menos 60.000 marinos, y se detuvieron.

Su oficial dirigió su atención hacia un lugar situado a veinte metros del camino, donde vio algo nuevo: una tubería de cinco metros de alto con dos grandes mangueras conectadas en su extremo superior. Debajo había una gigantesca maquinaria diésel y un tanque de 2.000 litros lleno de combustible diésel. Caminaron hasta aquel lugar, incrédulos ante lo que estaban viendo. El general Krulak apretó el botón de arranque de la maquinaria diésel, que echó a andar, disparando agua potable por ambas mangueras. Sus hombres midieron la cantidad de agua que echaban: 400.000 libros diarios; exactamente lo que se necesitaba.

Los marinos no usaban equipo diésel; no tenían combustible diésel. El general Krulak no tenía idea de la forma en que habían aparecido el pozo, la bomba y el combustible, exactamente en el momento preciso, y proporcionando la cantidad exacta de agua. Un reportero del *London Times* que informó sobre la preparación para la guerra escribió para este periódico un artículo que salió publicado en la primera página «El pozo del milagro».

Después de retirarse del servicio militar como comandante de todo el Cuerpo de Marina, el general Krulak (entre otras actividades posteriores a su jubilación) sirvió como presidente de una pequeña universidad de artes liberales. Un amigo mío es antiguo alumno de esa universidad, y alrededor del año 2013 acertó a leer lo sucedido con el «pozo del milagro» del general Krulak. Le escribió al general para preguntarle si alguna vez él había llegado a saber cuál era el origen del pozo. El general le respondió que no; nunca supo de dónde había salido. Aún hoy lo considera una respuesta milagrosa a la oración.[20]

Probablemente, tú y yo no necesitaremos jamás miles de litros de agua cada día para un ejército de ochenta mil soldados en el medio del desierto. Pero la fe del general Krulak nos da una nueva perspectiva sobre el significado del «escudo de la fe». Cuando vemos que Dios honra la fe hasta ese nivel de necesidad, nos sentimos animados a confiar en Dios también en cuanto a nuestras necesidades. Ante los ojos de Dios, los problemas no son ni grandes ni pequeños. Es nuestra perspectiva la que necesita aumentar de tamaño, de manera que veamos hasta qué punto Dios es capaz de responder a la fe que nosotros tenemos.

No importa lo pequeña e insuficiente que tú creas que es tu fe. Sigue orando, confiando y buscando el rostro del Señor. Recuerda: lo que realmente importa no es el tamaño de tu fe, sino su objetivo: nuestro Dios Todopoderoso. Cuando te dejes de enfocar en ti mismo para enfocarte en Él, tu fe crecerá y tus temores desaparecerán.

Confío en Dios y alabo su palabra;
confío en Dios y no siento miedo.
—SALMOS 56.4

CAPÍTULO 7

VENCE A LA CONFUSIÓN CON LA SABIDURÍA

Cuando el Sargento de Escuadra Thalamus Lewis atravesaba un poblado situado en el este de Afganistán el día 4 de octubre de 2012, oyó ráfagas de disparos. Una ráfaga procedente de un rifle enemigo lo alcanzó en la cabeza, tirándolo junto al camino. «Fue como un estallido repentino o algo así», diría más tarde.

Lewis estaba aturdido; sentía un ruido en los oídos y le dolía la cabeza. Y, sin embargo, de alguna manera, seguía vivo. Pero no era de ninguna manera; era gracias a su Casco Avanzado de Combate (ACH por sus siglas en inglés). En las dependencias médicas de la base supo de qué manera tan eficiente su casco a prueba de balas lo había salvado de una muerte segura.

«Una vez que me dijeron que los disparos habían impactado mi ACH, lo primero que quise fue verlo», decía. Después de inspeccionar el casco dañado, dijo con agradecido asombro: «Es verdad que funciona».

Lewis, quien cumplió con cuatro misiones de combate en sus veinte años en el Ejército de Estados Unidos, dice que le solían molestar el peso y el volumen de su equipo: «Los soldados nos quejamos acerca de un montón de cosas; este equipo era una de mis cosas principales cuando íbamos a cumplir la misión. Pero ya no me quejo de él. Soy un testimonio vivo».[1]

EL CASCO DE LA SALVACIÓN

Como el Sargento Lewis, el apóstol Pablo comprendía también la crítica importancia del casco. En sus recorridos a través de las naciones que formaban el Imperio romano a lo largo de su labor de ministerio, Pablo vio cascos de soldados romanos en todas partes.

En el ejército de Roma, los cascos de los soldados ordinarios estaban hechos de cuero endurecido. Los cascos de los oficiales podían estar fortalecidos con metales, y los cascos de los oficiales superiores llevaban encima una cresta con plumas. Todos servían al mismo propósito que sus equivalentes de hoy: proteger el cráneo y el cerebro de los golpes asestados por el enemigo.

Donde primero se convirtió el casco en una metáfora para referirse a la salvación fue en Isaías 59.17, donde el profeta se estaba refiriendo a la salvación que Cristo traería a la humanidad. En Efesios 6.17, Pablo tomó esta metáfora cuando les dijo a los cristianos: «Tomen el casco de la salvación».

En Efesios, Pablo les estaba escribiendo a creyentes, lo cual significa que ellos ya habían recibido la salvación. Por tanto, el propósito del casco espiritual no era impartir la salvación, sino proteger la seguridad que sentía el creyente de que ya la tenía. Esta seguridad les da a los creyentes valor para combatir en sus batallas espirituales contra el gran engañador de la humanidad. Esta idea es reforzada en 1 Tesalonicenses 5.8, donde Pablo nombra el casco, diciendo que es «el casco de la *esperanza de salvación*» (cursiva del autor).

De la misma forma que un casco físico protege el cerebro del soldado, el casco espiritual protege nuestra mente de los asaltos lanzados por las mentiras de Satanás, las filosofías corruptas y las confusiones de pensamiento, que son las armas usadas por él para socavar nuestra entrega y nuestra convicción de que tenemos seguridad en Cristo.

¿Qué representa la metáfora del casco? En pocas palabras, significa que nos debemos revestir de Cristo, una idea que se encuentra en las epístolas de Pablo (Romanos 13.14; Gálatas 3.27). Cuando nosotros nos revestimos de Cristo, le permitimos que viva su vida en nosotros y a través de nosotros, por el poder del Espíritu.

Más concretamente, el casco es una metáfora para referirse a la mente de Cristo. Pablo dice que Cristo es «la sabiduría de Dios» (1 Corintios 1.24) y aquel «a quien Dios ha hecho nuestra sabiduría» (v. 30).

De lo que has leído en los cuatro Evangelios, ¿puedes recordar algún momento en el cual Cristo se sintió confundido con respecto a algo? ¿Alguna vez se sintió desconcertado o destrozado por lo que estaba sucediendo a su alrededor... por las palabras o las acciones de otros? ¿Se sentía confundido por lo que Dios permitía que sucediera en su vida? Tu respuesta debe ser un rotundo «¡No!».

Aun en los momentos extremos de tensión, como en el huerto de Getsemaní, o cuando estaba clavado en la cruz, Jesús nunca estuvo confundido. En su humanidad, habrá sentido dolor, e incluso angustia, en ocasiones. Pero nunca se sintió confundido. Comprendía el plan y la voluntad de Dios para su vida, porque él tenía la sabiduría de Dios. *Era* la sabiduría de Dios.

Cuando nos ponemos este casco, nos revestimos con la seguridad de nuestra propia salvación, y protegemos nuestra mente de los engaños de Satanás por medio de la sabiduría de Dios. Esta sabiduría nos llega a través de la persona de Jesucristo. La Biblia dice: «Pero gracias a él ustedes están unidos a Cristo Jesús, a quien Dios ha hecho nuestra sabiduría» (1 Corintios 1.30).

La sabiduría de Dios nos equipa y prepara para cumplir con los propósitos de Dios. Nos fortalece con la certeza de nuestra salvación para que podamos vencer la confusión, la falsía y la incertidumbre con la seguridad que Dios nos ha dado, y que solo nos viene a través de Cristo.

Tú puedes vivir con la misma clase de vida llena de seguridad que vivió el Señor. Habrá momentos en que te sientas incómodo, adolorido, incluso angustiado. Sin embargo, con la sabiduría de Dios, cuando te pongas el casco de tu salvación podrás vencer a la confusión.

LA SABIDURÍA DEL VENCEDOR

Después de muchos años de luchar contra la infertilidad, Anthony Selvaggio y su esposa decidieron buscar la adopción. Poco sabían que su viaje les enseñaría tanto sobre la sabiduría como el amor. Después de catorce meses de espera, en noviembre de 2004, recibieron noticias de la agencia de adopción de que una niña los estaba esperando en China. Unas semanas más tarde, abordaron un avión para recogerla.

En su vuelo a través del Pacífico, ensayaron todo lo que habían hecho para prepararse para el momento en que se convertirían oficialmente en padres. Leyeron libros y discutieron buenas estrategias de crianza con familiares y amigos. Tenían un plan de juego listo que garantizaría una transición sin problemas para ellos y su nueva bebé. Aunque un poco nerviosos, Anthony y su esposa pensaron que estaban preparados para lo que pudiera venir después.

Unos días después de llegar a China, se dirigieron a un antiguo edificio del gobierno en la ciudad de Wuhan. Allí, una hermosa niña de catorce meses fue puesta en sus brazos. Su sueño se había hecho realidad; ¡por fin eran padres! Con el corazón desbordando de alegría y gratitud, regresaron a su hotel, listos para emprender el viaje de su vida.

Y fue entonces cuando su nueva hija, tan linda y encantadora, comenzó a llorar.

Al principio, reaccionamos bastante bien. Teníamos una estrategia para cuando llorara. La habíamos sacado directamente de un libro. Así que aplicamos la estrategia: la abrazamos, la mecimos, le dimos el chupete... esa clase de cosas. No hicieron efecto. Aplicamos de nuevo la estrategia. Y de nuevo, tampoco tuvo efecto. En absoluto.

Las variaciones de la estrategia tampoco funcionaron. Entonces comenzamos a improvisar lo que se nos ocurriera... Los minutos fueron pasando lentamente, como arrastrándose, mientras el doloroso clamor de nuestra bebé nos partía el corazón y llenaba todos los rincones del cuarto. Mirándonos uno a otro, mi esposa y yo reconocimos las señales de pánico que vimos cada cual en los ojos del otro. Porque allí estábamos, en un país extraño, muy lejos de nuestra familia y de nuestros amigos, con una bebé totalmente inconsolable que había pasado a ser responsabilidad únicamente nuestra. A medida que los minutos se convertían en horas, y el terrible llanto se iba aquietando en continuos ataques de tristes sollozos, toda nuestra preparación y el conocimiento que habíamos acumulado sobre la paternidad comenzaron a parecernos totalmente carentes de valor. Al parecer, para criar niños nos iba a hacer falta algo más que aquellos conocimientos.[2]

LA SABIDURÍA TIENE QUE VER CON LA PRÁCTICA

Con frecuencia se confunde la sabiduría con el conocimiento, pero hay una gran diferencia entre ambos. El conocimiento está formado por la acumulación de datos. La sabiduría es la capacidad para aplicar el conocimiento con el fin de alcanzar el mejor resultado posible. Es conocimiento saber que un tomate es una fruta, y no un vegetal. Es sabiduría entender que no se ponen tomates en un cóctel de frutas.

Para proteger nuestra mente del engaño y la confusión, necesitamos la sabiduría que nos otorga Dios mismo. Esto significa que necesitamos llevar más allá el concepto de lo que es la sabiduría, porque no nos basta con tener únicamente la sabiduría que el mundo nos ofrece.

En las Escrituras, la sabiduría tiene que ver con el conocimiento del curso de acción que le va a agradar a Dios y hacer que nuestra vida sea la que Él quiere que sea. Cuando Dios promete sabiduría, está prometiendo un estilo de vida superior al estilo del mundo. Nos garantiza que por medio de su don de sabiduría hallaremos su voluntad, que es buena, aceptable y perfecta (Romanos 12.2).

Adquirimos la sabiduría por medio de nuestros esfuerzos por aprender, crecer, mejorar y estudiar. No es automática, y tampoco es instantánea.

Harvey Penick fue entrenador del equipo de golf de la Universidad de Texas desde 1931 hasta 1963 y era también mentor e instructor de numerosos golfistas profesionales que buscaban sus consejos en sus juegos.

En su trabajo con los golfistas, ya fueran aficionados o profesionales, Penick era un agudo observador. Durante décadas fue recogiendo observaciones acerca del golf en un cuaderno. Si veía algo que funcionaba, lo escribía; si veía algo que no funcionaba, lo escribía también. Después de retirarse, le mencionó sus diarios sobre el golf a un escritor que reconoció el potencial que tenían.

En 1992, cuando Penick tenía ochenta y siete años, se publicó el *Pequeño libro rojo: Lecciones y enseñanzas de toda una vida dedicada al golf.* A este libro le siguieron cuatro más, tres de ellos póstumos, basados en sus notas. El *Pequeño libro rojo* sigue siendo el libro de más venta sobre el golf que se haya publicado jamás, y aún se sigue imprimiendo hoy.

¿Habría podido Harvey Penick escribir ese libro en 1931? No, porque necesitó décadas de entrenamiento y de observación para adquirir su sabiduría. La sabiduría procede de la vida y del aprendizaje; el hambre por aprender y crecer mantenida a lo largo de toda una vida. Mientras más nos humillemos y mantengamos un corazón hambriento, más sabiduría adquiriremos.

LA SABIDURÍA TIENE QUE VER CON LA PERSPECTIVA

Hay otra manera de comprender equivocadamente lo que significa en realidad este don de la sabiduría, y la forma en que lo aplicamos en nuestra vida. En su libro *El conocimiento del Dios santo*, J. I. Packer usa una vívida metáfora que nos ayuda a explicarla. Imagínate que estás en una estación de ferrocarril, de pie en un extremo de una plataforma, observando el movimiento constante de los trenes que entran y salen. Desde esta limitada perspectiva, tu visión y tu comprensión de la forma en que opera el sistema general de los trenes es casi inexistente.

Ahora imagínate que entras al centro de control de la estación. Un largo gráfico electrónico de pared con un diagrama de todo el sistema muestra todas las vías que se extienden hasta unos ocho kilómetros por ambos extremos de la estación. Si sigues las pequeñas luces que se van moviendo por el gráfico, podrás localizar cada uno de los trenes con todos sus vagones y ver con exactitud hacia dónde se dirigen. Mientras observas el sistema por medio de los ojos de los hombres que lo controlan, comprendes por qué los trenes se detienen y echan a andar, se desvían y pasan a una vía secundaria. La lógica que hay tras cada uno de sus movimientos se te vuelve clara cuando ves el cuadro general.[3]

El error que cometen muchos cristianos cuando buscan la sabiduría es dar por sentado que una vez que la han hallado, los va a capacitar para ver la vida desde el centro de control, y no desde la plataforma de la estación. Yo he oído describir esto como «adquirir la perspectiva de Dios sobre nuestro mundo».

Sin embargo, no es así la forma en que obra la sabiduría en la vida cristiana. A nosotros no se nos muestra el patrón general del universo, ni tampoco la forma exacta en que encajan nuestras vidas en él. No se nos muestran los planes a largo plazo que tiene Dios para nosotros, ni la forma en que nuestras acciones desempeñarán un papel dentro de ese plan mañana, en el año próximo, o en la nueva generación.

Ahora bien, cuando nosotros nos humillamos, anhelamos la sabiduría de Dios, escuchamos sus palabras y las obedecemos, Él nos da toda la sabiduría que necesitamos para el momento; sencillamente, la sabiduría necesaria para dar el próximo paso. Eso es todo lo que necesitamos para enfrentarnos a nuestra situación actual y tomar la decisión correcta.

Ser Vencedores no es algo que nosotros logramos por medio de nuestro propio poder y nuestra sabiduría. Cuando no podemos ver el papel que van a desempeñar nuestras decisiones y acciones diarias en el plan cósmico de hoy, esencialmente lo que Dios nos está diciendo es: «Permite que yo te evite esa preocupación, ese temor. Solo da este pequeño paso hacia la luz que yo he puesto enfrente de ti, y yo haré que tu fiel acción encaje dentro del plan general, y logre tanto mis metas como tu bien».

LA SABIDURÍA SE REFIERE AL HECHO DE VER LAS COSAS A LARGO PLAZO

En 1939, a la edad de veintisiete, John Templeton tomó prestados 10.000 dólares de su jefe y compró acciones en 104 compañías cuyas existencias se estaban comerciando por $1 o menos. Varias de esas compañías estaban incluso en bancarrota, pero Templeton estaba comprando a largo plazo. Creía que esas compañías se iban a recuperar. Casi todas lo hicieron. Cuatro años después, vendió esas acciones por más de 40.000 dólares—cuadriplicó el rendimiento de su inversión inicial. Sir John Templeton pasó a la historia como uno de los inversionistas y filántropos más grandes de todos los tiempos... y como un cristiano verdaderamente comprometido. Tenía una asombrosa capacidad para confiar en la vida a largo plazo, y una profunda dedicación al gozo, la positividad y el amor, características todas de la gente más sabia del mundo.[4]

Aunque no siempre podremos ver de qué forma encajan entre sí todos los detalles de nuestra vida, Dios nos ha revelado el fin de nuestra historia. A pesar de la confusión que nos rodea, nosotros mantenemos los ojos fijos en el premio, la esperanza de nuestra futura salvación eterna por medio de Cristo, y vamos avanzando por la vida a la luz de la eternidad. En términos más ordinarios, vivir sabiamente significa vivir teniendo en mente el cuadro general, sin importarnos lo que nos suceda.

Nuestra vida puede estar llena de amor, belleza, gozo y comprensión. También nos puede traer obstáculos, tentaciones y crisis, uno tras otro. Las personas con diferentes metas y normas nos pueden utilizar o engañar, pero algunas nos ayudarán si nosotros se lo permitimos. Unas nos ofrecerán tentaciones; otras nos ofrecerán apoyo. En ocasiones nos podremos sentir profundamente confundidos, como animales perseguidos en busca de refugio, pero preguntándonos si en realidad el lugar de refugio hacia el cual nos dirigimos no será en realidad una trampa.

Dios nos promete darnos sabiduría para vencer esta confusión diaria y aprender a reaccionar como Él nos lo indica en cada situación. Así obtenemos una visión clara y realista, vemos la vida tal como ella es y tomamos decisiones que nos mantienen dentro del camino. El esquema más amplio de las causas y sus efectos, y la forma del futuro, es Dios quien los comprende plenamente, pero se nos hace claro el camino que debemos llevar en la vida cuando vivimos con el final en mente.

Ahora puedes mantenerte firme contra los ataques del diablo, porque te has revestido de la verdad de Dios, de su justicia, de su paz, de su fidelidad, de su salvación y de su Palabra. Tienes todas las dimensiones de la armadura de Dios, porque te has revestido de Cristo.

BUSCA LA SABIDURÍA

De una u otra forma, la mayoría de nosotros le hemos pedido a Dios que nos guíe y nos dé sabiduría en algún momento. ¿Te suenan familiares las palabras: «Señor, ayúdame a saber qué debo hacer»? No estás solo. Muchos pastores que yo conozco oran para pedir sabiduría como parte de su rutina diaria.

Si tú sientes esa necesidad en tu vida, como la siento yo en la mía, aprendamos juntos la forma tan maravillosa en que Dios está abierto a darnos su sabiduría a quienes lo buscamos a Él.

Hace algunos años, me sentí movido a leer cada mes el libro de Proverbios. Puesto que el libro tiene treinta y un capítulos, al leer un capítulo cada día, recorrí esa colección de dichos llenos de sabiduría doce veces en ese año. Nunca he lamentado el hecho de haber usado ese tiempo en los Proverbios de Salomón.

Una de las primeras cosas que descubrí en mi estudio de Proverbios fue que Dios les ha hecho numerosas promesas a aquellos que buscan y obtienen su sabiduría.

- «Dichoso el que halla sabiduría, el que adquiere inteligencia» (Proverbios 3.13).
- «Vale más la sabiduría que las piedras preciosas, y ni lo más deseable se le compara» (Proverbios 8.11).
- «La sabiduría vendrá a tu corazón, y el conocimiento te endulzará la vida. La discreción te cuidará, la inteligencia te protegerá» (Proverbios 2.10, 11).

Una y otra vez, Salomón repite: «Busca la sabiduría». La pregunta es cómo podemos hacerlo.

CÓMO ADQUIERE SABIDURÍA EL VENCEDOR

Mientras estudiaba la manera de buscar la sabiduría, y leía una y otra vez la Palabra de Dios en busca de la respuesta, comencé a ver unos patrones constantes. Nuestra capacidad para adquirir la sabiduría de Dios no es tanto una cuestión de hacer algo, como de ser algo. No es tanto una actividad como una actitud.

En una ocasión oí a un predicador decir que nuestra actitud determina nuestra altitud. Cuando se trata de ascender a las alturas de la sabiduría de Dios, hay verdad en esa afirmación. Por usar una metáfora más realista, él está deseoso de sembrar en nosotros las semillas de su sabiduría, pero antes que esta pueda echar raíces, nosotros necesitamos preparar el suelo de nuestra mente para recibirla. Nos estamos preparando cuando adoptamos cuatro actitudes básicas que la Biblia nos presenta con requisitos previos necesarios para la adquisición de la sabiduría: humildad para poder escuchar la sabiduría de Dios, hambre para buscar la sabiduría de Dios, oído para escuchar realmente la sabiduría de Dios y un corazón dispuesto a escuchar a Dios para poder seguir su sabiduría.

UN ESPÍRITU HUMILDE

El primer paso en la adquisición de la sabiduría es una comprensión correcta de nuestra relación con Dios. Salomón la explica de esta forma: «El temor del SEÑOR es el principio del conocimiento; los necios desprecian la sabiduría y la disciplina» (Proverbios 1.7). Job respondía a su propia búsqueda de la sabiduría con una conclusión que es básicamente la misma: «Temer al SEÑOR: ¡eso es sabiduría! Apartarse del mal: ¡eso es discernimiento!» (Job 28.28).

¿Qué significa temer al Señor? ¿Quiere Dios realmente que nosotros temblemos y nos estremezcamos de terror ante Él?

El pastor y erudito Sinclair Ferguson describe el temor de Dios como «esa mezcla indefinible de reverencia, temor, placer, gozo y sobrecogimiento que nos llena el corazón cuando nos damos cuenta de quién es Dios y lo que Él ha hecho por nosotros».[5]

Otro erudito escribió: «Temer a Yahvé es mantenernos en una posición de subordinación ante Él; reconocer que dependemos de él».[6]

Mi interés en el tema de la sabiduría de Dios se despertó en un momento en que estaba haciendo un cambio de importancia en mi propia vida y mi ministerio. Fue una experiencia que me enseñó humildad. Después de fundar una iglesia y pastorearla durante doce años, sentí que Dios me guiaba a una nueva tarea.

Cada semana, a medida que iba aprendiendo más acerca del reto y la responsabilidad que significaba el nuevo llamado de Dios para mi vida, sentía que iba creciendo en mí una sensación de desespero. Las palabras de Pablo describían demasiado bien mi actitud: «¿Y quién es competente para semejante tarea?» (2 Corintios 2.16).

Cuando nos sentimos abrumados y confundidos en algún aspecto de la vida, dice Santiago que ha llegado el momento de orar para pedirle a Dios sabiduría (1.5). Y así lo hice: le pedí a Dios sabiduría para calmar mi mente y aclarar mi camino, de manera que pudiera realizar sus propósitos. En poco tiempo me llegó esa claridad y desapareció mi confusión. Veía con claridad mi camino delante de mí. Te puedes imaginar el ánimo que me dio comprender que mis temores y mi desespero de antes solo eran un escalón para llevarme a la ayuda de Dios que necesitaba.

Billy Graham relata la historia del joven presidente de una compañía que oraba de rodillas en su oficina todas las mañanas. Su secretaria sabía la forma de bloquear a todos sus visitantes hasta que terminara su «cita» diaria. En una ocasión en que el jefe de la junta de la compañía quería ver al presidente de inmediato, los intentos de la secretaria por posponer la reunión fueron inútiles. El jefe de la junta entró de repente en la oficina del presidente y lo encontró orando de rodillas. Se retiró silenciosamente y le preguntó a la secretaria: «¿Esto es normal?». «Todos los días», le dijo ella. A lo cual el jefe de la junta respondió: «No en balde yo acudo a él para pedirle que me aconseje».[7]

El profeta Jeremías escribió:

«Que no se gloríe el sabio de su sabiduría, ni el poderoso de su poder, ni el rico de su riqueza. Si alguien ha de gloriarse, que se gloríe de conocerme y de comprender que yo soy el SEÑOR, que actúo en la tierra con amor, con derecho y justicia, pues es lo que a mí me agrada —afirma el SEÑOR—» (Jeremías 9.23, 24).

El ser humano que es sabio de acuerdo a la definición de Dios conoce demasiado bien sus propias debilidades. Nunca da por sentado que es infalible. El que más sabe, sabe lo poco que sabe.[8] Eso es lo que significa tener un espíritu humilde, el primer paso para abrirnos al don de sabiduría que nos quiere dar Dios.

UN ALMA HAMBRIENTA

Imagínate que la compañía para la cual trabajas te transfiera de repente a un país del Medio Oriente con el fin de que abras allí la oficina de una sucursal. Es esencial moverse a tiempo, así que tú te mudas.

Pronto te das cuenta de que estás rodeado por una gente muy hermosa y llena de amabilidad, pero apenas puedes saber por dónde caminas. Hallar un lugar para vivir, aprender a manejar la moneda del país, probar nuevas comidas, pasar vergüenzas con el idioma… lo sufres todo, y cometes errores continuamente.

Tanto tú como tu compañía tienen ambas muchas cosas que dependen de que triunfes en tu mudanza. Decidido a alcanzar el éxito, asistes a clases de inmersión en el idioma, contratas a un «entrenador cultural», unos programas de traducción para aprender las normas de la banca, del tráfico, de las compras y de la cultura. Gradualmente, adquieres las habilidades y el conocimiento que necesitas para triunfar en tu trabajo.

Un año más tarde se te unen unos compañeros de trabajo procedentes de Estados Unidos. Estos se sienten asombrados ante lo sabio que te has vuelto con respecto a las formas de tu nueva cultura. Sin embargo, tú sabes que esto solo se debe a que tenías hambre de triunfar.

Te sucede algo parecido cuando te haces cristiano. Eres llevado del reino de las tinieblas al reino de la luz; del reino de este mundo al reino de Dios (Colosenses 1.13). Esto sucede de un día para otro, cuando naces de nuevo por medio de la fe en Cristo. Tu nuevo hogar exige de ti que adquieras nuevas habilidades y una nueva perspectiva. Mientras más hambriento estés por tener éxito en esta «nueva empresa», más pronto aprenderás a vivir con destreza y éxito en el reino de Dios.

Para hallar la sabiduría es necesario buscarla; la sabiduría no aparece envuelta en papel de regalo con un lazo ante la puerta de tu vida cristiana.

A. W. Tozer le daba gran importancia al factor hambre. Esto es lo que escribió al respecto: «Los grandes personajes de la Biblia y de la historia cristiana han tenido un hambre insaciable por Dios. Y Dios quiere que le deseemos. Es una lástima que en el caso de muchos de nosotros, tenga que esperar tanto tiempo, un tiempo tan largo, y esperar en vano».[9]

No se trata de un problema solo de los tiempos modernos. Quinientos años antes que Tozer escribiera lo anterior, Lady Juliana de Norwich preguntaba: «Dios mío, date a mí en tu bondad, porque ya tienes suficiente de mí misma. Si te pido algo menor que esto, sé que seguiré sintiendo necesidad. Solo en ti lo tengo todo».[10]

Tenemos tanto de Dios y de su sabiduría, como queramos tener. Nuestra falta de sabiduría es consecuencia de nuestra falta de anhelo por conocer más a Dios; por conocerle a Él con todo nuestro corazón. ¿Estás deseando con todo tu corazón conocer a Dios?

En un salmo solamente, en el salmo 119, se nos indica que busquemos a Dios «con todo el corazón» (v. 10) en seis ocasiones diferentes y de seis maneras distintas.

- «Dichosos los que guardan sus estatutos y de todo corazón lo buscan» (v. 2),

- «Yo te busco con todo el corazón; no dejes que me desvíe de tus mandamientos» (v. 10),
- «Dame entendimiento para seguir tu ley, y la cumpliré de todo corazón» (v. 34),
- «De todo corazón busco tu rostro» (v. 58),
- «Yo cumplo tus preceptos con todo el corazón» (v. 69), y
- «Con todo el corazón clamo a ti, SEÑOR» (v. 145).

Si buscar a Dios con todo el corazón es un requisito previo de la sabiduría, muchos de nosotros sabemos dónde se encuentra nuestro problema: nuestro anhelo por Dios mismo es demasiado débil. Todos tenemos tanto de Dios como queremos tener en realidad. Si queremos más de Dios, debemos buscar la forma de aumentar nuestra hambre de Él.

En su libro *Sed de Dios*, Sherwood Wirt explica que el hambre física y la espiritual son fundamentalmente distintas entre sí. Cuando sentimos hambre física, comemos y quedamos saciados. El hambre desaparece.

En cambio, cuando sentimos hambre espiritual, comemos y nos sentimos después más hambrientos que antes. Descubrimos que nuestro apetito por Dios y por su Palabra ha aumentado. Esa es la razón por la cual el estudio disciplinado y constante de la Palabra de Dios y la participación continua en un ministerio que enseñe la Biblia son críticos para el crecimiento de nuestra vida cristiana.

Ahora bien, observa esto: cuando tenemos hambre física y nos perdemos una comida, pronto sentimos que nos estamos muriendo de hambre y estamos ansiosos por comer. Una vez más, en el ámbito espiritual las cosas son las exactamente opuestas. Cuando nos perdemos nuestras comidas espirituales, comenzamos a perder el apetito por ellas.[11]

Nos encontramos en serio peligro cuando no demostramos un alma que esta hambrienta de Dios y de su sabiduría.

UN CORAZÓN DISPUESTO A ESCUCHAR

Cuando se acercaban las elecciones presidenciales de 1944, Franklin D. Roosevelt había sido ya presidente durante tres períodos. Con la nación profundamente envuelta en la Segunda Guerra Mundial, la salud de Roosevelt se estaba debilitando, y sus consejeros pensaron que había una gran probabilidad de que, si él era reelegido, falleciera durante su cuarto período. Esto dejaría en manos de Henry Wallace, su vicepresidente, seguir guiando a la nación durante el resto de la guerra, y a ellos no les parecía que este hombre estuviera a la altura de esa tarea. Por esa razón, para las elecciones de 1944, Roosevelt hizo de un senador poco conocido del estado de Missouri, Harry S. Truman, su compañero de campaña. Y la candidatura Roosevelt-Truman fue elegida con facilidad.

A solo tres meses de comenzado su cuarto período, sucedió lo peor: el presidente Roosevelt falleció a causa de una hemorragia cerebral masiva. El vicepresidente Harry Truman, con menos de tres meses de experiencia en la labor ejecutiva a su favor, se convirtió de repente en el presidente de Estados Unidos. Solo después de haber jurado su cargo, supo Truman la sorprendente noticia: Estados Unidos poseía una bomba atómica. En el secreto mantenido acerca del proyecto de esta bomba se había excluido al vicepresidente del círculo de personas que necesitaban estar enteradas durante sus tres primeros meses en el cargo. Lo irónico de esto es que él se convirtió en el presidente que usó esa bomba más adelante en aquel mismo año para lanzarla sobre Japón con el propósito de terminar la Guerra.

Cuando Truman se reunió con los reporteros en el día después de la jura de su cargo, les dijo: «Yo no sé si a ustedes alguna vez les ha caído encima toda una carga de heno, pero cuando me lo comunicaron ayer [el fallecimiento del presidente], sentí que la luna, las estrellas y los planetas me habían caído encima».

Y unos pocos días más tarde, en su primer discurso ante una sesión conjunta del Congreso, Truman expresó su confianza en que Dios le diera sabiduría ante sus nuevas responsabilidades: «En este momento, tengo una oración en el corazón. Al asumir mis deberes, repito con humildad ante el Dios Todopoderoso las palabras del rey Salomón: "Da, pues, a tu siervo corazón entendido para juzgar a tu pueblo, y para discernir entre lo bueno y lo malo; porque ¿quién podrá gobernar este tu pueblo tan grande?"».[12]

En 1 Reyes 3.9, Salomón en la extraordinaria súplica que le dirigió a Dios, le estaba pidiendo un corazón que supiera comprender. Este texto dice literalmente: «Yo te ruego que le des a tu siervo discernimiento».

¡Qué petición! Un corazón que tenga discernimiento. Aunque tengamos un espíritu humilde y un alma hambrienta, seguimos necesitando aprender a escuchar. Nos debemos mantener sensibles ante lo que Dios nos pueda decir por medio de su Palabra y de los suyos, cuando estos nos presenten los principios de la sabiduría divina.

Una vez más acudimos al libro de Proverbios para aprender la virtud de escuchar bien:

- «Escuche esto el sabio, y aumente su saber; reciba dirección el entendido, para discernir el proverbio y la parábola, los dichos de los sabios y sus enigmas» (Proverbios 1.5, 6).
- «Escucha el consejo y acepta la corrección, y llegarás a ser sabio (Proverbios 19.20).
- «Presta atención, escucha mis palabras; aplica tu corazón a mi conocimiento. Grato es retenerlas dentro de ti, y tenerlas todas a flor de labios» (Proverbios 22.17, 18).

Alrededor de nosotros hay mucho de la sabiduría de Dios, puesto a nuestro alcance procedente de los que han caminado con Dios antes que nosotros, pero es necesario que nos entrenemos para saber escucharle.

Es fácil encontrar cursos y seminarios que garantizan hacer de nosotros mejores oradores. Sin embargo, ¿dónde están los cursos diseñados para enseñarnos a escuchar mejor? A nuestros graduados les damos premios por ser buenos oradores, pero yo nunca he visto que se le dé un premio a alguien por saber escuchar de una manera excelente.

Dios tuvo una razón para darnos dos oídos y una sola boca. Sin embargo, en el caso de la mayoría de nosotros, la boca trabaja en gran exceso, mientras que los oídos se hallan en un estado de semijubilación. Un hombre lo explicaba de esta manera: «El hombre sabio habla porque tiene algo que decir. Y los tontos hablan porque tienen que decir algo».

Charles Bridges nos recuerda esto: «Reunimos los conocimientos cuando escuchamos; los gastamos cuando enseñamos; pero si los gastamos antes de reunirlos, pronto estaremos en la bancarrota».[13]

UNA MENTE QUE PRESTA ATENCIÓN

El espíritu humilde dice: «Necesito a Dios». El espíritu hambriento dice: «Deseo a Dios». Y, por último, la mente que presta atención dice: «Voy a obedecer a Dios».

Es importante que sepamos que lo necesitamos. Es imprescindible que tratemos de alcanzarlo. Es crucial escuchar lo que Él nos quiere decir. Pero todo esto carece de significado a menos que nos decidamos a hacer lo que él nos dice.

Moisés confirmó la validez del principio de actuar sobre lo que Dios nos dice en la última ocasión en que se dirigió a los israelitas que había estado guiando durante cuarenta años:

> «Miren, yo les he enseñado los preceptos y las normas que me ordenó el Señor mi Dios, para que ustedes los pongan en práctica en la tierra de la que ahora van a tomar posesión. Obedézcanlos y pónganlos en práctica; así demostrarán su sabiduría e inteligencia ante las naciones. Ellas oirán todos estos preceptos, y dirán: "En

verdad, este es un pueblo sabio e inteligente; ¡esta es una gran nación!"» (Deuteronomio 4.5, 6).

No somos sabios porque tengamos la Palabra de Dios. No somos sabios tampoco porque deseemos la Palabra de Dios. Tampoco somos sabios siquiera porque leamos la Palabra de Dios. Solo somos sabios cuando guardamos y obedecemos la Palabra de Dios.

Hace varios años, me invitaron a predicar en una iglesia de Virginia Occidental. Un miembro de esa congregación me llevó en un recorrido por una mina de carbón. Antes que nos bajaran por el pozo de la mina, me dio una lámpara de carburo de las que usan los mineros en la cabeza.

Cuando estábamos en las profundidades de la mina, le señaló al centro de control en la superficie para que apagara todas las luces del pozo. Yo nunca había visto una oscuridad semejante en toda mi vida. La única fuente de luz era la pequeña lámpara que llevaba sobre la cabeza, y que emitía un corto rayo que no iluminaba uno o dos pasos más allá frente a mí. Recuerdo que al principio sentí miedo de moverme. No podía ver nada por ambos lados y veía muy poco por delante de mí.

Sin embargo, pronto hice un importante descubrimiento. Tan pronto como caminaba hacia lo que veía iluminado, la luz proyectaba un paso más hacia las tinieblas. Mientras yo me siguiera moviendo hacia delante, la luz también se movía conmigo, lo cual significaba que siempre había suficiente luz en mi camino para impedir que tropezara y garantizar que siguiera adelante.

Aquella pequeña lámpara que llevaba sobre la cabeza era el casco de mi salvación. Me mostraba lo que yo necesitaba ver para moverme hacia delante en medio de las tinieblas. Y a medida que yo avanzaba, llevaba aquella luz conmigo.

LLÉNATE DE LA SABIDURÍA DE DIOS

Hace muchos años, oficié en la ceremonia nupcial de Bill y Rhonda, dos de los jóvenes más notables que he conocido. Ambos formaban parte del personal de los Navigators en la Universidad de Indiana, en Bloomington, Indiana. Su boda se convirtió en un culto de iglesia. Ambos dieron dinámicos testimonios sobre su relación con el Señor y la forma en que Él guiaba sus vidas. Hasta el día de hoy, cada vez que oficio en una boda me acuerdo de la boda de ellos.

Unos dos años después de su boda, recibí una llamada de Bill para decirme que les acababan de informar que Rhonda tenía una leucemia avanzada. ¡Qué conmoción! Oramos juntos por teléfono, y pocos días más tarde nos reunimos para comentar el amenazante pronóstico médico.

Por un breve tiempo, Rhonda entró en remisión. Sin embargo, al cabo de unos pocos meses, su estado se volvió a deteriorar. Por último, fue admitida al Centro Médico de la Universidad de Indiana, en Indianápolis.

Nunca olvidaré la tarde en que volé hasta Indianápolis para visitarla. Tenía el corazón cargado cuando entré en su cuarto. Sin embargo, cuando salí del hospital salí con la clara impresión de que aquel día me habían ministrado a mí. Rhonda se pasó la mayor parte del tiempo que la visité diciéndome lo que Dios le había estado enseñando a ella por medio de su Palabra, así como algunos de los versículos que ella y Bill habían aprendido juntos de memoria.

Pocos días después de mi visita, Rhonda se fue al hogar para estar con el Señor. En la hora anterior a su fallecimiento, recitó muchos de los pasajes de la Palabra de Dios con los cuales había llenado su vida. Según la enfermera que estaba con ella cuando expiró, «Se fue con Dios al hogar en medio de un versículo».

¡Qué manera de morir… pero mejor aún, qué manera de vivir! «Conocer plenamente su voluntad con toda sabiduría y comprensión espiritual» (Colosenses 1.9).

La sabiduría nos guía para que superemos los sucesos de nuestra vida que nos crean confusión; todos ellos. Consiste en actuar con habilidad en lo que nos es conocido y confiar en Dios en cuanto a lo que nos es desconocido. Cuando actuamos así, nos vamos moviendo hacia adelante continuamente a la luz de su sabiduría, y vivimos como Vencedores.[14]

> *El principio de la sabiduría es el temor del Señor; buen juicio demuestran quienes cumplen sus preceptos.*
>
> — *Salmos 111.10*

CAPÍTULO 8

VENCE LAS TENTACIONES CON LAS ESCRITURAS

Al Covino, árbitro de baloncesto, estaba arbitrando en un juego por el campeonato de una liga de escuelas secundarias en New Rochelle, Nueva York. El equipo local era el New Rochelle, cuyo entrenador era Dan O'Brien, y el equipo visitante era el Yonkers. El juego estaba muy tenso y movido. Cuando el reloj marcó que solo faltaban treinta segundos, el Yonkers iba ganando por un punto.

El Yonkers trató de encestar y no lo logró. El New Rochelle se apoderó de la bola y la fue pasando hacia el otro extremo de la cancha. El rugido de la multitud era ensordecedor cuando el jugador del New Rochelle lanzó la bola a la canasta. La bola rodó de manera prometedora por el aro y cayó. Un compañero del equipo la recuperó y la volvió a lanzar para obtener una victoria que se hizo evidente. Los fanáticos del lugar se volvieron locos.

El árbitro Covino miró al reloj y vio que el tiempo de juego se había acabado. Pero no pudo confirmar la canasta final del New Rochelle porque el ruido de los fanáticos le había impedido escuchar el timbre.

Consultó al otro oficial, pero este tampoco lo había podido escuchar. Covino se acercó al cronometrador, un muchacho de diecisiete años que levantó la mirada hacia él con el rostro triste y alargado y le dijo: «Señor Covino, el cronómetro sonó cuando la bola se salió del aro... antes que se encestara por última vez».

Covino no tuvo más remedio que decirle al entrenador O'Brien que había perdido el juego por el campeonato. El entrenador se quedó alicaído. Se le nubló el rostro y dejó caer la cabeza. En aquel momento, el jovencito cronometrador llegó hasta él y le dijo: «Lo siento, papá, pero le tuve que decir al señor Corvino que el tiempo se había acabado antes de entrar la última canasta».

O'Brien levantó el rostro para mirar a su hijo. Se le iluminó el rostro como si hubiera acabado de salir el sol. «Está bien, hijo», le dijo. «Tú hiciste lo que tenías que hacer. Me siento orgulloso de ti».

El entrenador se volvió hacia Covino y le dijo con orgullo: «Al, quiero que conozcas a mi hijo Joe». Cuando los dos salieron de la cancha, el padre iba erguido, rodeando con el brazo los hombros de su hijo.[1]

¿Te puedes imaginar la tentación con la que tuvo que luchar ese muchacho? Se trataba del juego de su propia escuela por el campeonato. Él era el hijo del entrenador. Solo él sabía que el timbre había sonado antes de la última canasta. Tenía en sus manos la clave para la culminación de toda una temporada de éxitos por parte de su equipo. Le habría sido muy fácil ceder ante la tentación de decir que el timbre había sonado después del último lanzamiento, y no antes. Nadie habría sabido la diferencia.

También había otra tentación posible: la del entrenador, de ganar a toda costa. O'Brien muy bien habría podido decir: «¡Hijo, cómo es posible que tú me hagas esto a mí! ¡A tu equipo! ¡A tu escuela! De veras que nos has decepcionado a todos».

En cambio, ni el padre ni el hijo cedieron ante esas tentaciones, y yo creo que sé el porqué. Se hace evidente en el orgullo que sintió el padre ante la integridad de su hijo. A ese muchacho se le había enseñado a actuar con corrección. A causa de eso, ellos habrán perdido el juego ese día, pero alcanzaron una victoria mucho mayor.

EL ATRACTIVO DE LAS TENTACIONES

Las tentaciones. El atractivo del señuelo, el impulso hacia el placer, la seducción de la voluntad, la provocación a abandonar lo que sabemos correcto para darnos gusto en el acto del momento que parece satisfacer de forma inmediata. Desde aquel fatídico día en el Edén, las tentaciones han sido el factor primario que ha alejado de Dios a hombres y mujeres.

Las tentaciones afectan a todos. No importa quién seas, lo fuerte que seas, lo conocedor que seas, lo mucho que te hayas sumergido en la Biblia ni lo comprometido que te sientas a ser una persona íntegra.

Para ser Vencedores, tenemos que estar continuamente en guardia.

Creo que el pecado nunca ha sido tan accesible como en la actualidad, y la maldad nunca ha sido tan fácil de ejercitar. Nuestras tecnologías, unidas a las tendencias pecaminosas de nuestra naturaleza caída e intensificadas por Satanás, han escrito la palabra Tentación con una «T» mayúscula. Y nuestra pérdida de un rumbo claro para la moralidad y el dominio de nosotros mismos, todo lo que ha hecho ha sido empeorar la situación.

No son solo las tentaciones más temidas las que nos asaltan, porque la tensión diaria con la que se vive hoy crea unas oportunidades constantes para que nos rindamos a la impaciencia, la irritabilidad, la ansiedad, la ordinariez y la crudeza al hablar. Con frecuencia, el pecado grande es precedido por una falta de dominio propio en las situaciones pequeñas. Si decides no controlar tu impaciencia, ¿cómo vas a controlar tus apetitos, tu ira o tu codicia?

Alguien comparó las tentaciones con las serpientes de cascabel, ambas cosas mortales de las cuales tenemos que alejarnos de inmediato apenas las vemos o las oímos. ¡Oh, cómo quisiera que las tentaciones fueran como las serpientes de cascabel! ¡Es fácil rehuir, evitar algo tan amenazante y horrible!

Sin embargo, todos sabemos que las tentaciones no son así. Son más parecidas a un pedazo de pastel de chocolate, a un billete de cien dólares, a una mujer hermosa o un hombre gallardo, a un par de dados, a una oficina en un lugar destacado, a un auto Lexus nuevo, o a una oportunidad para ver las respuestas del examen. Las tentaciones son atractivas; de lo contrario, no serían tentadoras. Y son peligrosas, precisamente *porque* son atractivas.

La Cueva de Villa Luz se encuentra en el sur de México. Esta cueva es un hermoso paraíso; contiene un exuberante bosque lleno de coloridos peces tropicales, espectaculares formaciones rocosas e idílicas lagunas. Veinte manantiales subterráneos alimentan esta cueva, creando hermosos arroyuelos llenos de peces. El ambiente es tentador. Sin embargo, si entras a la cueva, pronto estarás muerto. Está llena de gases venenosos.[2]

Esa es la naturaleza de las tentaciones. Se presentan como cosas hermosas y apetecibles. Sin embargo, debajo de esa máscara son peligrosas y mortales.

¡NO CAMINES; CORRE!

Sin duda, la mejor manera de evitar las tentaciones es mantenerse alejado de ellas. Un hombre llegó de emergencia a su médico y le dijo: «Doctor, me acabo de romper el brazo en dos lugares». El médico le contestó: «Bueno, entonces mantente alejado de esos lugares».

Nos reímos, pero aquí hay una verdad. Solo porque nos parece obvio que debemos evitar las tentaciones, eso no significa que vayamos a convertir en un hábito el mantenernos alejados de ellas. Tenemos que tomar la decisión de evitar las tentaciones, y después convertir en realidad esa decisión por medio de nuestra voluntad. Cuando conocemos nuestras debilidades y las cosas que nos tientan, permanecer alejados de esos lugares y situaciones es exactamente lo que debemos hacer, y con todo rigor.

La precaución y el cuidado de guardarnos de aquello que nos atrae son esenciales. Sin embargo, a pesar de todo nuestro cuidado y nuestras precauciones, todos somos tentados en algún momento. Es parte de la vida. Solo recuerda que la tentación en sí misma no es pecado. ¡Pecado es ceder ante la tentación!

J. Wilbur Chapman explica la diferencia, diciendo que la tentación es… «como el tentador que mira por la cerradura al interior del cuarto en el que tú estás viviendo. El pecado es como si tú abrieras la puerta y le permitieras a él que entrara».[3]

Mientras tengas vida, vas a ser tentado. Ahora bien, cualquiera que sea la tentación por la que estés pasando, estás en buena compañía. A tu alrededor hay alguien ahora mismo que está batallando con las mismas presiones que tú sientes, y es probable que piense que él es el único que se tiene que enfrentar con esa tentación en particular. Y, sin embargo, las cosas no son así.

«Ustedes no han sufrido ninguna tentación que no sea común al género humano. Pero Dios es fiel, y no permitirá que ustedes sean tentados más allá de lo que puedan aguantar. Más bien, cuando llegue la tentación, él les dará también una salida a fin de que puedan resistir» (1 Corintios 10.13).

Jesús mismo fue tentado. Hebreos 4.15 dice: «Porque no tenemos un sumo sacerdote incapaz de compadecerse de nuestras debilidades, sino uno que ha sido tentado en todo de la misma manera que nosotros, aunque sin pecado».

Recuerda que las tentaciones nunca proceden de Dios: «Que nadie, al ser tentado, diga: "Es Dios quien me tienta". Porque Dios no puede ser tentado por el mal, ni tampoco tienta él a nadie» (Santiago 1.13).

Es el diablo quien nos tienta para que hagamos el mal; esa es la razón de que se le llame «el tentador» en Mateo 4.3 y 1 Tesalonicenses 3.5. Si hace mucho tiempo que eres cristiano, el tentador para ti no es ningún extraño. Él ruge como león, buscando a quién devorar, y estoy seguro de que ha estado cerca de ti más de una vez. Sin embargo, aunque debes mantener tu distancia y estar alerta ante las tentaciones del diablo, no necesitas tenerles un miedo desorbitado.

Nuestro Dios es fiel, y no permitirá que seamos tentados más allá de lo que podamos soportar. Él nos prueba permitiendo que seamos tentados, pero nunca nos tienta Él mismo. Cuando permite que lleguen las tentaciones a nuestra vida, promete limitar la clase de pruebas por las que pasemos y también su intensidad. Dios conoce nuestras limitaciones, y permitirá la presión de las tentaciones de acuerdo con ellas.

Warren Weirsbe escribe:

> Jesús no fue tentado para que el Padre pudiera saber nada acerca de su Hijo, porque Jesús ya había recibido la aprobación divina de parte del Padre. Jesús fue tentado para que todas las criaturas del cielo, de la tierra o de debajo de la tierra supieran que Jesucristo es el Vencedor. Él puso al descubierto a Satanás y a sus tácticas, y lo derrotó. Gracias a su victoria, nosotros también podemos obtener la victoria sobre el tentador.[4]

Esta fue una realidad clave expresada por el autor de Hebreos: «Por haber sufrido él mismo [Jesús] la tentación, puede socorrer a los que son tentados» (Hebreos 2.18).

VENCER LA TENTACIÓN

Tal como les dijo Pablo a los corintios, cuando nosotros estamos pasando por una tentación, Dios siempre nos facilita una vía de escape;

una salida. La palabra «salida» traduce aquí una palabra griega que se refiere a un pasaje por el cual se puede salir de un desfiladero. Si vamos a parar a una quebrada y no podemos ver salida alguna, al principio es posible que pensemos que estamos atrapados. Sin embargo, si buscamos bien, por lo general encontraremos algún sendero en algún lugar; un camino de salida.

Nuestra mejor ruta de escape la hallaremos si nos mantenemos deliberadamente cerca de Cristo. Él resistió ante las tentaciones. Él conoce la salida del desfiladero.[5]

A los Vencedores se nos ha advertido que estamos en una batalla espiritual que exige un equipo especial. Y la exploración de Efesios 6 que hemos hecho ha revelado la forma tan maravillosa en que Dios nos ha protegido, al darnos el equipo exacto que necesitamos para pelear esta batalla.

Hemos sido bien provistos con el cinturón de la verdad. Estamos protegidos por la coraza de justicia. Nuestros pies están calzados con la disposición de proclamar el evangelio de la paz. Hemos tomado el escudo de la fe, con el cual podemos apagar todas las flechas encendidas del maligno. Nos hemos puesto el casco de la salvación, la sabiduría de Dios para todas las situaciones.

Todas estas piezas de la armadura tienen un aspecto en común: han sido diseñadas para la defensa. Su razón de ser consiste en protegernos de los ataques del maligno.

En este capítulo descubrimos que el Señor también nos ha dado un arma ofensiva. Es «la espada del Espíritu, que es la palabra de Dios» (Efesios 6.17).

John MacArthur nos dice:

La palabra griega traducida como «espada» se refiere a una daga, la cual podía tener entre quince y cuarenta y cinco centímetros de largo. El soldado la llevaba en una vaina o funda a un costado y la usaba en el combate cuerpo a cuerpo. La espada del Espíritu no es una espada ancha que se balancea o se agita alrededor de uno en la esperanza de causar daño. Es incisiva; es necesario que golpee un lugar vulnerable para que actúe con eficacia.[6]

En el resto de este capítulo analizaremos y explicaremos la espada del Espíritu, centrándonos en tres temas significativos que revelan plenamente su significado y su razón de ser. En primer lugar, explicaré lo que es realmente esta espada y cómo funciona. Después, te revelaré el ejemplo de Uno que blandió esta espada con magistral precisión. Y por último, exploraré las formas en que tú y yo nos podemos beneficiar de «la espada del Espíritu, que es la palabra de Dios».

Comencemos con...

LA EXPLICACIÓN

«Tomen [...] la espada del Espíritu, que es la palabra de Dios» (Efesios 6.17).

Este pasaje no deja lugar a dudas en cuanto a lo que significa la metáfora de la espada para el cristiano. El apóstol Pablo nos dice llanamente que la espada del Espíritu es la Palabra de Dios. Ahora bien, en griego existen dos términos que se suelen traducir al español como «palabra». El primero es *logos*, el más frecuente de los dos. Este es usado para describir la revelación total de Dios que encontramos en la Biblia. Es un término que lo abarca todo, por lo que se refiere a la Biblia en su totalidad; lo que solemos llamar la Palabra de Dios. La Biblia en su totalidad es el *logos* de Dios, como vemos en este texto: «Acuérdense de sus dirigentes, que les comunicaron la palabra [*logos*] de Dios» (Hebreos 13.7).

Sin embargo, no es *logos* la palabra que hallamos en Efesios 6.17.

El término griego traducido como «palabra» en Efesios 6.17 es *rhema*. El *rhema* de Dios es «lo que dice Dios». Es decir, que podríamos traducir Efesios 6.17 de esta manera: «Tomen [...] la espada del Espíritu, que es lo que dice Dios».

La diferencia entre el *logos* de Dios y el *rhema* de Dios es crítica para que comprendamos esta arma de carácter ofensivo. El *logos* tiene que ver con toda la revelación de lo que Dios ha dicho en la Biblia. En cambio, el *rhema* se refiere a algo específico dicho por Dios; un pasaje o versículo sacado del conjunto total que tiene una aplicación especial a una situación inmediata.

¿Recuerdas los «entrenamientos de espadas» que solían usar muchas iglesias para entrenar a los jóvenes de sus grupos? El maestro gritaba de repente: «¡Saquen sus espadas!», como si fuera un sargento del ejército, o tal vez más bien como un centurión romano. Entonces citaba un versículo de la Biblia, y los jóvenes se apresuraban a hallarlo en sus Biblias, sus «espadas». No se permitía el uso de Biblias con índice, lo cual quería decir que, para ganar, había que familiarizarse bastante bien con el contenido del libro.

En aquellos años yo pensaba que toda la Biblia era una espada. Sin embargo, la Biblia no es la espada; la Biblia es el arsenal repleto de espadas, lleno de los dichos de Dios.

Por favor, presta atención a lo que te estoy diciendo. No estoy indicando que la Biblia *se vuelva* la Palabra de Dios cuando nosotros la usemos de cierta manera. Hay teólogos que enseñan que la Biblia solo es una obra literaria... que cuando uno está pasando por una crisis mientras lee ese libro, en ese momento el libro se convierte en *tu* Palabra de Dios. Tú la has convertido en Palabra de Dios en tu propia mente, gracias a tu interacción con ella. Como el árbol proverbial que se cae en la selva y que no hace sonido alguno a menos que estés tú presente para oírlo, para muchos la Biblia no tiene más significado especial que aquel que nosotros le damos. O bien, es algo así como el significado psicológico de las manchas de Rorschach: tienen el significado que tu mente les atribuya.

Eso es herejía, y ciertamente, no es lo que yo estoy enseñando.

La Biblia es la Palabra de Dios, tanto si nosotros la leemos, como si no. Es la Palabra de Dios, tanto si significa algo para nosotros, como si no. Es la Palabra de Dios, tanto si alguna vez sentimos algo especial cuando la leemos, como si no; tanto si llegamos incluso a comprender lo que estamos leyendo, como si no. Ese libro es la Palabra de Dios. ¡Nada puede cambiar eso!

Ahora bien, en este vasto arsenal que es la Palabra de Dios, nosotros hallamos las palabras específicas de Dios que son las espadas que Él nos da para que las usemos en la guerra espiritual.

Ray Stedman tiene unas útiles palabras acerca de la forma en que la espada del Espíritu obra en nuestra vida. Esto es lo que escribe:

> A veces, cuando estamos leyendo un pasaje de las Escrituras, nos parece que de repente, las palabras cobran vida; adquieren carne y hueso, y saltan desde la página hasta nosotros, o les sale unos ojos que nos siguen dondequiera que vayamos, o desarrollan una voz que retumba en nuestros oídos hasta que no nos podemos deshacer de ellas. Este es el *rhema* de Dios, los dichos de Dios que dan en el blanco como flechas que llegan hasta el corazón. Esta es la espada del Espíritu, que es la palabra de Dios.[7]

El que usa la espada del Espíritu mejor que ningún otro es el mismo que la diseñó: el Señor Jesucristo. Veamos la forma en que Jesús usó las Escrituras para vencer las tentaciones.

EL EJEMPLO

Cuando el diablo tentó a Cristo en el desierto, él blandió la espada del Espíritu con la destreza y la precisión de un guerrero invencible. El uso que Él hizo de la espada nos da el mejor ejemplo de todas las Escrituras en cuanto a la forma en que se debe usar esta arma tan poderosa.

Para apreciar con plenitud las circunstancias y la eficacia de Cristo en el manejo de la espada, primero debemos comprender la naturaleza de sus tentaciones. Comenzamos con Mateo 3 y el relato de su bautismo. Cuando Jesús salió del agua después que lo bautizó Juan, desde el cielo Dios proclamó la validez de su condición mesiánica proclamando: «Este es mi Hijo amado; estoy muy complacido con él» (Mateo 3.17).

A lo que sucedió después, algunas veces se le ha dado el nombre de Síndrome del Matterhorn. En Suiza hay un cementerio situado a la base del monte Matterhorn, ocupado en su mayoría por los cuerpos de los montañistas que murieron subiendo este monte de los Alpes que tiene cerca de 2.700 metros de altura. Y por raro que nos parezca, la mayor parte de los que están enterrados allí perdieron la vida cuando descendían de la montaña… no cuando la escalaban. Una vez alcanzada su meta de llegar a la cima, bajaron la guardia y descendieron descuidadamente. Esto es fatal.

Satanás decidió con toda mala intención tentar a Jesús después que este había experimentado uno de sus mayores momentos aquí en la tierra; lo que podríamos llamar una experiencia de montaña. Era el momento para tener cuidado con el Síndrome del Matterhorn.

En Mateo 4.1-11 leemos que el Espíritu llevó a Jesús al desierto, donde Satanás lo tentó con respecto al centro mismo de las palabras dichas por el Padre. Cerca del día cuarenta de su ayuno en ese desierto, se le acercó con tres tentaciones distintas. Estas tres tentaciones abarcan la estrategia del enemigo contra la humanidad desde el principio de los tiempos. Son «los malos deseos del cuerpo, la codicia de los ojos y la arrogancia de la vida» (1 Juan 2.16).

Fue la misma estrategia usada por Satanás en el huerto del Edén. Le dijo a Eva que aquella fruta era buena para comer (los malos deseos del cuerpo), agradable a los ojos (la codicia de los ojos) y capaz de hacer sabio al que la comiera (la arrogancia de la vida). Veamos de qué manera empleó Satanás estas mismas tentaciones contra Jesús en el desierto… y cómo Jesús las venció.

LOS MALOS DESEOS DEL CUERPO

Mateo 4.1-3: «Luego el Espíritu llevó a Jesús al desierto para que el diablo lo sometiera a tentación. Después de ayunar cuarenta días y cuarenta noches, tuvo hambre. El tentador se le acercó y le propuso: «Si eres el Hijo de Dios, ordena a estas piedras que se conviertan en pan».

En esta primera tentación, Satanás le dice a Jesús: «¿Por qué no satisfaces tu hambre haciendo un sencillo milagrito? Si realmente eres el Hijo de Dios, ¿qué daño vas a hacer si conviertes esta piedrecita en una hogaza de pan?».

Satanás estaba tentando a Jesucristo para que usara su poder divino en la satisfacción de sus necesidades humanas. Estaba tratando de lograr que Jesús actuara con independencia del Padre; que contradijera la palabra del Padre. El teólogo escocés George MacDonald hace notar al respecto: «El Padre había dicho: "Eso es una piedra". ¿Diría ahora el Hijo: "Eso es una hogaza de pan"?».[8] Satanás estaba jugando con el hambre humana de Jesús, tratando de hacer que se apartara de la voluntad de su Padre y realizara un milagro para sí mismo.

Para vencer el impulso de esta primera tentación, Jesús metió la mano en su arsenal y sacó de él una espada: «Jesús le respondió: "Escrito está: 'No solo de pan vive el hombre, sino de toda palabra que sale de la boca de Dios'"». (Mateo 4.4)

Para vencer a Satanás, Jesús citó Deuteronomio 8.3. La palabra clave aquí es *solo*. El ser humano no debe vivir *solo* de pan. Jesús le estaba recordando a Satanás que alimentarse con la Palabra de Dios y obedecerla es más importante que comer y alimentarse con la comida física.

Así le estaba diciendo abiertamente: «Escucha, Satanás: es Dios el que mantiene vivas a las personas, no el pan. Él es quien conoce las necesidades de los suyos, y las satisface. Así como le dio a Israel el maná en el desierto del Sinaí, también cuidará de mí ahora en este otro desierto. Pero Él lo hace dándome algo que es más que pan; se me da a sí mismo por medio de todos sus actos, de todas sus palabras. Y esa es toda la alimentación que yo necesito».

LA CODICIA DE LOS OJOS

Mateo 4.5, 6 continúa con la historia: «Luego el diablo lo llevó a la ciudad santa e hizo que se pusiera de pie sobre la parte más alta del templo, y le dijo: —Si eres el Hijo de Dios, tírate abajo. Porque escrito está: "Ordenará que sus ángeles te sostengan en sus manos, para que no tropieces con piedra alguna"».

La segunda tentación tuvo lugar a unos 140 metros por encima del valle de Cedrón, por encima del nivel que tenía el piso del templo. Jesús estaba de pie sobre el pináculo, la parte más elevada del templo, con Satanás. Josefo, el historiador judío, dice que este lugar en específico era tan alto, que las personas se mareaban con solo mirar hacia abajo.

Las menciones del templo y de la ciudad santa son muy importantes en esta tentación. Según la tradición rabínica, la venida del Mesías estaría marcada por su aparición en el techo del templo. Si Jesús hubiera saltado del pináculo del templo y llegado hasta el suelo del templo sin herirse, ciertamente la mayoría del pueblo judío lo habría identificado como el Mesías.[9]

Satanás le estaba diciendo: «Si no quieres hacer un milagro tú mismo, deja entonces que sea Dios quien haga un milagro a tu favor. Salta al vacío y deja que Dios te recoja y te proteja en tu camino hacia el suelo. Eso les va a demostrar a todos que tú eres el Mesías».

En la primera tentación, Satanás estaba tratando de hacer que Cristo desconfiara de su Padre; que actuara de manera *independiente* e hiciera su propio pan. En la segunda tentación, estaba tratando de lograr que Cristo actuara con *atrevimiento* y saltara del templo para que su Padre se viera forzado a intervenir y hacer que llegara al suelo sin un rasguño, a fin de proteger su plan de redención.

El diablo quería que Cristo se hiciera famoso como obrador de milagros; que diera un espectáculo. Sin embargo, el Señor tenía lista la espada perfecta. Le dijo: «También está escrito: "No pongas a prueba al Señor tu Dios"» (Mateo 4.7). Aquí Jesús venció la tentación que le puso Satanás citando Deuteronomio 6.16.

Si tienes tendencia a ser presuntuoso con Dios, a exigirle cosas que Él no te ha prometido, recuerda que «es absolutamente correcto creer en los milagros, pero absolutamente incorrecto fijarles fecha».

¿Te diste cuenta de que cuando Satanás tentó a Jesús por segunda vez, él también citó la Biblia? Esto fue lo que le dijo: «Porque escrito está: "Ordenará que sus ángeles te sostengan en sus manos, para que no tropieces con piedra alguna» (Mateo 4.6). Aquí estaba citando Salmos 91.11, 12.

Satanás conoce las palabras de Dios, y no deja de usarlas para su propia ventaja. Usa las Escrituras para llevarnos a desconfiar de Dios, o para confundirnos usándolas de manera selectiva, como trató de hacer con Cristo en esta tentación. Sí, tal como dice el salmo, Dios les encomendará a sus ángeles que cuiden de nosotros. Él nos va a sostener. Pero la parte de las Escrituras que Satanás decidió pasar por alto fue la misma que Jesús le lanzó a él de vuelta: «No pongas a prueba al Señor tu Dios» (Deuteronomio 6.16). Los engaños de Satanás son astutos, y él conoce las Escrituras.

El mal uso selectivo de las Escrituras me recuerda la historia de un hombre que se proclamaba cristiano y se vio envuelto en una amarga contienda con un vecino. Él se quería librar de aquel hombre, pero se consideraba demasiado devoto para hacerlo abiertamente. Por eso, decidió usar las Escrituras. Esto fue lo que le escribió a su enemigo: «La Biblia dice que Judas "fue y se ahorcó" (Mateo 27.5). También dice: "Anda entonces y haz tú lo mismo" (Lucas 10.37). Y, por último, leemos: "Lo que vas a hacer, hazlo pronto" (Juan 13.27)».

Yo he oído decir que basta torcer las Escrituras lo suficiente para probar con ellas lo que queramos. Esa es una de las tácticas favoritas de Satanás.

LA ARROGANCIA DE LA VIDA

Mateo 4.8, 9: «De nuevo lo tentó el diablo, llevándolo a una montaña muy alta, y le mostró todos los reinos del mundo y su esplendor. "Todo esto te daré si te postras y me adoras"».

El diablo es el príncipe de este mundo (Juan 14.30). Usurpó ese título cuando Adán y Eva cayeron en el Edén. Al enfrentarse a Jesús en el desierto, le ofreció ponerle en las manos el mundo entero para que lo gobernara como reino suyo. La única condición era que Jesús lo tendría que reconocer a él como amo suyo. En otras palabras, tentó a Jesús en las ambiciones personales... en el orgullo.

Jesús vino a este mundo con el propósito mismo de establecer un reino mundial. Sin embargo, en medio de la senda que lo llevaba a alcanzar aquella meta se erguía la cruz, oscura y amenazante. Por eso el diablo le ofreció un atajo en el cual no tendría que pasar por la cruz: «¿Por qué no tomas este reino temporal y físico que yo te ofrezco, en lugar del reino que tú viniste a establecer? ¿Por qué no evitas la cruz y te apoderas de tu reino por la fuerza? Yo te puedo ayudar a lograrlo. Tal vez no sea lo que tenías en la mente antes, pero te va a llevar al mismo lugar. Por supuesto, el fin justifica los medios».

Así podemos ver por qué esta tercera tentación habría podido ser más atractiva para Jesús que las anteriores: ¡porque el diablo le estaba ofreciendo una manera de gobernar al mundo sin pasar por la agonía de la cruz!

Una vez más, Jesús metió la mano en la funda donde guardaba sus espadas y sacó de ella el *rhema* de Dios: «¡Vete, Satanás! —le dijo Jesús—. Porque escrito está: "Adora al Señor tu Dios y sírvele solamente a él"» (Mateo 4.10). El Señor contestó a la tercera tentación dándole a Satanás la orden de que lo dejara y rechazando fuertemente su ofrecimiento por medio de una cita tomada de Deuteronomio 6.13.

Notemos ahora la declaración final dentro de toda la secuencia de las tentaciones, tal como aparece en Mateo 4.11: «Entonces el diablo lo dejó, y unos ángeles acudieron a servirle».

A Jesús le sucedió lo mismo que dice Santiago que nos sucederá a nosotros: «Resistan al diablo, y él huirá de ustedes» (Santiago 4.7).

LA EJECUCIÓN

Tú tienes el mismo acceso a las mismas Escrituras que tuvo Jesús. A continuación te presento tres formas de usar la Palabra de Dios para vencer a las tentaciones.

MANTENTE EN LA LÍNEA DE FUEGO

Es peligroso asistir a la iglesia si tu pastor predica la Biblia. Es como si estuviera de pie allí en el púlpito, lanzando espadas en todas las direcciones. Algunas de esas espadas te van a golpear allí donde estás; se van a convertir en el *rhema* de Dios para tu corazón.

A lo largo de mis años de predicación, muchas veces se me han presentado personas después de un culto para decirme de qué manera Dios ha tocado su vida por medio de mi sermón. Sin embargo, con frecuencia lo que ellos me dicen no tiene absolutamente nada que ver con el plan o el propósito que había tenido yo con mi mensaje. Me he rascado la cabeza al contemplar este fenómeno en un buen número de ocasiones. Por último, he llegado a darme cuenta de que «lo que dice Dios» puede consistir en unos versículos o frases incidentales de los cuales yo estoy muy poco consciente, pero que Dios los usa para transformar el corazón de una persona.

Hay personas que se han hecho cristianas escuchando un mensaje sobre la mayordomía. Hace poco, una señora se hizo cristiana en nuestra iglesia gracias a un mensaje de Navidad sobre la genealogía de Jesucristo. ¿Quién se lo hubiera imaginado?

Lo que te estoy diciendo ahora es que la declaración de una frase o una palabra de las Escrituras tiene un poder del cual nosotros no nos damos cuenta. ¡Nunca subestimes el potencial que tiene una sola espada!

No nos hace falta estar en la iglesia para que nos hiera una espada, porque hay muchas maneras de escuchar la Palabra de Dios por medio de los aparatos electrónicos. Yo hice un poco de tarea sobre esto como preparación para este libro:

- El capítulo más largo de la Biblia es el salmo 119. Se pueden escuchar sus 176 versículos en dieciséis minutos y medio.
- Se puede escuchar la epístola a los Hebreos en unos cuarenta y cinco minutos, y la epístola a los Romanos en alrededor de una hora.
- Se pueden escuchar los cinco primeros libros de la Biblia (desde el Génesis hasta el Deuteronomio) en cerca de doce horas.
- Se puede escuchar toda la Biblia en setenta y cinco horas.

Pablo le hizo la siguiente indicación a su joven amigo Timoteo: «En tanto que llego, dedícate a la lectura pública de las Escrituras, y a enseñar y animar a los hermanos» (1 Timoteo 4.13). El acceso a las Escrituras es tan fácil en la actualidad, que tenemos muy pocas excusas para no llevarlas a nuestro corazón.

BUSCA EN CADA CENTÍMETRO CUADRADO DE TU ARMERÍA

¿Te diste cuenta de dónde encontró el Señor las tres espadas que utilizó en su encuentro con Satanás? Todas y cada una de ellas proceden del Deuteronomio.

El Deuteronomio es uno de los libros más atacados del Antiguo Testamento, después de Daniel e Isaías. Los expertos modernos han atacado lo que se dice en cuanto a quién escribió este libro, en cuanto a su posición dentro del canon bíblico, y en cuanto a la autenticidad de algunos de sus textos. Sin embargo, el hecho de que Cristo citara casi exclusivamente al Deuteronomio en su choque con Satanás es casi como si estuviera mirando al futuro, viera que se producirían estos ataques y dijera: «Me parece que voy a poner un pequeño sello de bendición sobre este libro, sacando mis espadas de ese cuarto de mi armería».

Hoy en día no se trata solo del Deuteronomio y algunos libros más de la Biblia, sino de la Biblia como un todo, la cual es atacada, puesta en tela de juicio y desechada por una cultura que está sucumbiendo con rapidez ante las rutilantes tentaciones de la modernidad. La revista *GQ* sacó recientemente un artículo titulado «Veintiún libros que no tienes que leer», en el cual se hacía una lista de los clásicos modernos e históricos que ellos consideran que ya carecen de valor para la cultura de hoy. La Biblia aparece en esa lista.[10]

Ahora bien, de la misma manera que Jesús reafirmó la autenticidad del Deuteronomio con sus citas, el Espíritu Santo reafirma la autenticidad de las Escrituras en su totalidad. Como Pablo escribió: «Toda la Escritura es inspirada por Dios y útil para enseñar, para reprender, para corregir y para instruir en la justicia» (2 Timoteo 3.16).

La Biblia es nuestra armería, y para podernos resistir ante las tentaciones, es necesario que desarrollemos habilidad y agudeza en el manejo de las armas que Dios nos proporciona.

REÚNE TUS ESPADAS

Cuando el Profesor Ken Berding era estudiante de la Universidad Multnomah, se sentía asombrado (junto con muchos otros) ante uno de sus profesores, el doctor John Mitchell, el fundador del colegio bíblico. Ya con más de noventa años, el doctor Mitchell aún les daba clases a los estudiantes del colegio. Aunque su longevidad era asombrosa, había algo más que hacía que sus estudiantes se maravillaran: la cantidad de textos de la Biblia que había aprendido de memoria. Durante sus clases, el doctor Mitchell apenas necesitaba consultar su Biblia; podía recitar los pasajes relevantes palabra por palabra. Berding calcula que el doctor Mitchell había memorizado todo el Nuevo Testamento y gran parte del Antiguo.

En una conversación con el doctor Mitchell, Berding le preguntó al profesor cómo se las había arreglado para aprender de memoria tantos textos de las Escrituras. Él recuerda aún esta parte del programa de memorización de Mitchell que era clave en él: antes de predicar o enseñar la Biblia, la leía en voz alta por lo menos cincuenta veces. A partir de entonces, la memorización de partes de ella se le hacía fácil. Berding recuerda la forma en que esta comprensión revolucionó su propia dedicación y estrategia en la memorización de la Palabra de Dios, que lo llevó a crear su propio plan de aprendizaje de memoria en cuatro pasos:

1. Escoge partes de las Escrituras que se puedan leer en voz alta en unos quince minutos.
2. Lee esa parte en voz alta una o dos veces al día hasta que la hayas leído, siempre en voz alta, unas cincuenta veces.
3. Solo entonces comienza a aprenderla de memoria.
4. Una vez que hayas memorizado el pasaje, cítalo de memoria por lo menos veinticinco veces. Además de esto, graba tu recitación en un aparato (por ejemplo, tu teléfono inteligente) para que la puedas poner y escuchar mientras vas manejando, estás haciendo ejercicios, u otras ocasiones.[11]

Has aprendido de memoria tu número de teléfono, tu dirección, tu número de la Seguridad Social, tu fecha de nacimiento y muchos otros detalles personales de información a base de repetirlos a lo largo de los años. La repetición de las Escrituras puede producir este mismo resultado.

Para insistir en lo importante que es aprender de memoria las Escrituras, visualiza la escena que acabamos de analizar anteriormente.

Satanás ha abordado a Jesús en el desierto, y le acaba de lanzar su primera tentación. Jesús, queriendo responderle con las Escrituras, le dice: «¿Te podrías esperar un minuto mientras yo busco en mi concordancia?».

Imaginarnos a Jesús respondiéndole de esa manera es absurdo, pero es casi tan extraño el que haya tantos cristianos que conozcan tan poco las Escrituras. La mayoría de las tentaciones que me asaltan no se producen en un momento en que voy caminando con mi Biblia en la mano. Eso significa que necesito almacenar esas espadas en mi mente, para que cuando llegue una tentación, yo las pueda utilizar en rechazar el ataque y derrotarlo.

Charles Swindoll escribe:

> Yo no conozco ninguna otra práctica en la vida cristiana que sea más provechosa hablando en sentido práctico, que la memorización de las Escrituras. Así es. No hay ninguna otra disciplina que sea más útil y provechosa que esta. ¡No hay ningún otro ejercicio que nos produzca dividendos mayores que este! *Tu vida de oración* será fortalecida. Tu *testimonio* será más claro y mucho más eficaz. Solicitarán tus *consejos*. Tus *actitudes* y tu *aspecto externo* comenzarán a cambiar. Tu *mente* se volverá alerta y vigilante. Tu *seguridad* y *firmeza* aumentarán. Tu *fe* se hará más sólida.[12]

Cuando aprendemos la Biblia de memoria, la volvemos portátil. Se convierte en accesible a nosotros de día y de noche. Cuando nosotros abrimos nuestra Biblia, Dios abre sus labios. Y cuando nosotros aprendemos de memoria lo que Él dice, es como si tuviéramos su voz grabada en la mente, lista para escucharla en un abrir y cerrar de ojos. Tener siempre listas las palabras de Dios es algo crítico para la vida cristiana, a causa de lo que le hacen a nuestra mente las tentaciones fuertes.

Resistirnos a Satanás con nuestras propias fuerzas puede ser un intento fútil. Él es demasiado fuerte para nosotros. No podemos vencer al diablo ni a sus tentaciones sin la presencia de Dios en nuestra vida.

Por esa razón es tan crítico, tan necesario, que tengamos las Escrituras almacenadas en la mente. Ellas son nuestras armas constantemente eficaces contra nuestro adversario.

Luis Carlos de Borbón, hijo del rey Luis XVI de Francia y de su esposa María Antonieta, era el heredero natural al trono de Francia. Nacido en 1785, Luis Carlos solo tenía cuatro años cuando estalló la Revolución Francesa en 1789 y su padre fue depuesto. La familia real fue sacada del palacio de Versalles y llevada a una prisión de París.

Cuando su padre y su madre perecieron en la guillotina, en el año 1793, Luis Carlos, de ocho años de edad, se convirtió oficialmente en el nuevo rey de Francia ante los ojos de aquellos que se mantenían leales a la familia real. Sin embargo, los revolucionarios estaban decididos a lograr que él nunca llegara a reinar. Aunque lo mantenían en prisión, no se atrevieron a ejecutarlo, por miedo a enemistarse con un número demasiado grande de persona leales a la realeza.

En lugar de ejecutarlo, idearon un plan alternativo. Pondrían al joven príncipe en contacto con toda clase de tentaciones e inmoralidades, y cuando él sucumbiera de manera inevitable, quedaría desacreditado ante los ojos de sus partidarios. Así que le presentaron ricos banquetes, en la esperanza de hacerlo un esclavo del apetito. Lo pusieron continuamente en contacto con palabras viles e indecentes y maneras sucias de hablar, esperando corromper su mente y su manera de hablar. Rodearon al príncipe durante todas las horas en que estaba despierto con todo tipo de tentación que se les pudo ocurrir, con el fin de desacreditarlo y arrastrarlo a la degradación y a la deshonra.

Sin embargo, el niño no cayó en la trampa, ni cedió ante las tentaciones que le ponían delante. Asombrados ante su resistencia, ellos decidieron acabar con el programa que estaban llevando a cabo y le preguntaron por qué él nunca había participado en los placeres extremos con los que ellos lo estaban tentando continuamente. El joven Luis Carlos contestó: «Yo no puedo hacer lo que ustedes me piden, porque nací para ser rey».

Y esta es la razón más convincente para que una persona lleve una vida pura a pesar de la atracción de los placeres, el orgullo y la posición social que nos asaltan a diario. Nosotros también hemos nacido en una familia real, y se nos ha prometido un destino glorioso. Es como escribe el apóstol Pablo: «Si resistimos, también reinaremos con él» (2 Timoteo 2.12).

¿Qué nos puede ofrecer una tentación terrenal, cualquiera que esta sea, comparado con nuestro glorioso destino en el cielo?

Para ser un Vencedor, fija tus ojos en Jesús y velo a Él como el objetivo final que se halla tras tus anhelos más profundos. Una vez que desarrolles un verdadero anhelo por estar en su presencia, de llegar a ser uno con Él, y de amarlo por toda la eternidad, las tentaciones habrán dejado de tener un poder verdadero sobre ti.

En mi corazón atesoro tus dichos para no pecar contra ti.
— *SALMOS 119.11*

CAPÍTULO 9

VENCE TODO CON LA ORACIÓN

Cuando una madre recibió una llamada de la escuela para avisarle que su hija estaba enferma, ella se apresuró a recoger a la niña y después llamó a su médico. Pero la agenda del médico ya tenía en ese día más pacientes de los que él podría atender. La vería a la mañana siguiente y mientras tanto, le recomendó una medicina que no necesitaba receta para aliviarle los síntomas.

La madre acomodó a su niña en la cama y se fue en auto hasta la farmacia, compró la medicina y regresó a toda prisa hasta su auto, solo para darse cuenta de que había dejado las llaves en el encendido y se había quedado fuera con el auto cerrado con llave.

Cuando llamó a su hija para explicarle por qué le iba a llevar más tiempo regresar a su casa, la niña le dijo que buscara un perchero de ropa. «Mami, yo lo he visto en la televisión. Meten el perchero hacia dentro por la ventana, lo enganchan en la manilla y se abre la puerta».

La madre regresó a la farmacia y allí pudo conseguir un perchero de alambre. Hizo un intento tras otro para abrir la puerta del auto, pero no tuvo suerte. Finalmente, levantó su acelerado corazón hasta el Padre celestial y le dijo: «Señor, ya no sé qué hacer. Tengo las llaves encerradas en el auto, mi niña está enferma en casa, y aquí estoy yo con este perchero. Por favor, Señor, envíame alguien que me ayude».

Mientras ella terminaba su oración, un auto se acercó a la acera y dejó allí a un pasajero. Era un hombre de aspecto rudo, como si llevara días si rasurarse, y a ella le pareció que podía ser un indigente, pero le dijo:

—Señor, ¿me puede ayudar?

—¿Cuál es su problema? —le dijo él.

—Dejé mis llaves encerradas en el auto y me conseguí este perchero, pero no sé qué hacer con él.

—Señora, deme el perchero, por favor.

Después de torcer el perchero e insertarlo junto al vidrio de la ventanilla, abrió enseguida la puerta del auto.

Aquella madre estaba tan emocionada que rodeó con los brazos a aquel desaliñado sujeto y le dio un abrazo.

—¡Qué hombre tan bueno es usted! —le dijo.

—Señora —le contestó él—. Yo no soy un buen hombre. Acabo de salir de la prisión esta misma mañana.

Mientras él se alejaba caminando, la madre levantó los brazos al cielo para hacer otra oración más. «Gracias, Señor, porque me enviaste a un profesional».

¡A veces Dios responde nuestras oraciones de una manera inesperada! De hecho, me parece que encuentra gran deleite en sorprendernos con sus respuestas. Sin embargo, de cualquier forma que nos llegue su respuesta, lo cierto es que Él escucha nuestras oraciones y las responde. Por esa razón, la oración es la llave maestra para convertirnos en Vencedores.

APRENDE A ORAR COMO UN VENCEDOR

A un pastor, predicar o enseñar acerca de la oración le puede resultar atemorizante por diversas razones. En primer lugar, tal vez el mismo pastor no se dé cuenta de que él no ora como debería. En segundo lugar, está muy seguro de que la mayor parte de las personas para las cuales está predicando tampoco oran como debieran.

Por tanto, dando por sentado que es probable que nuestra vida de oración sea un aspecto en el cual todos nosotros podemos mejorar, unámonos en este esfuerzo. En lugar de examinar lo que no hacemos, veamos lo que podemos hacer por la gracia de Dios.

En este capítulo queremos analizar el texto de Efesios 6.18 en siete segmentos ampliados con el fin de tener en cuenta las características críticas de la oración que nos capacitan para ser Vencedores en nuestra guerra contra Satanás. En Efesios 6.10-18, el pasaje que hemos estado estudiando a lo largo de todo este libro, Pablo nos indica que nos revistamos de la armadura del Señor para que nos podamos mantener firmes contra los engaños y las estrategias del enemigo. Llegamos ahora a la posdata de esta famosa sección de las Escrituras: «Oren en el Espíritu en todo momento, con peticiones y ruegos. Manténganse alerta y perseveren en oración por todos los santos» (v. 18).

En Efesios 6, Pablo dice con toda claridad que nos hallamos en medio de una guerra continua. Nuestro enemigo es Satanás, que ha usurpado el dominio sobre la tierra que nos corresponde por derecho a nosotros (Génesis 1.28) y reclamado para sí el título de príncipe del mundo. Como consecuencia, nosotros formamos ahora un movimiento de resistencia que vive en territorio ocupado por el enemigo.

Pero el Señor y Comandante nuestro está decidido a guiarnos en la lucha por recuperar lo que es nuestro por derecho. Esto significa que estamos en medio de una titánica batalla contra poderes y principados invisibles que están decididos a apartarnos de Dios y obligarnos a utilizar nuestros raquíticos recursos. La oración es nuestra línea de comunicación, nuestra cuerda salvavidas que nos conecta con nuestro Líder, dándonos su fortaleza y dirección día tras día.

Esta es la razón por la cual Pablo dedica un espacio especial a la oración después de hablarnos de la armadura del creyente. Describe todos estos instrumentos de guerra casi de pasada, con unas pocas palabras o una sencilla frase. En cambio, ahora va más lento para presentarnos una sólida doctrina sobre la oración en un total de veintiuna palabras.

Si tienes alguna duda acerca de lo importante que es la oración, te recomiendo que tengas en cuenta el alto lugar que ocupaba en la vida y el ministerio del Señor. He aquí la descripción que hace de ella S. D. Gordon:

> La oración no solo era un hábito regular suyo, sino que recurría a ella en todas las emergencias, tanto si eran de poca importancia como si eran graves. Cuando se sentía perplejo, oraba. Cuando sentía la presión del trabajo, oraba. Cuando tenía hambre de comunión, la encontraba en la oración. Escogió a sus colaboradores y recibió sus mensajes de rodillas. Si era tentado, oraba. Si lo criticaban, oraba. Si tenía fatiga en el cuerpo o tristeza en el espíritu, recurría a su hábito continuo de orar. La oración le daba un poder sin límites desde el principio, y se mantenía fluyendo sin cesar y sin menguar. No había emergencia, dificultad, necesidad ni tentación que no lo hiciera acudir a la oración [...] ¡Cuánto significaba la oración para Jesús![1]

Aunque Jesús ya no está físicamente en la tierra, la oración —es decir, la comunicación con el Padre— sigue siendo importante para Él. ¿Sabes lo que está haciendo en este mismo momento en el cielo? ¡Está a la diestra de Dios Padre intercediendo por nosotros! (Romanos 8.34).

Si el Señor Jesús consideraba tan importante para Él mismo la oración, y ha estado intercediendo por nosotros en el trono de Dios durante los últimos dos mil años, tal vez aquellos de nosotros que seamos menos que diligentes en nuestra vida de oración, nos debamos detener para preguntarnos: ¿acaso no nos estamos perdiendo algo?

LA CONSTANCIA EN LA ORACIÓN DEL VENCEDOR
Orar sin cesar...

En su primera carta a los Tesalonicenses, Pablo les dijo a los creyentes de esa ciudad: «Oren sin cesar» (1 Tesalonicenses 5:17). Y Jesús les contó a sus discípulos una parábola «para mostrarles que debían orar siempre, sin desanimarse» (Lucas 18:1).

¿Qué quiere decir esto de «orar sin cesar»? ¿Acaso tenemos que deambular por todas partes como si fuéramos zombis, ajenos por completo a lo que nos rodea, mascullando mantras en voz baja? ¡No! Orar sin cesar significa estar en un contacto constante con Dios, como los soldados en el campo de batalla se comunican con su comandante por medio de la radio. Así es como mantenemos nuestra conexión con Dios y aprendemos a vivir en comunión con Él.

Si vivimos de esta manera, no tendremos que comenzar cada día con un anuncio de presentación, como si estuviéramos tocando a su puerta: «Señor, venimos ante tu presencia». Si vivimos en una actitud de oración, siempre estaremos en su presencia.

Vívido ejemplo de lo que es orar siempre es el personaje de Tevye, el lechero judío siempre en aprietos que aparece en la película y la obra teatral ya clásicas *El violinista en el tejado*. Mientras Tevye trabaja y se comunica con su familia y sus vecinos, va llevando una conversación constante con Dios, charlando con Él como con un amigo. Le habla de todo lo que le viene a la mente: sus hijas que se quieren casar, su caballo cojo, su pobreza y sus sueños. Hace pausas para seguir adelante con su negocio y atender a las necesidades, pero en el mismo momento que acaba de hacer esas cosas, está de vuelta en su conversación con Dios. Es como si su vida fuera su oración, y las cosas cotidianas que tiene que hacer son simples islas dentro de una corriente que fluye de manera continua desde su corazón hacia Dios.

¿Cómo podemos orar siempre nosotros en la vida actual? Una de las maneras consiste en buscar «disparadores», estímulos que a lo largo de todo nuestro día nos recuerde que necesitamos orar. Por ejemplo, leí de un hombre que oraba todas las mañanas mientras se cepillaba los dientes para que Dios le diera palabras sabias que decir, y que cuando se lavaba la cara le pedía a Dios que lo ayudara a mantener siempre un semblante alegre.

Hoy en día tenemos teléfonos inteligentes con aplicaciones de oración que podemos seguir. Puedes usar tu teléfono para establecer «recuerdos de oración» de la misma forma que si estuvieras preparando un despertador. Puedes usar la función de despertador del calendario para que te recuerde que «ores cada hora», haciendo una pausa cada tres horas para tener un momento en el cual presentarle a Dios una alabanza o una petición.

De hecho, toda conducta, todo momento o suceso te puede inducir a orar, si tú conviertes esto en un hábito.

«Orar sin cesar» significa también orar de una manera perseverante. En la parábola de Jesús que aparece en Lucas 11, un hombre responde cuando le tocan a la puerta a altas horas de la noche. En aquellos tiempos, esta experiencia era bastante común, porque en el clima ardiente del verano de Israel, la mayoría de los que hacían algún viaje largo, lo hacían de noche. Había que darle algo de comer a aquel hambriento huésped, pero el anfitrión no tenía nada en su despensa. Así que se fue corriendo hasta la casa de un amigo, le golpeó con fuerza la puerta, y le pidió que le prestara algo de comida.

Los miembros de la familia de su amigo ya estaban dormidos en sus esterillas. «Vete», le contesta. «¿Te das cuenta de la hora que es? Tengo la puerta cerrada con llave, todos estamos acostados y no queremos que nadie nos moleste».

Entonces Jesús presenta su enseñanza central:

«Les digo que, aunque no se levante a darle pan por ser amigo suyo, sí se levantará por su impertinencia y le dará cuanto necesite. Así que yo les digo: Pidan, y se les dará; busquen, y encontrarán; llamen, y se les abrirá la puerta. Porque todo el que pide recibe; el que busca encuentra; y al que llama, se le abre». (Lucas 11.8-10)

Philip Yancey escribe: «Si un vecino como ese termina levantándose para darte lo que tú quieres, ¡cuánto más no responderá Dios a tu osada perseverancia en la oración! Deberíamos orar como el vendedor que pone el pie en la puerta para que no se pueda cerrar, o como el luchador que ha logrado controlar a su oponente con una llave. El relato de Jesús indica que necesitamos levantar nuestra voz. Esfuérzate como el vecino desvergonzado en medio de la noche. Sigue golpeando la puerta».[2]

LAS POSIBILIDADES DE LA ORACIÓN DEL VENCEDOR
Orando... con toda oración...

Para ser una palabra tan pequeña, el término *toda* tiene un significado realmente amplio. Significa que se puede poner todo en la canasta. No hay límites. Tampoco hay exclusiones. La gama entera. Absolutamente todo. Aquí, la descripción de la palabra «oración» abarca todas las clases de oración que te puedas imaginar.

Sin embargo, Pablo va más allá aún. Nos dice que no hay nada por lo que no se pueda orar, ni hay situación en la cual la oración no sea útil.

Stuart Briscoe escribió: «Cuando nuestros hijos eran pequeños y nosotros estábamos tratando de enseñarles a orar, teníamos tres clases de oración: "Oraciones de por favor", "Oraciones de muchas gracias" y "Oraciones de lo siento"».[3]

Dentro de esas tres clases de oraciones, las oraciones de petición, las oraciones de acción de gracias y las oraciones de confesión, pueden caber cuanto momento, lugar o necesidad tengamos.

ORA EN TODA OCASIÓN

Tanto si estás esperando a que cambie la luz del semáforo, como si estás esperando en la escuela a recoger a tu hijo, o en la sala de la clínica para ver al médico o al dentista, o lavando la ropa de la casa, o cortando el césped, cada vez que tengas un momento de estos, mantén abiertas las líneas de comunicación entre tu persona y el trono de Dios.

Si te parece que a esas ocasiones les falta la reverencia que debería acompañar a la oración, ten en cuenta los momentos en que las Escrituras nos dicen que oremos: cuando nos sentimos agradecidos (2 Corintios 1.11; Filipenses 1.3), cuando necesitamos confesar un pecado (Santiago 5:16), cuando estamos enfermos (James 5:14), cuando nos hallamos en peligro (Hechos 27.29), cuando somos tentados (Mateo 26.41). Oramos en ocasiones públicas como las reuniones de la iglesia (Hechos 12.5) y los grupos de oración (Hechos 12.12). Oramos en las ocasiones sociales y festivas, como las bodas, las fiestas o las cenas.

ORA EN TODO LUGAR

Hoy en día oramos alrededor de la mesa de la cena, en las clases de Biblia, junto a nuestra cama, mientras trotamos o caminamos y en nuestros propios devocionales personales. ¡Todos esos momentos son excelentes para la oración!

Las personas del Nuevo Testamento (algunas veces el Señor mismo) oraban en los lugares siguientes: en un lugar solitario (Marcos 1.35), en un monte (Mateo 14:23), en el templo (Lucas 2.37), en el techo de una casa (Hechos 10.9), dentro de una casa (Hechos 10.30), en la iglesia

(Hechos 12.5), a la orilla de un río (Hechos 16.13), en un barco (Hechos 27.29), en la prisión (Hechos 16.25), y se exhorta a los creyentes a orar en su propia habitación (Mateo 6.6); como dice la versión Reina-Valera, en su «aposento».

ORA EN TODO TIEMPO

En el Nuevo Testamento se recogen oraciones hechas antes del amanecer (Marcos 1.35), en el día de reposo (Hechos 6.13), estando solos (Lucas 19:18), estando juntos (Hechos 2.42), durante toda la noche (Lucas 6.12), noche y día (1 Timoteo 5:5) y sin cesar (Hechos 6.4). Debemos orar en medio de la enfermedad y de la salud, y a toda hora. No existe momento alguno en el que no podamos orar.

ORA POR TODAS LAS COSAS

Hacer una lista exhaustiva de las cosas por las cuales oraban las personas del Nuevo Testamento sería... ¡agotador!

Sin embargo, mencionaremos unas cuantas; oraban (o se les exhortaba a orar) para pedir seguridad (Mateo 24.20), perdón (Mark 11.25), alimento (Lucas 11.3), fe (Lucas 22.32), por otras personas (Juan 17.9), por sanidad (Santiago 5:14), sabiduría espiritual (Efesios 1.17), alivio de sus sufrimientos (Santiago 5:13), lluvia (Santiago 5:18), hijos (Lucas 1.13), salud y prosperidad (3 Juan 2) y fortaleza espiritual (Mateo 26.41).

En otras palabras, ¡no hay límites! Debemos orar por asuntos personales, asuntos de nuestro hogar, asuntos de negocios y cuestiones de trabajo. *Todas* las cosas deben estar cubiertas por nuestra oración. Si se trata de algo que te preocupa, es algo por lo que debes orar.

Nuestra meta como Vencedores es podernos comunicar con Dios en oración en cualquier momento y entrar en contacto inmediato con Él. Toda nuestra vida se puede convertir en una oración si caminamos día tras día con Él. No te esfuerces con los detalles; déjalos en las manos de Dios. ¡Solamente ora!

LA PETICIÓN EN LA ORACIÓN DEL VENCEDOR
Orar... con súplica...

Suplicar significa «pedir», como cuando le pedimos a Dios que nos provea para cubrir nuestras necesidades. Por supuesto, nos llegamos a Él con adoración y acción de gracias, movidos por la gratitud, pero también nos debemos llegar a Él suplicándole.

Hay cristianos que piensan que la oración de petición es una forma menor de oración, necesaria a veces, pero en general un tanto indigna de un cristiano verdaderamente espiritual y maduro. La ven como centrada en nosotros mismos, haciéndonos semejantes a unos niños necesitados, o incluso ambiciosos, molestando a Dios con nuestra lista cada vez más grande de deseos.

Sin embargo, el Nuevo Testamento *nos anima* a hacer oraciones de petición.

Cuando Jesús les enseñó a sus discípulos la oración modelo para que supieran orar, la llenó de peticiones, no solo relacionadas con ideales, como el avance del reino de Dios, sino también otras relacionadas a nuestras necesidades diarias y personales, como el alimento, el perdón y la liberación del mal (Mateo 6.9-13).

En el Sermón del Monte, el Señor nos invita a hacer oraciones de petición sin sentirnos reprimidos por hacerlas, y promete que esas oraciones serán escuchadas y respondidas. Santiago, el hermano del Señor, nos dice que el hecho de no poner delante de Dios nuestras necesidades explican la falta de poder y de paz que hay en nuestra vida: «No tienen, porque no piden» (Santiago 4.2).

En este momento surge una pregunta natural. Puesto que Dios es todopoderoso y omnisciente, Él conoce nuestras necesidades, incluso antes que se las presentemos. Jesús mismo reafirmó esta idea: «Porque su Padre sabe lo que ustedes necesitan antes de que se lo pidan»

(Matthew 6.8). Pero si Dios ya conoce nuestras necesidades mejor que nosotros mismos, ¿qué necesidad tenemos de orar por ellas? ¿Por qué Dios no hace a nuestro favor lo que Él sabe que necesitamos que haga?

Existen cuatro respuestas a esto.

En primer lugar, oramos para mantener y profundizar nuestra relación con Dios. Estamos tratando de mantener nuestras líneas de comunicación intactas y en buen estado para poder conocer su voluntad.

En segundo lugar, Dios desea que nosotros queramos aquello que Él sabe que deberíamos tener. La oración hace que nuestra mente se mantenga en sintonía con la suya y nos capacita para ver nuestras necesidades desde su punto de vista. Mientras más oremos, más veremos las maneras en que Él responde nuestras oraciones, lo cual a su vez nos acerca más a su mente y mejora la eficacia de nuestras oraciones.

E. Stanley Jones lo explica de esta manera: «Orar es someternos; someternos a la voluntad de Dios y cooperar con esa voluntad. Si yo tiro el ancla desde el bote, el ancla se engancha en la orilla y entonces yo tiro de ella, ¿estoy atrayendo la orilla hacia mí, o me estoy acercando yo mismo a la orilla? Orar no es tirar de Dios para que haga mi voluntad, sino sintonizar mi voluntad con la voluntad de Dios».[4]

En tercer lugar, Dios nos dice que oremos por nuestras necesidades, para que lo podamos reconocer a Él como la fuente de todo lo que tenemos. El hecho de pedir y recibir aumenta nuestra capacidad para darnos cuenta de que dependemos continuamente de Él.

Agustín nos presenta una cuarta razón para las oraciones de petición. «Él quiere que ores, para poderle otorgar sus dones a alguien que realmente los desee, y no los mire a la ligera».[5]

Charles Spurgeon escribe:

Pedir es la norma del reino. Es una regla que nunca será alterada en ningún caso. Si el Hijo real y divino de Dios tampoco se puede eximir de la norma de pedir, tú y yo tampoco podemos esperar que se deje de cumplir esa norma para favorecernos a nosotros. Dios iba a bendecir a Elías y enviar lluvia a Israel, pero Elías tuvo que orar para pedirla. Para que el pueblo escogido prosperara, Samuel lo tenía que pedir. Para que los judíos fueran liberados, Daniel tuvo que interceder por ellos. Dios bendeciría a Pablo y las naciones se convertirían gracias a su labor, ¡pero Pablo tuvo que orar! Y él oró, y sin cesar [...] y sus cartas nos muestran que él no esperaba que le llegara nada que no hubiera pedido.[6]

O sea que, ¡si no oras con la suficiente valentía para pedir lo que necesitas, no te incomodes si Dios no está obrando en tu vida como tú quisieras que Él obrara!

EL PODER DE LA ORACIÓN DEL VENCEDOR

Orando... en el Espíritu...

¿Cuál es el poder que impulsa nuestra oración? Es el poder del Espíritu Santo que vive en nosotros. El Espíritu Santo, que está dentro de nosotros, determina el carácter y el contenido de nuestra oración. Él es quien dirige, moldea y corrige las oraciones de los creyentes sinceros que se hallan plenamente entregados a hacer la voluntad de Dios.

Necesitamos que el Espíritu Santo participe en nuestras oraciones porque somos seres caídos. Nuestra naturaleza pecaminosa actúa como una cortina de niebla que oscurece nuestra conciencia de la presencia de Dios. En nuestro estado presente, las cosas de Dios no son totalmente claras para nosotros. Pablo lo presenta de la siguiente manera: «Ahora vemos de manera indirecta y velada, como en un espejo [...] Ahora conozco de manera imperfecta» (1 Corintios 13.12). Hasta nuestros esfuerzos mejores y más sinceros en cuanto a la oración se pueden desviar sin que lo notemos de lo que constituye la voluntad de Dios para nosotros.

Si así son las cosas, ¿cómo puedes saber qué pedir dentro de la voluntad de Dios? El Espíritu Santo que escribió la Palabra de Dios es el mismo Espíritu que vive en tu corazón. Él conoce ese corazón tuyo, y conoce también el corazón del Padre, porque es uno con el Padre. A causa de esto, sabe cuál es tu intención cuando oras. De manera que Él toma tus torpes oraciones y les da una forma nueva para que revelen las necesidades más profundas que se hallan debajo de la superficie de tus palabras.

La hija de un amigo mío tocaba el oboe en la orquesta de principiantes del sexto grado, y él estaba esperando ansioso su primer concierto. Su vecino, que también tenía una hija en la orquesta, le preguntó: «¿Cómo lo puedes soportar? ¿Todas esas notas perdidas, esos chirridos de los violines y toda esa desafinación?». Mi amigo le contestó: «¡Bueno, supongo que sea que yo solo oigo lo que ellos tienen la intención de tocar!».

Cuando tú oras, el Espíritu Santo que habita dentro de ti sabe lo que tú tienes la intención de decir.

«Así mismo, en nuestra debilidad el Espíritu acude a ayudarnos. No sabemos qué pedir, pero el Espíritu mismo intercede por nosotros con gemidos que no pueden expresarse con palabras. Y Dios, que examina los corazones, sabe cuál es la intención del Espíritu, porque el Espíritu intercede por los creyentes conforme a la voluntad de Dios». (Romanos 8.26, 27)

Watchman Nee explica de esta manera el poder de la oración: «Nuestras oraciones establecen la vía por la cual puede venir el poder de Dios. Como una poderosa locomotora, su poder es irresistible, pero no puede llegar a nosotros sin los raíles».[7]

Cuando Pedro escapó de la prisión después que la iglesia oró, tal como se nos dice en Hechos 12, alguien observó: «El ángel fue a buscar a Pedro y lo sacó de la prisión, pero fue la oración la que fue a buscar al ángel».[8] La oración marca una diferencia, porque tiene un poder real.

Mientras Jason Meyer estaba en la escuela postgraduada trabajando en su doctorado, también trabajaba en el turno de noche en la UPS para pagar sus deudas. Con tantas cosas como tenía entre manos, nunca dormía lo suficiente. Una madrugada, mientras iba a su casa en auto a las 4:30 A. M. después de trabajar el turno de noche, le estaba costando trabajo mantenerse despierto. Puso la radio a todo volumen, trató de cantar con ella, se abofeteó por todas partes… todo lo que pudo hacer para mantenerse despierto. De repente, descubrió que se había despertado en el estacionamiento de su casa. ¡No tenía recuerdo alguno de haber conducido el auto hasta su casa!

Dentro, esperaba hallar dormida a su esposa, pero ella estaba sentada en la cama, esperando por él. En lugar de su acostumbrado «¿Qué tal el trabajo?», le preguntó qué tal había conducido hasta allí. Él le contestó que había tenido que luchar para mantenerse despierto, y que no podía recordar gran parte del camino a casa. Entonces ella le dijo: «Eso es lo que yo pensaba…».

Aquella misma mañana, algo antes, exactamente a las 4:30 A. M., ella se había despertado de repente, con la intensa sensación de que necesitaba orar por su esposo. De manera que comenzó a orar. Jason Meyer está convencido de que el Espíritu de Dios despertó a su esposa específicamente para que la oración de ella lo devolviera seguro a su hogar.[9]

LA PRECISIÓN DE LA ORACIÓN DEL VENCEDOR
Estar vigilante…

Estar «vigilante» significa «estar despierto, mantenerse alerta». Para nosotros, también significa ser preciso en la oración, cuando nos identificamos y oramos por fortaleza para superar desafíos específicos.

Cuando Pablo pasa de la descripción de la armadura del cristiano al tema de la oración, observa que sigue presentando imágenes de tipo militar. Lo hace porque nos tenemos que enfrentar a un enemigo muy real, lo cual significa que nos debemos mantener vigilantes, en estado de alerta, y en guardia en todo tiempo.

Cuando los judíos regresaron a Jerusalén para reconstruir los muros derrumbados de la ciudad después del cautiverio en Babilonia, los samaritanos y sus aliados estaban decididos a impedir su trabajo y atacaban a los obreros. Sin embargo, los judíos los mantuvieron a raya armando a los constructores y manteniendo un alto nivel de vigilancia. «Tanto los que reconstruían la muralla como los que acarreaban los materiales no descuidaban ni la obra ni la defensa. Todos los que trabajaban en la reconstrucción llevaban la espada a la cintura» (Nehemías 4.17, 18).

Al igual que esos vigilantes judíos, tú también debes vivir tu vida cristiana con un enfoque doble. Debes realizar tus tareas y deberes normales hacia tu familia, tu trabajo y la sociedad; tu trabajo diario que sostiene tu vida y tus relaciones. ¡Y al mismo tiempo, debes batallar contra los poderes que están decididos a destruirte eternamente! Puedes y debes atender ambas tareas de manera simultánea.

Una dama oraba así: «Amado Padre celestial, hoy hasta ahora me ha ido bastante bien. No he murmurado ni me he enojado; no he sido codiciosa, gruñona, desagradable, egoísta ni demasiado blanda conmigo misma. Pero, Señor, dentro de un momento me voy a levantar de la cama. Y a partir de ese instante, voy a necesitar mucho de tu ayuda».

Estar de pie y despiertos significa que estamos en medio de nuestra batalla. Puesto que eres un Vencedor, el enemigo te va a atacar con distracciones, dudas y tentaciones para que abandones la oración. Protege tu momento de oración. Mantente vigilante, de manera que tus oraciones fluyan en todo momento. Dale prioridad a la oración cuando planifiques tu agenda. Favorece todo lo que alimente y favorezca tu vida de oración y protégete contra todo lo que la obstaculice.

El curriculum vitae del ya fallecido E. V. (Ed) Hill podría llenar varias páginas: pastor de la Iglesia Mount Zion Baptist de Los Ángeles, megaiglesia y centro de activismo social y político; amigo de varios presidentes y del doctor Martin Luther King, Jr.; colaborador del evangelista Billy Graham; fiel amigo de pastores y líderes caídos; uno de los primeros predicadores de color cuyo programa se transmitía semanalmente por la televisión; líder de la denominación bautista… y más.

Sin embargo, cuando nació E. V. Hill en el año 1933 en Columbus, Texas, en medio de la pobreza, nadie podía predecir los asombrosos éxitos que tendría en su vida. En la época de la Gran Depresión, su familia era tan pobre que su madre lo envió a los cuatro años a vivir con una amiga en Sweet Home, Texas, una comunidad cercana. Ed creció llamando «Mamá» a esta amorosa mujer.

Aunque tenía muy pocos medios materiales, Mamá tenía una gran fe y grandes planes para Ed. En contra de todas las dificultades, Ed se graduó de su escuela secundaria en el campo, siendo el único miembro de su clase que lo hizo. Sin embargo, esto no fue suficiente para Mamá, sino que insistió en que Ed iba a asistir a la universidad. Después que lo aceptaron en la Universidad A&M Prairie View, Mamá llevó a Ed hasta la estación de autobuses, le dio un pasaje y cinco dólares y le dijo: «Mamá va a estar orando por ti».

En el día en que se matriculó para las clases, tenía 1,90 dólares en el bolsillo y necesitaba 80 dólares en efectivo para matricularse y ser admitido. No tenía fuente alguna para recibir una cantidad así de dinero, pero recordando que Mamá estaba orando por él, se puso en fila de todas formas. Por un oído, escuchaba que el diablo le decía: «Sal de la fila», y en el otro oído escuchaba que Mamá le decía: «Yo voy a estar orando por ti». Creyó en la promesa de Mamá y se quedó en la fila.

Mientras más se acercaba al primer puesto de la fila, más nervioso se ponía. Pero precisamente, mientras la joven que había delante de él se acababa de matricular y daba media vuelta para irse, Ed sintió una mano en su hombro. Era el doctor Drew, un funcionario de la universidad: «¿Eres Ed Hill, de Sweet Home?». Ed le respondió que sí. «¿Ya pagaste la matrícula?». Ed le respondió que no.

«Llevamos toda la mañana buscándote», le dijo el doctor Drew. «Tenemos una beca de cuatro años para ti, que cubre alojamiento y alimentación, estudios y treinta y cinco dólares al mes para tus gastos».

Y una vez más, Ed Hill oyó que Mamá le decía: «Voy a estar orando por ti».[10]

A veces, una oración revisada por Dios es nuestro único recurso… como cuando salimos de casa rumbo a la universidad en un autobús con solo cinco dólares en el bolsillo.

¿Qué piensas que estaría diciendo Mamá en sus oraciones por el joven Ed?

Estoy seguro de que ella no sabía lo que costaba asistir cuatro años a la universidad. Tal vez orara pidiéndole a Dios que le abriera el camino a Ed; que atendiera sus necesidades; que Ed aprendiera a confiar en Dios en cada paso que diera en su camino. Y ella debe haber seguido orando, porque después de graduarse en la universidad con un grado en Agricultura, Ed fue llamado a su primer pastorado en Austin, Texas, el comienzo de toda una vida de predicación.

«Dedíquense a la oración: perseveren en ella con agradecimiento» (Colosenses 4.2).

LA PERSEVERANCIA EN LA ORACIÓN DEL VENCEDOR
Orar… con toda perseverancia…

La oración es un hábito en el que podemos caer y del que podemos salir. Si surge un obstáculo y dejas de orar por un poco de tiempo, no dejes que eso te haga caer en picado. Es imposible no entender lo que quieren decir estos textos de las Escrituras:

- «Se mantenían firmes en la enseñanza de los apóstoles, en la comunión, en el partimiento del pan y en la oración» (Hechos 2.42).
- «Así nosotros nos dedicaremos de lleno a la oración y al ministerio de la palabra» (Hechos 6.4).
- «Alégrense en la esperanza, muestren paciencia en el sufrimiento, perseveren en la oración» (Romanos 12.12).

Satanás una con frecuencia dos estrategias destinadas a desalentarte en tu vida de oración. La primera, por raro que te parezca, aparece por medio del éxito. Si has tenido dos buenos días de oración, él te convencerá de que tu oración va a ser siempre igual de poderosa y de clara. «¡Te sale de manera natural!», te susurrará al oído.

Entonces, en los días tercero y cuarto, cuando no se te prende la chispa y tus oraciones parecen no salir ni de tu cuarto siquiera, vendrá para decirte: «Bueno, ¡ahora ves quién eres en realidad! Lo mejor que puedes hacer es darte por vencido; no tiene sentido que lo sigas intentando».

Cuando estés pasando por algo que sientes como un fracaso, recuerda que tus sentimientos del momento nunca le sirven de barómetro a tu vida espiritual. Algunas veces, cuando oro me parece que los cielos están abiertos y la presencia de Dios desciende sobre mí. Otras veces, siento como si mis palabras fueran agobiantes y caen pesadamente al suelo en lugar de ascender hacia Dios. ¡Aun así, esas oraciones «desinfladas» son tan valiosas como las otras que laten llenas de energía!

Nuestras emociones van y vienen, fuertes un día, apagadas o ausentes al siguiente. No las podemos tomar como norma por la cual medir nuestra conexión espiritual permanente con Dios. Recuerda que tenemos dentro de nosotros el poder del Espíritu Santo, que puede levantar nuestras oraciones hasta el Padre, incluso cuando parezcan tan insípidas que no se puedan mantener en el aire.

Si sientes que tus oraciones no te están alimentando o no están alcanzando a Dios, trata de leer algo acerca de la oración. Cuando yo me siento frío hacia mis oraciones, leo un libro que hable de ese tema; ese libro me llena el corazón de hambre y ganas de orar. Consigue un libro sólido y de calidad sobre la oración y úsalo junto con las Escrituras. Lee un poco cada día y deja que Dios comience a obrar en tu corazón, reavivando tu deseo de orar.

La segunda estrategia de Satanás para desanimarte en tu vida de oración consiste en convencerte de que, en general, la oración no logra nada, o que tus oraciones no obran de una manera específica. Por ejemplo, si tus oraciones no reciben la respuesta que esperabas, Satanás trata de convencerte de que no eres un cristiano lo suficientemente bueno como para merecer que Dios te preste atención; no tienes suficiente fe, o no tienes lo que hace falta para llevar una vida espiritual.

Ahora bien, son muchas las respuestas que no nos llegan de la manera que nosotros esperamos, ¡porque Dios tiene en mente algo mejor! El hombre lisiado de nacimiento que aparece en Hechos 3 les pidió una limosna a Pedro y a Juan, pero Dios, obrando por medio de ellos, le dio la sanidad. Pablo pidió sanidad, pero Dios le dio fortaleza.

Orar con eficacia es perseverar, sin que nos importe lo mucho o poco que nos parezca que se elevan nuestras oraciones. Tanto si nos sentimos centrados, como si sentimos que estamos fallando o hemos entrado en pánico. Mientras más ores en todas las circunstancias, más estará tu voluntad en sintonía con la de Dios, y eso va a significar que recibirás más respuestas visibles.

EL PROPÓSITO DE LA ORACIÓN DEL VENCEDOR
Perseveren en oración... por todos los santos

Los jóvenes de ambos sexos se inscriben en las fuerzas armadas por diferentes razones. Sin embargo, una vez que están sirviendo, su compromiso con los que sirven junto con ellos se convierte en una de sus entregas más profundas.

Esto sucede también en la vida cristiana. Nuestro amor mutuo se convierte en una motivación de primera clase para la acción. Por eso Pablo nos exhorta a dedicarnos a perseverar en oración por todos los santos.

Jesús nos dio el ejemplo cuando oró por sus discípulos: «Ruego por ellos. No ruego por el mundo, sino por los que me has dado, porque son tuyos» (Juan 17.9). Pablo oraba continuamente por los que estaban en las iglesias que él visitaba, sin dejar nunca de dar gracias por ellos «al recordarlos en mis oraciones» (Romanos 1.9; Efesios 1.16). Cuando Job oró por aquellos tres amigos suyos que habían enojado a Dios con sus impertinentes juicios, leemos lo siguiente: «Después de haber orado Job por sus amigos, el SEÑOR lo hizo prosperar de nuevo» (Job 42.10).

Cuando oramos los unos por los otros, todos los que formamos el cuerpo de Cristo estamos orando por todos los demás miembros de ese cuerpo. Aunque yo esté orando por ti y no por mí mismo, no tengo por qué preocuparme en cuanto a la satisfacción de mis necesidades porque mientras estoy orando por ti, ¡tú estás orando por mí!

Fern Nichols, fundadora de Madres en Oración Internacional, nos cuenta la historia de su marido, Rle, y su hijo de diez años Troy que iban en una canoa con un amigo y su hijo en el río Fraser en Columbia Británica. Era el principio de la primavera, cuando las capas de nieve se derretían en las montañas y causaban el caudal alto y rápido del río. Esa mañana tambien llovía, pero su amigo, que había remado en el río en todas las condiciones climáticas, insistía en que no había peligro. Confiando en su juicio, se adentraron en el río.

Fern sintió la necesidad, a media tarde, de orar por su marido e hijo. Puso todo de lado y sacó su Biblia. Ella oró por su protección y, del salmo 125.1, 2, por la fortaleza para soportar lo que fuera que experimentaran: «Los que confían en el SEÑOR son como el monte Sión, que jamás será conmovido, que permanecerá para siempre. Como rodean las colinas a Jerusalén, así rodea el SEÑOR a su pueblo, desde ahora y para siempre». Casi una hora estuvo ella orando continuamente para que el Señor los trajera a salvo.

Más tarde supo que en ese momento exacto, cuando ella sintió el impulso de orar, que cuatro piragüistas habían sido expulsado en el aire sobre una cascada y habían caido en las aguas heladas del río. Rle se esforzó para alcanzar la superficie, encontró a Troy, y vio la canoa a flote a bastante distancia. Él contó después que no sabía de donde había sacado la fuerza, pero sujetó a Troy tan alto como pudo para prevenir la hipodermia, y se las arregló para nadar hasta la canoa y aferrarse a ella. El otro padre y su hijo también encontraron la canoa, pero tras batallar con el frio, la fuerte corriente durante cuarenta y cinco minutos, les abandonaban las fuerzas cunado tocaron con los pies el cauce del río. Se agruparon en esa elevación del cauce y se acurrucaron juntos contra corriente, helados hasta los huesos.

Minutos más tarde oyeron el agradable zumbido del helicóptero sobre sus cabezas. Una pareja había visto el desastre e hizo la llamada de emergencia.

Después de llegar a casa a salvo, Rle supo cuál había sido la fuente de la fortaleza que necesitaba para salvar a su hijo y soportar el agua helada durante casi una hora. Era de Dios, enviada a ellos a través del canal de la oración de su esposa.[11]

Fern oró y Dios respondió. Nosotros debemos hacer lo mismo. Orar por los que tienen necesidades; pedirle a Dios su ayuda; darle gracias por su provisión; interceder por los demás, así como Jesús intercede por nosotros.

Si Jesús intercede por nosotros, es porque nos ama. ¿acaso podemos nosotros hacer menos por aquellos a quienes amamos?

LA PRÁCTICA DE LA ORACIÓN DE LOS VENCEDORES

¿Estás listo para orar con eficacia? ¿Has aprendido a orar como debes? Si no, no te desesperes. La oración es algo que se puede aprender.

El profesor Donald Whitney, del Seminario Teológico Bautista del Sur, da un excelente consejo: «Si alguna vez has aprendido un idioma extranjero, sabes que la mejor manera de aprenderlo es cuando realmente lo tenemos que hablar. Eso mismo es cierto con respecto al «idioma extranjero» que es la oración. Hay muchos recursos de calidad para aprender a orar, pero la mejor manera de aprender a orar es orando».[12]

El gran director de orquesta Arturo Toscanini iba un día caminando por una acera de Manhattan cuando alguien lo detuvo para preguntarle cómo podía llegar al Carnegie Hall. Toscanini le respondió: «Practique, practique, practique».

Así sucede también con la oración. La mejor preparación para una vida espiritual triunfante consiste en orar, orar, orar.

Para que seas un Vencedor, te exhorto a que comiences una vida de oración activa y perseverante. Esto significa dedicarle tiempo. Significa desarrollar el hábito constante de conectar tu mente con Dios en tus momentos de vida privada y cuando estás en movimiento. Significa deshacerte de las distracciones. Significa hallar un lugar donde puedas orar sin que te interrumpan.

Después de convertirse en primer ministro de Inglaterra, Winston Churchill se sintió cada vez más preocupado por la capacidad de su Gabinete de Guerra para trabajar con eficacia si Alemania atacaba desde el aire, tal como se esperaba. Él quería saber cómo podría funcionar el núcleo central de su fuerza militar con seiscientas toneladas de bombas cayendo por todas partes a su alrededor. Los estrategas trazaron planes de evacuación para los que ocupaban el poder, pero Churchill no quiso huir de Londres. Por eso, se ideó otro plan. Se reacondicionaron una serie de cuartos de almacenaje que había debajo del Edificio de la Oficina de Obras Públicas para convertirlos en un puesto de mando militar ultrasecreto.

Este edificio, ubicado entre el Parlamento y el número 10 de la calle Downing, era la estructura más fuerte de esa zona. Los obreros lo reforzaron con más hormigón e instalaron lo último en sistemas para asegurarse de que la comunicación continuara sin impedimentos, aunque Londres fuera bombardeada.

En mayo de 1940, Churchill visitó su refugio subterráneo y declaró: «Este es el cuarto desde el cual yo voy a dirigir la guerra». Apuntando con uno de sus regordetes dedos al escritorio, añadió: «Y si se produce la invasión, allí es donde yo me voy a sentar: en esa silla. Y allí estaré sentado hasta que se rechace a los alemanes [...] o ellos me saquen muerto de este lugar».[13]

Durante los cinco años siguientes, esos cuartos subterráneos fueron el centro nervioso de la Guerra, y su existencia fue un secreto celosamente guardado. La comunicación entraba y salía constantemente de ellos. Desde allí, Churchill fue guiando el conflicto, llamando a sus líderes Aliados y bramando en sus famosos discursos radiales a la nación. Desde allí tenía acceso directo al mundo.

Jesús nos dijo en Mateo 6.6 que entremos en nuestro «cuarto» para orar a nuestro Padre en secreto. Se estaba refiriendo a los cuartos de almacenaje que había en los hogares israelitas del siglo primero. En aquellos días, las casas estaban llenas de niños y de animales y la vida privada era muy escasa. Sin embargo, la mayoría de las casas tenían un cuarto dedicado al almacenaje de los víveres. Solía ser un cuarto pequeño, repleto de cosas y sin manera de calentar el ambiente. Pero eran lugares donde se podían encontrar unos pocos momentos de paz y de silencio para orar. Jesús estaba diciendo que, a los creyentes, esos lugares tan humildes les proporcionaban el acceso directo a la presencia misma de Dios. Eran unos complejos seguros de comunicaciones donde se podían presentar y recompensar las oraciones.

Cuando te dediques a la oración, hallarás muchas maneras de llenar de ella tu vida. Ora de las formas que te sean más naturales, y después, haz que tu práctica de oración crezca y madure continuamente. Llena tu vida con la gozosa disciplina que es orar sin cesar. Esa es la manera de prepararte para la comunicación con tu Comandante cuando entres diariamente en batalla. Esa es la manera de convertirte en un Vencedor.

La oración del justo es poderosa y eficaz.
— Santiago 5:16

CAPÍTULO 10

VENCE A LA MUERTE
CON LA VIDA

El 22 de abril de 2018, James Shaw Jr. estaba sentado con un amigo junto al mostrador de un Waffle House en Nashville, cuando un hombre armado de fusil que llevaba solo una chaqueta verde abrió fuego.

Shaw saltó de su asiento y se deslizó por el suelo mientras buscaba al hombre armado. Cuando este hizo una pausa para volver a cargar el arma, Shaw se lanzó sobre él.

«Actué en una milésima de segundo», diría después. «Cuando él volvió a cargar el arma, a mí me pareció que transcurrían treinta minutos. Lo miré y me di cuenta de que él no me estaba mirando a mí. Acababa de bajar el cañón del arma. Era como si me estuvieran diciendo: "Hazlo ahora. Salta ahora". Y yo salté».

Le dijo al *New York Times*: «Yo solo estaba tratando de seguir vivo… Solo quería vivir, y él se sintió atónito al ver que yo quería vivir».

Lucharon por el arma en lo que pareció un solo minuto, dijo Shaw, hasta que él le pudo arrancar el rifle y tirarlo al otro lado del mostrador. Entonces fue cuando el hombre armado salió huyendo.

Fue entonces, cuando él salió corriendo y se metió en su camión, cuando Shaw notó que su brazo estaba sangrando y se dio cuenta de que una bala lo había rozado. Más tarde los médicos le trataron la mano por quemaduras que había sufrido al agarrar el cañón aún caliente del rifle.

En el ataque de aquel domingo por la mañana se perdieron cuatro vidas inocentes, y cuatro personas más salieron heridas. Los agentes de la policía y los clientes dijeron que el señor Shaw, electricista de veintinueve años, evitó un derramamiento de sangre más grave aún. Sin embargo, a James Shaw le resultó incómoda aquella efusión de gratitud y respeto. ¿Cuál fue su reacción cuando dijeron que él era un héroe?

«Yo preferiría que me conocieran como James, ya saben, solo una persona normal y corriente», dijo. «Porque me parece que todo el mundo puede hacer más o menos lo mismo que yo hice».

Shaw insiste en que aquel tiroteo fue demasiado rápido para que él sea un héroe. «Yo sé que salvé a otras personas. Tengo una hija de cuatro años, y ni siquiera pensé en ella. En medio de todo lo que estaba sucediendo, yo solo estaba tratando de salvarme a mí mismo».[1]

Al igual que James Shaw, todos queremos vivir. Ese es nuestro impulso más poderoso, conectado directamente con todas las fibras de nuestro ser. Así que imagínate lo que sería tener el poder necesario para evitar tu propia muerte y tomar la decisión de no utilizarlo.

EL MAYOR DE LOS VENCEDORES

Comencé este libro hablándote de la historia de David, el mayor Vencedor del Antiguo Testamento. Lo quiero terminar señalándote hacia el mayor Vencedor de todos los tiempos: el Señor Jesucristo.

Por medio de su muerte, sepultura y resurrección, Jesús lo venció todo. Lo venció personalmente, lo venció con poder y lo más importante de todo, lo venció de manera permanente. Ese es el gran mensaje del evangelio.

Un aspecto que me encanta del evangelio es lo sencillo que es de entender. Podemos condensarlo en una simple frase, como este versículo del apostol Pablo: «Porque la paga del pecado es muerte, mientras que la dádiva de Dios es vida eterna en Cristo Jesús, nuestro Señor» (Romanos 6.23).

Sin embargo, nos enfrentamos a un problema si presentamos un evangelio simplista, si damos la impresión de que es «normal» u «ordinario» de alguna manera. Esta «dádiva de Dios» no es sencilla. La resurrección representa un esfuerzo de dimensiones épicas. La epístola a los Hebreos la explica de esta manera: «Por tanto, ya que ellos son de carne y hueso, él también compartió esa naturaleza humana para anular, mediante la muerte, al que tiene el dominio de la muerte —es decir, al diablo—, y librar a todos los que por temor a la muerte estaban sometidos a esclavitud durante toda la vida [...] Por eso era preciso que en todo se asemejara a sus hermanos» (Hebreos 2.14-17).

Tal vez tú ya conozcas los elementos esenciales de las Buenas Nuevas de Dios, pero imagínate que estuvieras escuchando hablar de ellas por vez primera. Ben Patterson nos ayuda a hacerlo en su libro *Deepening Your Conversations with God* [Profundizar tus conversaciones con Dios], en el cual escribe acerca de una tribu primitiva en las selvas del oriente asiático que no conocía nada del evangelio y vivía llena de temor a la muerte.

Un día llegó hasta esa tribu un grupo de misioneros con la película *Jesús*, que relata la historia de Jesús siguiendo el Evangelio de Lucas. Esta película, filmada en 1979, ha sido traducida a más idiomas que cualquier otra película de la historia. Centenares de millones de personas han sido atraídas hacia Cristo a base de presentársela. Aquella tribu no solo nunca había escuchado el nombre de Jesús, ¡sino que ni siquiera había visto antes ninguna película!

«Entonces, de repente, en una noche inolvidable, lo vieron todo», escribe Patterson: «el evangelio en su propio idioma, visible y real».

La tribu presenció la forma en que aquel hombre bueno llamado Jesucristo sanaba a los enfermos, bendecía a los niños, les enseñaba a las multitudes y hacía milagros. Todos estaban extasiados. Pero cuándo tomaron preso a Jesús y los soldados romanos lo maltrataron, se sintieron indignados. Se pusieron de pie y le gritaron a la pantalla. Cuando Jesús siguió sufriendo, se volvieron contra el misionero que operaba el proyector. ¡Tal vez él fuera el responsable de aquella injusticia!

El misionero detuvo la presentación y les explicó que la historia no se había acabado. La gente se volvió a sentar en el suelo, apenas conteniendo sus emociones, y el proyector de películas comenzó donde había quedado.

Pero entonces vino la crucifixión. Vieron con horror cómo despojaban a Jesús de sus vestiduras y lo forzaban a ponerse sobre la cruz. Gritaron en agonía con cada golpe de martillo que hacía penetrar los clavos en sus manos. El sufrimiento del Señor era intenso, y después había muerto. Eso era más de lo que aquella multitud podía soportar. Comenzaron a llorar y gemir con un dolor tan profundo, que hubo que detener de nuevo la película. Una vez más, el misionero calmó a la audiencia, prometiendo que aún no se había acabado aquella historia.

Entonces vino la resurrección.

Cuando siguieron viendo la película, observaron que las mujeres que acudían a la tumba del Señor se sintieron desconcertadas al hallar la piedra fuera de su lugar y el sepulcro vacío. En medio de un destello de luz, aparecieron dos ángeles que les dijeron: «¿Por qué buscan ustedes entre los muertos al que vive? No está aquí; ¡ha resucitado!».

Entonces llegó el momento en el que apareció Jesús mismo, vestido de blando, sonriendo y diciéndoles: «¡La paz sea con ustedes!». Aquello se volvió un caos. El gozo llenó a los presentes como si fuera un viento venido del cielo. Todos saltaron, danzaron y celebraron como si hubieran acabado de escuchar la mejor noticia del mundo, lo cual era precisamente lo que había sucedido. El misionero apagó de nuevo el proyector, pero esta vez no les tuvo que decir que se calmaran, porque acababan de conocer la mayor de las verdades que contiene el evangelio: que, con su muerte, Jesús quebrantó el poder de la muerte, liberando a los que estaban esclavizados por el temor que le tenían.[2]

¡Cómo quisiera haber estado allí para ver aquello en persona! ¡Yo también habría gritado!

Aquellos de nosotros que hemos escuchado la historia de la resurrección durante toda nuestra vida podríamos olvidar lo maravillosa y lo transformadora que es. Sin embargo, en este capítulo te pido que mantengas fresca en tu mente la resurrección de Jesucristo. Porque es la respuesta de Dios a la muerte, y el don eterno que nos concede a todos y cada uno de los Vencedores.

EL INSOPORTABLE PESO DEL TEMOR A LA MUERTE

Según la Biblia, nuestro Dios Creador es eterno; no tuvo principio ni tendrá fin, y existe desde la eternidad y hasta la eternidad (Salmos 90.1, 2). Él es el «Rey eterno, inmortal, invisible» que nos creó a su imagen y puso eternidad en nuestros corazones (1 Timoteo 1.17; Eclesiastés 3.11). La muerte crea un temor tan grande en nuestra mente, ¡porque fuimos hechos para vivir eternamente!

Si sientes que estás luchando con un temor insoportable a la muerte que nunca desaparece ni se mitiga, no estás solo. Ni siquiera entre los cristianos sinceros. El temor a la muerte es algo que llevamos dentro por instinto.

Peter Thiel, el billonario responsable por PayPal y el primer inversor externo de Facebook, tiene la intención de vivir hasta los ciento veinte años. Al *Washington Post* le dijo: «Yo siempre he tenido esta sensación realmente fuerte de que la muerte es una cosa terrible, terrible».[3]

Sin embargo, a pesar de toda su riqueza, Thiel, que tiene ya cincuenta y un años, no tiene una buena manera de evitar la muerte. Sin embargo, piensa que le va a añadir otros sesenta y nueve años a su vida. Además de seguir una dieta estricta, se dice que toma hormonas humanas del crecimiento, aunque eso tiene sus riesgos. «Siempre está el riesgo de que aumentan el riesgo de cáncer», explicaba Thiel, «pero yo tengo la esperanza de que encontremos la cura del cáncer en la próxima década».[4]

Thiel no es el único empresario de Silicon Valley que ha puesto su mente y su dinero en una búsqueda de la longevidad. Larry Ellison, el cofundador de Oracle, invierte fuertemente en exploraciones dedicadas a tratar de extender la vida. «Yo no puedo entender cómo alguien puede estar aquí ahora, y después no estar aquí», dice desconcertado ante la realidad universal de la muerte.[5]

Hay otro empresario más, Bill Maris, que aún se siente afligido por la muerte de su padre a consecuencia de un tumor en el cerebro. «Mi pensamiento puede tomar un giro oscuro cuando estoy solo», dijo. Maris ha convencido a los inversores para que lancen un esfuerzo supersecreto de mil millones de dólares en Google para hallar la cura al envejecimiento.[6]

Muchos de los que le temen a la muerte están interesados en la criogenia, el proceso de congelar a una persona dentro de un tanque de nitrógeno líquido en el momento de su muerte con la esperanza de que vuelva a la vida en el futuro, cuando la investigación médica se halle más avanzada. En el mundo entero hay unas trescientas cincuenta personas que ya están congeladas, y otras dos mil que han firmado para que las congelen cuando llegue el momento.[7]

Larry King, célebre anfitrión de programas radiales y televisados, se halla entre esas personas. Le preocupa la muerte y comienza todos los días leyendo las notas necrológicas en el periódico. Cuando King tenía nueve años, su padre falleció por un ataque repentino al corazón. Eso fue lo que despertó su obsesión con la muerte. En su programa de televisión, King les preguntaba con frecuencia a las personas qué pensaban ellas que les sucedería cuando muriera. Aunque él ha hecho los arreglos para que congelen su cuerpo, piensa que esa idea es absurda. Las personas que se dedican a eso son «una partida de locos», según él dice, pero al menos piensa que morirá con una pequeña esperanza. «Hay otras personas que no tienen esperanza alguna».[8]

ANTES QUE HAYA UNA RESURRECCIÓN, SE TIENE QUE PRODUCIR UNA MUERTE

La muerte no es el fin para esos que aceptan a Jesucristo como su salvador, porque Él venció la muerte y resucitó, y por medio de Él tenemos nosotros también la promesa de la vida eterna. Pero para vencer a la muerte, Jesús tuvo que experimentarla primero.

Su muerte, que se tomó cerca de seis horas, fue presenciada por miles de personas. No se limitó a desvanecerse o a caer en un coma. Estaba tan muerto como el que más.

Los soldados romanos confirmaron esto revisando su cadáver en la cruz para ver si ya le había llegado el rigor mortis; ellos conocían la muerte cuando la veían. Puesto que los líderes judíos no podían tolerar que las víctimas de la crucifixión estuvieran colgadas de sus cruces en el día de reposo, los soldados romanos les rompieron las piernas a los que estaban crucificados para apresurar su muerte. Esto impedía que ellos pudieran levantar el cuero apoyándose en las piernas para respirar. Sin embargo, cuando los soldados llegaron donde Jesús, no le rompieron las piernas, porque vieron claramente que Él ya había muerto (Juan 19.31-36).

Si tú hubieras estado ese día en Jerusalén, después de esto habrías visto cómo descendían de la cruz el cuerpo del Señor, lo envolvían apretadamente en un sudario y lo ponían en una tumba. Y hubieras pensados, como lo hicieron sus discípulos, que esto era el fin de la historia.

En una noche de sábado del año 1998, Azita Milanian rechazó una invitación para salir a bailar, y en su lugar, salió a trotar. En medio del camino, Tango, uno de sus perros, se detuvo para oler y rascar la tierra del sendero. Ella fue allí para investigar, y vio dos pies que salían de la tierra. Al principio pensó que se trataba de un animal.

Entonces oyó llorar a un bebé.

Azita comenzó a cavar y encontró a un bebé envuelto en una toalla azul. Lo levantó, lo cargó en sus brazos y le limpió de tierra la nariz y la boca.

«No te mueras, por favor», le decía. «Yo nunca te voy a dejar. Te amo».

Detuvo un vehículo que pasaba, y este se comunicó con el Departamento del Sheriff del Condado de Los Ángeles, el cual llamó a los paramédicos. Mientras esperaba, Azita Milanian trataba de consolar al bebé.

«Él me agarró la muñeca y dejó de llorar. Fue un momento muy emotivo. ¿Qué clase de mujer enferma sería capaz de hacer algo como aquello? El bebé aún tenía su cordón umbilical colgando del estómago».

La temperatura del cuerpo del bebé había descendido a los veintiséis grados y medio centígrados. En el hospital lo tuvieron que tratar por una hipotermia grave. Con el tiempo, se recuperó de una manera notable. El médico director de la sección de neonatos en el Hospital Memorial Huntington dijo que aquello era «casi un verdadero milagro». Las enfermeras lo llamaban «Baby Christian».

Con el tiempo, el bebé fue dado en adopción. Sus padres le pusieron el nombre de Matthew Christian Whitaker.

Cuanto tenía diecisiete años, le dijeron que era adoptado. Finalmente, le contaron de qué manera lo habían hallado. Sin embargo, nada de aquello cambió sus sentimientos con respecto a su crianza.

«Aquí estoy yo hoy. He tenido una vida maravillosa. Fui adoptado por una familia encantadora», decía Whitaker. «No les podría pedir nada más a mis padres».

Tampoco se siente incómodo con la persona que lo dejó. «Si esta fue su mejor idea, dejarme allí, entonces gracias, porque no estabas mentalmente lista para criar a un niño».

Veinte años después de haber hallado a Baby Christian, Azita Milanian se volvió a encontrar con él en medio de lágrimas y de gozo al mismo tiempo. Compartieron las historias de sus vidas desde aquel día tan trascendental, y entonces Azita llevó a Matthew Christian al sendero donde lo encontró. Él se quedó callado y serio, contemplando el lugar a través de una cerca de malla metálica que había en el lugar.

«Este lugar habría podido ser mi tumba», dijo.

A esto, la mujer que lo rescató le contestó: «Pero alguien te deseaba».[9]

Historias reales como esta nos acercan emocionalmente a la resurrección de Jesús. Pero debemos recordar que Jesús no fue arrebatado de la muerte en el último minuto. Él murió físicamente. Y permaneció muerto durante tres días antes de resucitar de la muerte y regresar a la vida.

LAS EVIDENCIAS A FAVOR DE LA RESURRECCIÓN DE JESÚS

Son pocos los historiadores que niegan la existencia y la muerte de un hombre llamado Jesucristo, que existió en un momento de la historia. También las evidencias a favor de su resurrección son convincentes.

Lucas, el historiador, dijo que Jesús, «después de padecer la muerte, se les presentó dándoles muchas pruebas convincentes de que estaba vivo» (Hechos 1.3). ¿Cuáles son esas «pruebas»? Es importante que comprendamos esto, porque la fe no consiste en confiar en Dios a pesar de las evidencias, sino en poner una confianza lógica en algo fehaciente.

LOS SOLDADOS

Si hubieras presenciado la sepultura de Jesús, habrías visto un contingente de soldados que habían sido asignados a la tarea de guardar la tumba del Señor día y noche (Mateo 27.63-66).

Una guardia romana era una fuerza de seguridad compuesta por dieciséis soldados, todos y cada uno de ellos entrenados para proteger unos dos metros de terreno. Cuatro de ellos se apostaban de inmediato frente a aquello que debían proteger. Los otros doce dormían en un semicírculo frente a ellos. Cada cuatro horas, se despertaba a otra unidad de cuatro, y los que habían estado haciendo guardia despiertos se iban a dormir. Esto sucedía durante el día entero.[10]

Para robar el cadáver de Jesús, los ladrones de tumbas habrían tenido que caminar por encima de los soldados que dormían, y después pasar más allá de los que estaban montando guardia, vigilantes y bien armados. Está claro que la hipótesis del «cuerpo robado» es evidentemente absurda, pero fue el mejor «invento» que se les pudo ocurrir a los que criticaban al Señor en medio del desconcierto de los sucesos que rodearon a su resurrección (Mateo 28.11-15).

EL SELLO

Según Mateo 27.66, el gobernador también envió soldados para que aseguraran la tumba con un sello oficial que impediría que nadie lo destruyera. Este sello estaba formado por un cordel extendido a lo largo de la piedra y atado en los dos extremos con un sello de arcilla. Tenía estampado el anillo oficial del gobernador romano.

Para que alguien pudiera robar el cuerpo de Cristo tendría que haber evadido a los soldados y, entonces, romper el sello, y habría incurrido en la ira del imperio.[11]

LA PIEDRA

Si tú hubieras presenciado la escena, también habrías notado la inmensa piedra que cubría la tumba. Mateo 27.59, 60 dice: «José tomó el cuerpo, lo envolvió en una sábana limpia y lo puso en un sepulcro nuevo de su propiedad que había cavado en la roca. Luego hizo rodar una piedra grande a la entrada del sepulcro, y se fue».

El relato de Marcos dice que la piedra era sumamente grande. ¿Cómo habría podido un grupo de discípulos llenos de miedo, o un desalentado montón de mujeres vencer a los guardas romanos durante el tiempo que se habría necesitado para hacer rodar la piedra? Los críticos no dan ninguna respuesta satisfactoria.

Uno de los libros más interesantes sobre este tema es el escrito por Frank Morison, periodista inglés escéptico en cuanto al cristianismo, cuyo intento era desmentir la resurrección. Morison estudió detalladamente las evidencias para poner en orden sus argumentos. Sin embargo, no solo fue incapaz de refutar el hecho de la resurrección, sino que el peso de las evidencias lo llevó a hacerse cristiano él también. Su libro *Who Moved The Stone?* [¿Quién quitó la piedra?] se convirtió en una poderosa defensa de la resurrección.[12]

Ciertamente, ¿a quién no le hubiera sucedido lo mismo?

La tumba del Señor estaba tallada en roca sólida. Lo típico de las tumbas judías era que tuvieran una entrada de metro veinte a metro y medio de altura. Un sepulcro que fuera como este tendría una especie de canal tallado de tal manera que su parte más baja estaría frente al lugar de entrada. Cuando se quitaba la cuña que detenía la piedra, esta rodaba por el canal y caía de golpe en su lugar. Una piedra como aquella puede haber pesado dos toneladas, y esta es la razón por la cual las mujeres que llegaron a la tumba el domingo por la mañana se sorprendieron al hallarla abierta.

Entonces, ¿quién fue en realidad el que movió la piedra? Mateo 28.2 dice: «Sucedió que hubo un terremoto violento, porque un ángel del Señor bajó del cielo y, acercándose al sepulcro, quitó la piedra y se sentó sobre ella».

EL SEPULCRO

Y esto nos lleva al asombroso descubrimiento que sacudió a Jerusalén en aquel día en que la historia tomaba un rumbo distinto: la tumba estaba vacía.

Todo el mundo está de acuerdo en que la tumba estaba vacía, incluso aquellos que niegan el evangelio. Tal como dijo Pablo: «Estoy convencido de que nada de esto ignora, porque no sucedió en un rincón» (Hechos 26.26). Había miles de personas en Jerusalén para celebrar la Pascua, y pudieron ver por ellas mismas que la tumba de José de Arimatea, que recientemente había estado ocupada por el cuerpo de Jesús de Nazaret, ahora estaba vacía.

¿Robaron los discípulos el cuerpo de Jesús para perpetrar un fraude? Esto parece imposible, por dos razones. La primera, ¿cómo es posible que se lograran escabullir entre los guardias, mover aquella piedra gigante, tomar el cuerpo de Jesús y escapar con Él, sobre todo sin que aquellos soldados altamente entrenados notaran su presencia ni los detuvieran?

La segunda es que los discípulos eran personas diferentes después de la resurrección. No actuaban como conspiradores, sino como testigos. Algo había sucedido que los había transformado, y llegaron incluso a sufrir y morir por el evangelio, fortalecidos por su verdad.

En ese caso, ¿serían las autoridades las que movieron el cuerpo del Señor? Es difícil creer esto, puesto que cuando los apóstoles comenzaron a proclamar a Jesús y a la resurrección, a las autoridades les habría bastado con presentar el cadáver y acabar con aquella historia. El mensaje de la resurrección no se habría podido propagar en Jerusalén ni un solo día «si la realidad de la tumba vacía no hubiera quedado establecida como tal para todos aquellos a los que interesaba».[13]

EL SUDARIO

Tenemos también un detalle significativo que encontramos en Juan 20.3-8, donde se nos dice que Pedro y Juan, al escuchar los rumores acerca de la resurrección, se fueron corriendo a la tumba. Cuando Juan se inclinó a mirar dentro de la tumba, vio algo tan alarmante, que no entró en ella.

Donde había estado el cuerpo de Jesús, estaban ahora las vendas funerarias, que habían tomado la forma de un cuerpo, ligeramente hundida y vacía… como la crisálida vacía de un capullo de oruga. Aquello era suficiente para convertir en creyente a cualquiera.[14] Juan nunca logró superar aquello. Lo inolvidable que quedó impreso en las mentes de los discípulos eran aquellas vendas vacías, intactas en cuanto a su forma y posición.

LAS LLAGAS

Por la noche, esa primera Pascua, Jesús se apareció a sus discípulos cuando se escondían tras puertas cerradas por miedo de los líderes judíos (Juan 20.19-23). Pero faltaba allí un hombre. El discípulo llamado Tomás no estaba presente. Se sentía demasiado deprimido para estar allí. Después, al escuchar los informes de los demás, dijo que no creería si no tenía pruebas personales palpables.

«Mientras no vea yo la marca de los clavos en sus manos, y meta mi dedo en las marcas y mi mano en su costado, no lo creeré», dijo Tomás (Juan 20.25).

Una semana más tarde se volvieron a reunir los discípulos. Esta vez, Tomás estaba allí. Según Juan 20.26-28, Jesús apareció de nuevo en medio de ellos y les dijo: «¡La paz sea con ustedes!». Entonces le dijo a Tomás: «Pon tu dedo aquí y mira mis manos. Acerca tu mano y métela en mi costado. Y no seas incrédulo, sino hombre de fe».

La reacción de Tomás representa el punto culminante del evangelio de Jesús, puesto que exclamó: «¡Señor mío y Dios mío!». Las llagas de Cristo, visibles aún en su cuerpo resucitado y glorificado, aportaban una prueba indiscutible de su identidad. Las dudas de Tomás se desvanecieron para siempre y, según nuestras mejores fuentes de tradición, se convirtió en un misionero para toda la vida, y dio su vida por la expansión de la iglesia en la India.

LOS TESTIGOS QUE LO VIERON

De haber vivido tú en Israel en aquellos días, es probable que hubieras visto al Cristo resucitado, puesto que algunas de las «muchas pruebas convincentes» de su resurrección tienen que ver con relatos de testigos presenciales. Esto es lo que hizo notar Lucas de manera específica en Hechos 1.3: «Después de padecer la muerte, se les presentó dándoles muchas pruebas convincentes de que estaba vivo. Durante cuarenta días se les apareció y les habló acerca del reino de Dios».

Tenemos noticia de cerca de una docena de apariciones posteriores a su resurrección que hizo Jesús, en una ocasión con quinientas personas presentes (1 Corintios 15.5-8). Se les apareció a hombres y a mujeres, a grupos y a personas individuales, en una casa y en una calle, a unos discípulos que estaban tristes y a otros que estaban felices, en ocasiones de un instante y en otras que se extendieron durante un período de tiempo, en diferentes lugares y en distintos momentos del día. La variedad de sus apariciones es una de las razones por las cuales aquellos que han estudiado su resurrección consideran que se halla tan bien confirmada.

Albert L. Roper era un prominente abogado de Virginia, graduado de la Universidad de Virginia y de su escuela de leyes, y alcalde de Norfolk. En una ocasión comenzó una investigación legal en las evidencias a favor de la resurrección de Cristo, haciéndose a sí mismo una pregunta: ¿puede aceptar alguna persona inteligente la historia de la resurrección? Después de examinar con todo detalle las evidencias, terminó haciéndose una pregunta diferente: ¿puede negar alguna persona inteligente el peso de estas evidencias?[15]

ES HORA DE VIVIR COMO VENCEDORES

Jesucristo venció a la muerte con la vida. Nuestro conocimiento de su resurrección no es un simple ejercicio de tipo intelectual. Porque Él vive, tú también puedes vivir, y en el sentido más pleno de la palabra. Porque Él vive ahora y para Mesías, tiene autoridad para dar vida, tanto eterna como abundante.

Estas verdades cuatro consecuencias profundas y altamente prácticas:

PORQUE ÉL RESUCITÓ, TÚ PUEDES VIVIR COMO QUIEN HA SIDO PERDONADO

Antes de morir en la cruz, Jesús vio cómo sus discípulos iban tropezando de un error a otro, y terminaban desertando y negándolo a Él.

Sin embargo, de alguna manera, todos los fallos de ellos fueron tragados por la tumba vacía de Cristo. Tomemos por ejemplo a Tomás. De no haber arruinado las cosas y haberse ido lleno de amarga incredulidad, nosotros no tendríamos su triunfante proclamación de la semana siguiente: «¡Señor mío y Dios mío!». Como ya te dije, Juan usó esas palabras como el momento culminante de su evangelio, porque Jesús puede convertir nuestros fallos en actos de fe y de lealtad.

Eso es lo que Él hace por ti y por mí, y por aquellos a quienes amamos. La Biblia usa unas maravillosas palabras en Deuteronomio 23.5 y Nehemías 13.2: «Nuestro Dios cambió la maldición por bendición».

Si hay algo en tu vida que te parece como una maldición, somételo a la centelleante luz de la tumba vacía. Entrégaselo al Cristo resucitado. ¿Tienes algún recuerdo, tal vez de un error o de algo que lamentas, que te persigue? ¿Darías cualquier cosa por poder volver atrás en el tiempo y corregirlo?

No tienes que hacerlo.

Gracias a la resurrección, el Señor puede hacer que todas las cosas obren para nuestro bien y para su gloria. Los que decidimos depositar nuestra confianza en su muerte y su resurrección recibimos el perdón gratuito y pleno de todos nuestros pecados, y Él también puede redimir nuestros errores. Gracias a la resurrección, nuestros fallos no son definitivos.

La vida de todos los seguidores de Cristo es un milagro que surge del milagro mayor que es la resurrección del Señor. La Biblia dice: «¿Quién es el que vence al mundo sino el que cree que Jesús es el Hijo de Dios?» (1 Juan 5.5).

PORQUE ÉL RESUCITÓ, TÚ PUEDES VIVIR UNA VIDA CON SENTIDO

Porque él resucitó, tu vida no es en vano; esta fue la primera idea que presentó el apóstol Pablo en su gran capítulo sobre la resurrección, 1 Corintios 15. En este largo y maravilloso capítulo, Pablo estudia la resurrección de Cristo desde todos los ángulos posibles. Y termina diciendo: «Por lo tanto, mis queridos hermanos, manténganse firmes e inconmovibles, progresando siempre en la obra del Señor, conscientes de que su trabajo en el Señor no es en vano» (v. 58).

Gracias a la resurrección, tu vida no es en vano, ni tampoco lo es tu esfuerzo. El Señor conoce la manera de infundirte la energía de la resurrección.

En su libro *Just for a Moment I Saw the Light* [Solo por un momento vi la luz], el escritor John Duckworth describe un domingo en el que solo tenía tres años, y su padre lo llevó a la clase de la señora Loeffler en la escuela dominical de la Primera Iglesia Presbiteriana de Flushing, Nueva York. John no quería ir, y le dio un ataque tirado en el suelo, aferrado a las piernas de su padre como si fuera a perder la vida. La señora Loeffler acudió al rescate, y le sugirió al señor Duckworth que se quedara de pie al fondo del aula. John accedió finalmente a sentarse cerca del frente, siempre que pudiera mirar hacia atrás y ver a su padre.

Cuando la señora Loeffler sacó su flanelógrafo para relatar la historia bíblica de la semana, John la escuchó con interés. Fue observando cómo las distintas figuras recortadas entraban y salían del flanelógrafo. Había otra persona que también estaba escuchando: su padre, entonces de treinta y dos años, un agnóstico que solo asistía a la iglesia porque su esposa se lo sugería.

«Así que allí estábamos mi padre y yo, ambos principiantes. Estábamos encerrados en un cuarto lleno de luz sin manera de escapar de él; el hijo atrapado por el padre y el padre por el hijo. Habíamos llegado al lugar correcto».

A la semana siguiente, regresaron, y de nuevo John ocupó su pequeño asiento cerca del frente, y el señor Duckworth se quedó de pie al fondo del aula.

«La Sra. Loeffler fue colocando su gente de papel en el flanelógrafo», recuerda John, «y de nuevo la Luz comenzó a resplandecer».

Entonces, un domingo, la Sra. Loeffler llegó a la historia más grandiosa de la Biblia. «Dios había enviado a su Hijo Jesús para salvar a la gente. Para salvar a todo el que creyera en Él: los padres de treinta y dos años y los hijos de tres. Jesús había muerto por nosotros, y después había vuelto a la vida para que nosotros pudiéramos vivir para siempre».

El padre de John no pudo escapar al poder de aquella historia. Pocos meses después estaba listo para dar un paso hacia la Luz misma y pedirle a Jesucristo que fuera su Salvador.

«Pasaron tres años hasta que finalmente la señora Loeffler supo todo lo que había sucedido al fondo de su aula de la escuela dominical», escribió John. «Mis padres le tuvieron que contar la historia antes que nos marcháramos de allí; antes que atravesáramos por carretera el país hasta el lugar donde mi padre tendría su primer pastorado».[16]

John Duckworth terminó haciéndose escritor, editor e ilustrador de libros cristianos. Su vida fue cambiada por la fidelidad de una mujer en compartir el evangelio, y él continuó cambiando la vida de otros. La historia continúa.

Piensa en la forma silenciosa y segura en que Dios usó a una mujer que todo lo que había hecho era comprometerse a enseñar en la clase de los niños de tres años de su iglesia. En aquellos momentos, ella desconocía el impacto que causaría, y aún lo sigue desconociendo, porque continúa. La obra de ella no había sido en vano. Dios la había usado más allá de todo lo que ella habría podido saber.

De la misma manera, necesitamos un propósito para nuestra vida, que sea el que la alimente. Según el *Wall Street Journal*, los adolescentes que tienen un sentido de su razón de ser hacen una labor mejor en la escuela, son más resistentes y más sanos. Lamentablemente, solo el veinte por ciento de los adolescentes caen dentro de esa categoría. El ochenta por ciento de ellos aún no le han hallado a su vida una fuerte razón de ser.[17]

En el otro extremo del espectro, tenemos que más de 10.000 personas llegan cada día a los sesenta años en Estados Unidos. Los expertos advierten que la mayoría no están listas para retirarse a causa de problemas económicos o por cuestiones relacionadas con su misión en la vida. Las personas que se retiran sin un sentido permanente de su razón de ser en la vida pasan por batallas emocionales, espirituales y físicas.[18]

Sin la resurrección de Cristo, nuestra vida es inútil, a fin de cuentas. Hasta nuestros logros más heroicos y perdurables tienen una duración limitada, y nada de valor es perpetuo o imperecedero. En cambio, la resurrección de Cristo es un llamado de esperanza que nos trae consigo una razón de ser, una relevancia y una realización que no tienen fin.

PORQUE ÉL RESUCITÓ, TÚ PUEDES VIVIR UNA VIDA LLENA DE PODER

La resurrección de Jesús fue la muestra de un poder inimaginable, y ese mismo poder esta disponible para nosotros. Ese es el mensaje central de la epístola a los Efesios, que termina con las dramáticas imágenes de la armadura con la cual podemos vencer. La resplandeciente luz de la tumba vacía ilumina cada frase y cada palabra de esta epístola de Pablo a la iglesia de Éfeso. Por ejemplo, escucha este párrafo tomado de Efesios 1 o mejor aún, léelo en voz alta:

«Pido también que les sean iluminados los ojos del corazón para que sepan a qué esperanza él los ha llamado, cuál es la riqueza de su gloriosa herencia entre los santos, y cuán incomparable es la grandeza de su poder a favor de los que creemos. *Ese poder es la fuerza grandiosa y eficaz que Dios ejerció en Cristo cuando lo resucitó de entre los muertos»*. (Efesios 1.18-20)

Revertir el proceso de la muerte no era nada fácil. ¡Con cuánta frecuencia, al encontrarme de pie junto al ataúd de un amigo o de un ser amado, he deseado poder chasquear los dedos y despertarlo! Llevar a Cristo de la muerte a la vida, resucitar su cuerpo de la tumba, echar a andar de nuevo un corazón que se ha detenido, abrir unos ojos que han fallecido, transformar un cadáver en un cuerpo con vida eterna… solo el Dios Omnipotente puede hacer eso.

Según este pasaje, *el mismo poder que llevó a Jesús de vuelta a la vida se halla a tu disposición cuando tú depositas tu confianza en Él*. Ese poder se halla a tu disposición para transformar tu vida, responder tus oraciones, resolver tus dificultades y guiarte por la vida mientras vives para servirle, apoyándote en su gracia que lo vence todo.

Jesús es nuestra fuente de poder. ¡Cuán angustiado se debe sentir Él cuando nos ve caminando en derrota todo el tiempo, dando vueltas siempre alrededor de la lástima por nosotros mismos y el desespero, cayendo de cabeza en hábitos de pecado. Caemos más de lo que nos levantamos, y permanecemos caídos más tiempo de lo que deberíamos. Sin embargo, esto puede cambiar.

¡Tenemos trabajo que hacer! Tenemos encomiendas que realizar cada día, ya se trate de darles clases a los niños de tres años, o de edificar casa para los pobres, enseñar a nuestros hijos a orar y a leer sus Biblias, escribirles notas a los enfermos o llevar adelante nuestra profesión, haciéndolo como para el Señor. Todos y cada uno de los días de los que seguimos a Cristo están llenos de significado, Él te fortalecerá con su poder para que puedas cumplir con las tareas que te ha dado.

PORQUE ÉL RESUCITÓ, TÚ PUEDES VIVIR UNA VIDA QUE NUNCA TERMINARÁ

Por último, gracias a que Cristo ha resucitado, tu muerte no es definitiva. La Biblia dice: «Lo cierto es que Cristo ha sido levantado de entre los muertos, como primicias de los que murieron» (1 Corintios 15.20). La resurrección del Señor es la garantía de que aquellos que depositen en Él su confianza, también resucitarán algún día. Jesús mismo declaró: «Yo soy la resurrección y la vida. El que cree en mí vivirá, aunque muera; y todo el que vive y cree en mí no morirá jamás. ¿Crees esto?» (Juan 11.25, 26).

Porque Jesús triunfó sobre la muerte y triunfará sobre la maldad, tenemos una esperanza segura con respecto al futuro.

Cuando ministré en el funeral de mi madre, a quien amaba profundamente y sigo amando hasta el día de hoy, lloré; sin embargo, no me puse histérico ni tuve que pelear con un sentimiento de desesperación. Yo sé dónde ella está, y sé con Quién está. Sé también que un día, por la gracia de Dios, la veré de nuevo. En medio de todo el sufrimiento, hay esperanza.

Ruth Dillow estaba trabajando en su máquina de coser en la National Garment Company el jueves 28 de febrero de 1991, cuando la llamaron a la oficina de su jefe. Dos hombres muy serios vestidos de uniforme estaban allí para decirle que su hijo más joven, el Soldado de Primera Clayton Carpenter, había muerto a causa de una bomba de racimo durante la Operación Tormenta en el Desierto.

«No puedo comenzar siquiera a describir mi angustia y mi conmoción», escribió. «Aquello era casi más de lo que yo podía soportar. Lloré durante tres días. Durante esos tres días, expresé mi ira y mi dolor por la pérdida. Durante tres días las personas trataban de consolarme sin lograrlo, porque mi pérdida era muy grande».

Llegaban los vecinos con flores, pasteles y comida. Las tarjetas de pésame le llenaban el buzón de correos. Los negocios cercanos pusieron letreros en honor y memoria de su hijo. Pero Ruth estaba inconsolable y no podía apartar los ojos de una foto de su muchacho.

«Seguí mirando aquella foto», diría después. «Y seguía diciendo: "No. Él no puede estar muerto. Aquí tiene que haber un error"».

Tres días más tarde sonó el teléfono. La voz de la persona que llamaba dijo: «¡Hola, mamá! ¡Te habla Clayton!». Ruth se quedó petrificada, temerosa de que alguien le estuviera haciendo una broma cruel, pero Clayton le siguió suplicando que lo escuchara. «Vamos, mamá, por favor, créelo. ¡Soy yo!», le decía. La estaba llamando desde un hospital en Arabia Saudita, ligeramente herido, pero ciertamente, vivo aún.

«Al principio yo no lo pude creer», dice Ruth. «Pero entonces reconocí su voz, y era cierto que estaba vivo. Reí, lloré, me sentí con ganas de saltar, porque mi hijo, de quien yo había pensado que estaba muerto, en realidad estaba vivo».[19]

¿Te puedes imaginar el gozo de Ruth Dillow? ¡Así es como nosotros nos deberíamos sentir con respecto a la resurrección de Jesucristo!

Seguramente, así es como tú te habrías sentido de haber estado presente en aquel primer domingo de Pascua. Jesús murió y después derrotó a la muerte: algo imposible de imaginar, pero también imposible de negar. Había vencido al que tenía el poder de la muerte, al diablo, y nos había liberado de nuestro temor a la muerte.

Gracias a Él, nosotros nos podemos revestir con la armadura espiritual de Efesios 6 y permanecer firmes en una gozosa victoria. Precisamente cuando parecía que la humanidad había sido vencida por la muerte, Satanás fue vencido por Cristo. La duda había sido vencida por la verdad, y la angustia por el gozo.

Jesús señaló: «Yo les he dicho estas cosas para que en mí hallen paz. En este mundo afrontarán aflicciones, pero ¡anímense! Yo he vencido al mundo» (Juan 16.33).

No nos es posible vencer a las tribulaciones de la vida sin Jesucristo. Con mis palabras finales te ruego que le abras tu vida a Él. Hace ya mucho tiempo que te habrías debido decidir a ser un Vencedor.

La Biblia dice: «Si confiesas con tu boca que Jesús es el Señor y crees en tu corazón que Dios lo levantó de entre los muertos, serás salvo» (Romanos 10.9). Eso es lo que puedes hacer ahora, en este mismo momento, al tomar la decisión más transformadora del mundo: la de pedirle a Jesucristo que se convierta en tu Salvador y Señor.

Permíteme que te sugiera una oración. Te exhorto a hacerla tuya y comenzar a vivir las verdades que has leído en este libro.

Señor amado:

Creo que tú me amas y que tienes un plan para mi vida. Me doy cuenta de que te he descuidado, te he desobedecido y he estado separado de ti por mis pecados. Con tu ayuda y por tu gracia, estoy dispuesto a apartarme de mis pecados y recibir a Jesucristo como Salvador. Creo que Él murió por mí, y creo que resucitó de nuevo. Aquí y ahora, recibo tu gracia que lo vence todo y tu poder también vencedor, el mismo poder que resucitó a Cristo de entre los muertos. Quiero vivir para ti desde este día y para siempre. En el nombre de Jesús, amén.

¡Gracias a Dios, que nos da la victoria
por medio de nuestro Señor Jesucristo!
— 1 CORINTIOS 15.57

RECONOCIMIENTOS

La distancia entre lo que sabemos y la forma en que aplicamos eso que sabemos parece estarse volviendo más grande con cada año que pasa. En mi generación son muchos los que parecen contentarse con ser oidores de la Palabra de Dios, y no hacedores de ella. Yo me he dedicado a cambiar esto con *Vencedores*. Y más que ninguna otra cosa, eso es lo que explica la forma poco usual en que hemos tratado este tema.

Yo creo que las historias son ventanas que nos permiten ver el alma, y este libro está repleto de historias. Historias de hombres y mujeres que se han enfrentado a las dificultades de la vida y las han superado.

Jesús es el que nos enseña lo importantes que son las historias. Mateo nos dice que «sin emplear parábolas no les decía nada» (Mateo 13.34). Él tomaba las cosas comunes y corrientes que sus oyentes conocían bien, y creaba una breve historia por medio de la cual les comunicaba algo que ellos no conocías. ¡Eso es lo que hemos intentado hacer con las cerca de cien historias que contiene este libro!

Yo he descubierto muchas de estas historias a través de los numerosos libros que leo cada año, y de la investigación de rutina que forma parte de mi predicación. Sin embargo, hay muchas personas que me han enviado historias para que las lea. Tom Williams, Rob Morgan y William Kruidenier son grandes contadores de historias por derecho propio, y han compartido conmigo algunos de sus tesoros en beneficio de este libro. Se lo agradezco a todos y, por favor, sigan leyendo, que hay otro libro que se publicará pronto.

Este proyecto no habría sido posible sin mi socio literario. Beau Sager, tú me inspiras todos los días con tu diligencia y decisión. Para ti todas las palabras importan, todas las fuentes son sagradas y todos los minutos en que corriges y redactas de nuevo los tomas en serio. Tienes una resistencia increíble, y eres el pegamento que mantiene todo esto unido.

Esta es la segunda oportunidad en que trabajamos con Jennifer Hansen. ¡Qué gran bendición has sido para nosotros, Jennifer! Cuando tú has autorizado un capítulo, yo me permito autorizarlo también. ¡Todos creemos que tú has hecho mucho mejor lo que nosotros hacemos, y te damos las gracias!

Tengo una gran deuda de gratitud con las personas que me rodean en Turning Point. Diane Sutherland se halla en el centro de ese mundo. Ella comprende las presiones que descienden sobre nuestra oficina cuando estamos en medio del proyecto de un libro, de manera que protege mi agenda, y organiza mi vida para que yo me pueda apartar de los retos diarios normales y concentrarme en la terminación de otro proyecto de redacción a su tiempo. Todos nosotros en San Diego, y todas las personas del mundo entero sobre las cuales influyes con tu maravillosa capacidad de comunicación te decimos «¡Gracias!». ¡Diane, eres realmente excelente en lo que haces!

En el aspecto de producción y publicación de este proyecto hay también varias personas muy especiales. Me agradaría saludar a una nueva asociada, a la cual conocimos por vez primera durante la redacción de este libro. Daisy Hutton es nuestra campeona en HarperCollins Christian Publishing, y no puedo recordar ninguna casa de publicaciones que crea en nuestro equipo de Turning Point como ella cree. No puedes saber lo que eso significa para mí y para las personas con las que trabajo todos los días.

En la primera página de todos mis libros, verás el nombre de Yates & Yates, la agencia literaria fundada por Sealy Yates. Gracias, Sealy, por la coordinación de los esfuerzos entre el equipo de Turning Point y el de HarperCollins. Todos hemos estado trabajando más y en la misma dirección con este libro.

David Michael, mi hijo mayor, es el líder del equipo de Turning Point. Hemos estado trabajando juntos durante más de veinticinco años, y estamos disfrutando este viaje más que nunca. David, me siento muy bendecido al poderte ver y trabajar junto contigo todos los días.

¡Todo el que sepa algo acerca de Turning Point conoce el nombre de Paul Joiner! Es la persona más creativa que he conocido jamás, y con cada año que pasa, nos lleva a un lugar más elevado. ¡La labor que tú y tu equipo hicieron para promover este libro ha establecido un nivel totalmente nuevo de excelencia para todos nosotros! ¡Magnífico!

Este año ha sido especial para mi esposa, Donna, y para mí. Acabamos de celebrar nuestro aniversario de bodas número cincuenta y cinco. Hemos servido juntos al Señor durante más de medio siglo, y hemos compartido un gran gozo durante todos estos días, a medida que vamos cortando los cupones de una vida invertida en el Evangelio. Donna, me siento muy bendecido por estar compartiendo esta vida contigo.

Por último, le dedicamos este libro a Jesucristo, el mayor Vencedor de todos los tiempos.

David Jeremiah
San Diego, California
25 de julio de 2018

NOTAS

CAPÍTULO 1: EL VENCEDOR

1. Erin Kelly, «The True Story of WWII Medic Desmond Doss Was Too Heroic Even For "Hacksaw Ridge",» *All That Is Interesting*, 7 enero 2018, http://allthatsinteresting.com/desmond-doss.

2. T. A. Boogaart, citado en Tremper Longman y David Garland, *The Expositor's Bible Commentary: 1 Samuel-2 Kings* (Grand Rapids, MI: Zondervan, 2010), p. 178.

3. Malcolm Gladwell, *David and Goliath: Underdogs, Misfits, and the Art of Battling Giants,* (Nueva York, NY: Hachette Book Group, 2013), pp. 7-8. [*David y Goliat: Desvalidos, inadaptados y el arte de luchar contra gigantes* (Editorial Taurus, 2013)].

4. Ibíd., pp. 9-10.

5. Ibíd., p. 11.

6. Karl Vaters, «The Man Who Saved the World by Thinking Small: A D-Day Tribute», *Christianity Today*, 6 junio 2017, https://www.christianitytoday.com/karl-vaters/2017/june/man-who-saved-world-by-thinking-small-d-day-tribute.html?paging=off.

7. Robert J. Morgan, con Reese Kauffman, *Every Child, Every Nation, Every Day* (Warrenton, MO: CEF Press, 2015), pp. 72–73.

8. Max Lucado, *Enfrente a sus gigantes* (Nashville, TN: Grupo Nelson, 2006), p. 8.

9. Ibíd., p. 9.

10. Adaptado de James Earl Jones, «James Earl Jones on the Importance of Mentoring», *Guideposts*, 12 junio 2017, https://www.guideposts.org/better-living/entertainment/movies-and-tv/guideposts-classics-james-earl-jones-on-the-importance-of.

11. Douglas McGray, «Design Within Reach: A Blind Architect Relearns His Craft», *The Atlantic*, octubre 2010, https://www.theatlantic.com/magazine/archive/2010/10/design-within-reach/308220/.

12. Margalit Fox, «Dovey Johnson Roundtree, Barrier-Breaking Lawyer, Dies at 104», *New York Times*, 21 mayo 2018, https://www.nytimes.com/2018/05/21/obituaries/dovey-johnson-roundtree-dead.html.

CAPÍTULO 2: VENCE A LA DEBILIDAD CON LA FORTALEZA

1. Denny Morrison, «Denny Frank on Cheating Death Twice to Make It Back to the Olympics», *Vice Sports*, 23 enero 2018, https://sports.vice.com/en_ca/article/mbpdg8/denny-morrison-on-cheating-death-twice-to-make-it-back-to-the-olympics.

2. Ver Robert J. Morgan, *Nelson's Complete Book of Stories, Illustrations, and Quotes* (Nashville, TN: Thomas Nelson, 2000), pp. 64–65.

3. Mark Ellis, «92-Year-Old Grandma Stops Attacker with Jesus», *God Reports*, 14 agosto 2012, http://blog.godreports.com/2012/08/92-year-old-grandma-stops-attacker-with-jesus/.

4. Sarah Kaplan, «Some Birds Are So Stressed by Noise Pollution It Looks Like They Have PTSD», *The Washington Post*, 9 enero 2018, https://www.washingtonpost.com/news/speaking-of-science/wp/2018/01/09/some-birds-are-so-stressed-by-noise-pollution-it-looks-like-they-have-ptsd/?utm_term=.e1c069a44fa3.

5. Ken Blanchard y Phil Hodges en *The Servant Leader* (Nashville, TN: Thomas Nelson, 2003), p. 88.

6. Citado en *Record of Christian Work, Volume 24*, editado por Alexander McConnell, William Revell Moody, Arthur Percy Fitt (Record of Christian Work Company, 1905), p. 312.

7. John MacArthur, *The MacArthur New Testament Commentary: 2 Corinthians* (Chicago, IL: Almighty Press, 2003), p. 405. [*Comentario MacArthur del Nuevo Testamento: 1 y 2 Corintios* (Editorial Portavoz, 2015)].

8. *More Perfect Illustrations for Every Topic and Occasion*, recopilado por los editores de PreachingToday.com (Wheaton, IL: Tyndale House Publishers, Inc., 2003), p. 9.

CAPÍTULO 3: VENCE A LA FALSEDAD CON LA VERDAD

1. «Great Wall of China Hoax», Museum of Hoaxes, http://hoaxes.org/ archive/permalink/the_great_wall_of_china_hoax/.

2. Stephen J. Dubner y Steven D. Levitt, *Freakanomics: A Rogue Economist Explores the Hidden Side of Everything* (Nueva York, NY: HarperCollins Publishing, 2009), pp. 224–225.

3. Harold A. Bosley, *Sermons on the Psalms*, citada por Gerald Kennedy, *A Second Reader's Notebook* (Nueva York, NY: Harper & Brothers, 1959), p. 330.

4. R. C. Sproul, *Enjoying God: Finding Hope in the Attributes of God* (Grand Rapids, MI: Baker Publishing Group, 1995), p. 181.

5. Brett McCracken, «Five Facets of Our Epistemological Crisis», 12 agosto 2017, https://www.brettmccracken.com/blog/2017/8/3/ five-facets-of-our-epistemological-crisis.

6. Os Guinness, *A Time for Truth: Living Free in a World of Lies, Hype and Spin* (Grand Rapids, MI: Baker Books, 2000), pp. 11-12.

7. John F. Walvoord y Donald K. Campbell, *The Theological Wordbook: The 200 Most Important Theological Terms and Their Relevance for Today* (Nashville, TN: Word Publishing, Inc., 2000), p. 362.

8. Citado por Isaac Chotiner, «How to Survive Death Row», *Slate*, 22 marzo 2018, https://slate.com/news-and-politics/2018/03/how-anthony-ray-hinton-survived-death-row.html.

9. Walvoord and Campbell, *The Theological Wordbook*, p. 362.

10. Stu Weber, *Spirit Warriors* (Sisters, OR: Multnomah Press, 2001), p. 166.

11. J. D. Greear, *Not God Enough: Why Your Small God Leads to Big Problems* (Grand Rapids, MI: Zondervan, 2018), p. 99.

12. James Russel Lowell, «The Present Crisis», http://www.bartleby.com/102/128.html.

13. Hal Bock, «A Coach for All Seasons», *The Spokane-Review*, 4 diciembre 2000, C8.

14. Chip Ingram, «How to Speak the Truth in Love, Part 1», *Living on the Edge with Chip Ingram*, https://livingontheedge.org/broadcast/how-to-speak-the-truth-in-love-part-1/weekend-radio.

15. Ibíd.

16. Citado en «A Resolution for the New Year: In the Face of Suffering, Unleash Love», por Stephanie Gray, 4 enero 2017, https://loveunleasheslife.com/blog/2017/1/3/a-resolution-for-the-new-year-in-the-face-of-someones-suffering-unleash-your-love-by-stephanie-gray.

17. John Ortberg, *The Me I Want to Be* (Grand Rapids, MI: Zondervan, 2010), pp. 198-99.

18. Mark Buchanan, «Thy Kingdom Come,» *CT Pastors*, https://www.christianitytoday.com/pastors/2010/spring/thykingdomcome.html.

CAPÍTULO 4: VENCE AL MAL CON EL BIEN

1. Rachel Denhollander, «Read Rachael Denhollander's Full Victim Impact Statement About Larry Nassar», *CNN*, 30 enero 2018, https://www.cnn.com/2018/01/24/us/rachael-denhollander-full-statement/.

2. «Righteous», *Merriam-Webster*, https://www.merriam-webster.com/dictionary/righteous.

3. Alexandr Solzhenitsyn, *The Gulag Archipelago, 1918-1986: An Experiment in Literary Investigation, Volume 1* (Boulder, CO: Westview Press, 1998), p. 168. [*Archipiélago Gulag* (Barcelona: TusQuets, 2015)].

4. James R. Edwards, *The Divine Intruder* (Eugene, OR: Wipf and Stock Publishers, 2017).

5. Erwin Lutzer, *How You Can Be Sure You Will Spend Eternity With God* (Chicago, IL: Moody Publishers, 2015), pp. 67-68. [Cómo puede estar seguro de que pasará la eternidad con Dios (Portavoz, 1997)].

6. *Perfect Illustrations for Every Topic and Occasion* por los editores de PreachingToday.com. (Wheaton, IL: Tyndale House Publishers, 2002), pp. 115-16.

7. Charles Swindoll, *Tale of the Tardy Oxcart* (Nashville, TN: W Publishing, 1998), p. 495.

8. «Virginia Man Pays Taxes with 300,000 Pennies to "Inconvenience" DMV», *KTLA5*, 12 enero 2017, http://ktla.com/2017/01/12/man-brings-300000-pennies-to-dmv-to-inconvenience-the-state/.

9. Andrew Bagnato, «Essian Pep Talks Take 2 Approaches», *Chicago Tribune*, 19 septiembre 1991, http://articles.chicagotribune.com/1991-09-19/sports/9103110332_1_manager-jim-essian-wrigley-field-cubs.

10. Jay E. Adams, *How to Overcome Evil: A Practical Exposition of Romans 12.41-21* (Phillipsburg, NJ: P&R Publishing, 1977), pp. 92-93.

11. Ken Burns, *Lewis and Clark: The Journey of the Corps of Discovery*, Florentine Films and WETA, Washington, DC, 1997.

12. Tom Berman y Alexa Valiente, «When Feuding with Your Neighbor Over a Fence Gets Out of Hand», *ABC News*, 1 enero 2015, http://abcnews.go.com/US/feuding-neighbor-fence-hand/story?id=27884426.

13. William Hendricksen, *Exposition of St. Paul's Epistle to the Romans* (Grand Rapids, MI: Baker Books, 1981), p. 421.

14. Albert Tomei, «Touching the Heart of a Killer», *New York Times*, 7 marzo 1997.

15. Adams, *How to Overcome Evil*, p. 47.

16. John MacArthur, *The MacArthur New Testament Commentary: Romans 9-16* (Chicago, IL: Moody Press, 1994), p. 203.

17. Resumido de la obra de John Perkins, *With Justice for All* (Ventura, CA: Regal Books/GL Publications, 1982), pp. 98-103.

CAPÍTULO 5: VENCE A LA ANSIEDAD CON LA PAZ

1. Joe Martin, «Ex-Energy Employee Smashes into New Career Path», *Houston Business Journal*, 31 mayo 2016, https://www.bizjournals.com/houston/news/2016/05/31/ex-energy-employee-smashes-into-new-career-path.html.

2. «Facts and Statistics», *Anxiety and Depression Association of America*, https://adaa.org/about-adaa/press-room/facts-statistics.

3. Amy Ellis Nutt, «Why Kids and Teens May Face Far More Anxiety These Days», *Washington Post*, 10 mayo 2018, https://www.washingtonpost.com/news/to-your-health/wp/2018/05/10/why-kids-and-teens-may-face-far-more-anxiety-these-days?.

4. R. Kent Hughes, *Ephesians: The Mystery of the Body of Christ* (Wheaton, IL: Crossway Books, 1990), p. 232.

5. Julian Barnes, *Nothing to Be Frightened Of* (Canadá: Vintage Canada, 2009), p. 1.

6. Lindsey Carlson, «In the Valley of Postpartum Depression», *ChristianityToday.com* (28 diciembre 2016), https:// www.christianitytoday.com/women/2016/december/in-valley-of-postpartum-depression-christian-women.html.

7. Sara Thurgood, BS, Daniel M. Avery, MD, y Lloyda Williamson, MD, «Postpartum Depression (PPD)», *American Journal of Clinical Medicine*, Volumen VI, Número 2 (primavera 2009), http://www.aapsus.org/articles/11.pdf.

8. Carlson, «In the Valley of Postpartum Depression».

9. Michael P. Green, *1500 Illustrations for Biblical Preaching* (Grand Rapids, MI: Baker Books, 1989), pp. 260-61.

10. Dietrich Bonhoeffer, *Prisoner for God: Letters and Papers from Prison* (Nueva York, NY: The Mcmillan Company, 1959), p. 11.

11. Joseph Stromberg, «7 Things the Most-Highlighted Kindle Passages Tell Us about American Readers», *Vox*, 8 junio 2014, https://www.vox.com/2014/6/8/5786196/7-things-the-most-highlighted-kindle-passages-tell-us-about-american.

12. Lee el artículo sobre el verbo griego «*merimnao*» en *Bible Hub*, http://biblehub.com/greek/3309.htm.

13. Lee *The Pastoral Luther: Essays on Martin Luther's Practical Theology*, editado por Timothy J. Wengert (Grand Rapids, MI: William B. Eerdmans Publishing Company, 2009), p. 94.

14. Mark Batterson, *The Circle Maker Devotions for Kids* (Grand Rapids, MI: Zonderkidz, 2018), edición de Kindle.

15. Citado en *The Advance*, 10 mayo 1906, p. 589.

16. Max Lucado, *Ansiosos por nada* (Nashville, TN: Grupo Nelson, 2017), p. 133, 136.

17. Fuente original desconocida.

18. Tommy Nelson, «Anxiety Attack!» *CT Pastors*, https://www.christianitytoday.com/pastors/2013/winter/anxiety-attack.html

19. Ibíd.

20. Ibíd.

21. Ibíd.

22. John Evans, «IB: After Son's Suicide, Rick and Kay Warren Share Suffering, Peace with Church Family», *Illinois Baptist State Association*, 9 agosto 2013, http://www.ibsa.org/article372480.htm.

23. Rick Warren, «Trust One Day at a Time», *Pastor Rick's Daily Hope*, 18 diciembre 2016, http://pastorrick.com/devotional/english/trust-one-day-at-a-time1.

24. David Jeremiah, *Slaying the Giants in Your Life* (Waco: Word Publishing, 2001), p. 63 [*Aplaste a los gigantes que hay en su vida* (Nashville, TN: Grupo Nelson, 2015)].

25. Kim Phuc Phan Thi, «These Bombs Led Me to Christ», *Christianity Today*, 20 abril 2018, https://www.christianitytoday.com/ct/2018/may/napalm-girl-kim-phuc-phan-thi-fire-road.html.

CAPÍTULO 6: VENCE AL TEMOR CON LA FE

1. Ken Davis, *How to Speak to Youth and Keep Them Awake at the Same Time* (Grand Rapids, MI: Zondervan, 1996), pp. 124-26.

2. C. S. Lewis, *Mere Christianity* (Nueva York, NY: Macmillan, 1956), p. 109.

3. Klyne Snodgrass, *NIV Application Commentary: Ephesians* (Grand Rapids: Zondervan, 1996), p. 343.

4. Peter T. O'Brien, *The Pillar New Testament Commentary: The Letter to the Ephesians* (Grand Rapids: Wm. B. Eerdmans Publishing Co., 1999), p. 480.

5. R. Kent Hughes, *Ephesians* (Wheaton, IL: Crossway Books, 1990), pp. 235-36.

6. Adaptado de la obra «Marla Runyan», de Debra Michals, *National Women's History Museum*, https://www.womenshistory.org/education-resources/biographies/marla-runyan y Daniel Rodgers, «I Can't See It but I Know It's There», *Sermonsearch*, 5 agosto 2007, https://www.sermonsearch.com/sermon-outlines/46707/i-cant-see-it-but-i-know-its-there/.

7. «MLK Quote of the Week: Faith Is Taking the First Step...», The King Center, 21 febrero 2013, http://www.thekingcenter.org/blog/mlk-quote-week-faith-taking-first-step.

8. Mark Batterson, *Wild Good Chase: Reclaim the Adventure of Pursuing God* (Colorado Springs, CO: Multnomah Books, 2008), p. 79.

9. Ron Dunn, *Faith Crisis: What Faith Isn't and Why It Doesn't Always Do What You Want* (Colorado Springs, CO: Life Journey, 2007), p. 209.

10. «Nicky's Story», *Nicky Cruz Outreach*, http://nickycruz.org/nickys-story/ y «Nicky Cruz: Salvation in the Jungles of New York», *CBN*, http://www1.cbn.com/700club/nicky-cruz-salvation-jungles-new-york.

11. Citado por Herbert Lockyer en *All the Promises of the Bible* (Grand Rapids, MI: Zondervan, 1962), p. 268.

12. Ben Patterson, *Waiting: Finding Hope When God Seems Silent* (Downers Grove, IL: InterVarsity Press, 1991), p. 101.

13. Tim Keller, *Walking with God Through Pain and Suffering* (Nueva York, NY: Penguin Group, 2013), p. 5.

14. Jemar Tisby, «Faith Begins Where You End», 24 junio 2013, https://jemartisby.com/2013/06/24/faith-begins-where-you-end/.

15. Stu Weber, *Spirit Warriors* (Sisters, OR: Multnomah Publishers, 2001), p. 172.

16. Dietrich Bonhoeffer, *Life Together* (Minneapolis, MN: Fortress Press, 2005), p. 32.

17. Daniel Ritchie, danielritchie.org.

18. «The End of Slavery», *Stories for Preaching*, http://storiesforpreaching.com/the-end-of-slavery/.

19. Dunn, *Faith Crisis*, p. 35.

20. Esta historia es un resumen de un mensaje dado por el general Charles Krulak en Wheaton, Illinois, en el Desayuno de Oración de Líderes en octubre 2000.

CAPÍTULO 7: VENCE A LA CONFUSIÓN CON LA SABIDURÍA

1. Matthew Cox, «Combat Engineer Receives Helmet That Saved His Life in Afghanistan», *Military.com*, https://www.military.com/daily-news/2016/04/20/combat-engineer-receives-helmet-that-saved-his-life-afghanistan.html.

2. Anthony Selvaggio, *A Proverbs Driven Life: Timeless Wisdom for Your Words, Work, Wealth, and Relationships* (Wapwallopen, PA: Shepherd Press, 2011) pp. 14-15.

3. J. I. Packer, *Knowing God* (Downers Grove, IL: InterVarsity Press, 1973), pp. 102-103. [*El conocimiento del Dios Santo* (Miami: Vida, 2006)].

4. William Proctor, *The Templeton Touch* (Conshohocken, PA: The Templeton Press, 2012), pp. 57–58.

5. Sinclair Ferguson, *Grow in Grace* (Colorado Springs, CO: NavPress, 1984), pp. 236-37.

6. Tremper Longman III, *Baker Commentary on the Old Testament and Psalms: Proverbs* (Grand Rapids, MI: Baker Academic, 2006), p. 101.

7. Jim Castelli, editor, *How I Pray: People of Different Religions Share with Us that Most Sacred and Intimate Act of Faith* (Nueva York, NY: Ballentine Books, 2011), pp. 55–56.

8. Thomas Jefferson, *The Writings of Thomas Jefferson, Volumen 17* (Washington, DC: The Thomas Jefferson Memorial Association, 1905), p. 130.

9. A. W. Tozer, *The Pursuit of God* (Harrisburg, PA: Christian Pub. Co., 1948), p. 17. [*La búsqueda de Dios* (Winspread 2008)].

10. Lady Julian of Norwish, *Revelations of Divine Love* (Londres: Metheun, 1911), p. 12.

11. Sherwood E. Wirt, *A Thirst for God* (Grand Rapids, MI: Zondervan Pub., 1980), p. 25.

12. John Meacham, *American Gospel: God, the Founding Fathers, and the Making of a Nation* (Nueva York, NY: Random House, 2007), p. 173.

13. Charles Bridges, *A Modern Study in the Book of Proverbs* (Fenton, MI: Mott Media, 1978), p. 3.

14. Porciones de este capítulo fueron adaptadas de David Jeremiah, *Wisdom of God* (Milford, MI: Mott Media, Inc.), el cual está fuera de circulación.

CAPÍTULO 8: VENCE LAS TENTACIONES CON LAS ESCRITURAS

1. Al Covino, «Winners and Winners» *A Fourth Course of Chicken Soup for the Soul*, Jack Canfield, Mark Victor Hansen, Hanoch McCarty (Deerfield Beach, FL: Health Communications, 1997), reproducido en

el sitio web de *Leadership Dynamics*, https://www.leadershipdynamics.com.au/keep-fish-back/.

2. «Poisonous Paradise», *Stories for Preaching*, http://storiesforpreaching.com/category/sermonillustrations/temptation/.

3. Martha Tarbell, *Tarbell's Teacher's Guide* (Nueva York, NY: Fleming Revell Company, 1919), p. 387.

4. Warren Weirsbe, *Be Loyal* (Colorado Springs, CO: David C. Cook, 1980), p. 38.

5. Rob Morgan, *100 Bible Verses Everyone Should Know by Heart* (Nashville, TN: B&H Publishing Group, 2010), p. 127.

6. John MacArthur, *How to Meet the Enemy: Arming Yourself for Spiritual Warfare* (U.S.A.: Victor Books, 1992), p. 141.

7. Ray C. Stedman, *Spiritual Warfare: Winning the Daily Battle with Satan* (Portland, OR: Multnomah Press, 1975), p. 116.

8. Paráfrasis procedente de la *George MacDonald Anthology*, C. S. Lewis, ed. (Londres: Geoffrey Bles, 1970), p. 31.

9. Stanley D. Toussaint, *Behold the King: A Study of Matthew* (Portland, OR: Multnomah Press, 1980), p. 76.

10. «Twenty-One Books You Don't Have to Read», *GQ*, 19 abril 2018, https://www.gq.com/story/21-books-you-dont-have-to-read?utm_source=Cultural+Commentary&utm_campaign=c89f600b05-Jim%27s+Daily+Article+%281%2F12%2F18%29&utm_medium=email&utm_term=0_51f776a552-c89f600b05-273585089&mc_cid=c89f600b05&mc_eid=10b0d7d666.

11. Kenneth Berding, «The Easiest Way to Memorize the Bible», *BIOLA Magazine*, primavera 2012, http://magazine.biola.edu/article/12-spring/the-easiest-way-to-memorize-the-bible/.

12. Charles R. Swindoll, *Growing Strong in the Seasons of Life* (Grand Rapids, MI: Zondervan, 1983), p. 61.

CAPÍTULO 9: VÉNCELO TODO CON LA ORACIÓN

1. S. D. Gordon, *Quiet Talks on Prayer* (Nueva York, NY: Fleming H. Revell Company, 1904), p. 233.

2. Philip Yancey, *Prayer* (Grand Rapids, MI: Zondervan Publishers, 2006), pp. 145-46.

3. Stuart Briscoe, *Getting into God* (Grand Rapids, MI: Zondervan, 1975), p. 55.

4. E. Stanley Jones, citado por R. Kent Hughes, *Liberating Ministry from the Success Syndrome* (Wheaton, Il: Tyndale, 1988), p. 73.

5. Saint Augustine, *Letters 100–155* (Nueva York, NY: New City Press, 2003), p. 192.

6. Charles Spurgeon, «Ask and Have», http://www.spurgeongems.org/vols28-30/chs1682.pdf.

7. Watchman Nee, *The Collected Works of Watchman Nee* (Anaheim, CA: Living Stream Ministry, 1993), p. 141.

8. Thomas Watson, *All Things for Good* (Amazon Digital Services LLC, 2011), p. 17.

9. Jason Meyer, «How to Pray in the Holy Spirit», *Desiring God*, 13 abril 2018, https://www.desiringgod.org/articles/how-to-pray-in-the-holy-spirit.

10. Martha Simmons & Frank A. Thomas, eds., *Preaching with Sacred Fire: An Anthology of African American Sermons, 1750 to the Present* (Nueva York, NY: W. W. Norton & Company, 2010), pp. 707-708.

11. Adaptado de Fern Nichols, «The Difference One Prayer Can Make», *Faith Gateway*, 10 septiembre 2013, http://www.faithgateway.com/difference-one-prayer-can-make/#.Wu4jAi-ZPm2.

12. Donald Whitney, *Spiritual Disciplines for the Christian Life* (Colorado Springs, CO: NavPress, 2014), p. 85.

13. James Leasor, *What Went on Behind the Closed Doors of the Cabinet War Rooms* (UK: House of Stratus, 2001), p. 56.

CAPÍTULO 10: VENCE A LA MUERTE CON LA VIDA

1. Alan Binder, «"I Just Wanted to Live", Says Man Who Wrested Rifle from Waffle House Gunman», *The New York Times*, 23 abril 2018, https://www.nytimes.com/2018/04/23/us/waffle-house-hero-james-shaw.html.

2. Ben Patterson, *Deepening Your Conversation with God: Learning to Love to Pray* (Bloomington, MN: Bethany House Publishers, 2001), pp. 85–86.

3. Ariana Eunjung Cha, «Peter Thiel's Quest to Find the Key to Eternal Life», *The Washington Post*, 3 abril 2015, www.washingtonpost.com/business/on-leadership/peter-thiels-life-goal-to-extend-our-time-on-this-earth/2015/04/03/b7a1779c-4814-11e4-891d-713f052086a0_story.html?noredirect=on&utm_term=.e2053bd5bf58.

4. Bloomberg News, «Investor Peter Thiel Planning to Live 120 Years», *Bloomberg*, 18 diciembre 2014, https://www.bloomberg.com/news/articles/2014-12-18/investor-peter-thiel-planning-to-live-120-years.

5. W. Harry Fortuna, «Seeking Eternal Life, Silicon Valley Is Solving for Death», *Quartz*, 8 noviembre 2017, https://qz.com/1123164/seeking-eternal-life-silicon-valley-is-solving-for-death/.

6. Ibíd.

7. Harry Pettit, «First Human Frozen by Cryogenics Could Be Brought Back to Life in "Just Ten Years", Claims Expert», *Daily Mail*, 15 enero 2018, www.dailymail.co.uk/sciencetech/article-5270257/Cryogenics-corpses-brought-10-years.html.

8. Mark Leibovich, «Larry King Is Preparing for the Final Cancellation», *The New York Times*, 26 agosto 2015, https://www.nytimes.com/2015/08/30/magazine/larry-king-is-preparing-for-the-final-cancellation.html.

9. Brittany Mejia, «While Out for a Jog, She Discovered a Baby Buried Alive. Twenty Years Later, They Reunite», *Los Angeles Times*, 18

mayo 2018, http://www.latimes.com/local/california/la-me-ln-baby-christian-20180516-story.html.

10. Josh McDowell y Sean McDowell, *Evidence for the Resurrection* (Grand Rapids, MI: Baker Books, 2009), Kindle lugar 2534–2539. [*Evidencia de la resurrección* (Editorial Patmos, 2010)].

11. Ibíd., Kindle lugar 2592.

12. Robert Morgan, «Why I Preach the Literal Resurrection of Jesus Christ from the Grave—1 Corinthians 15», usado con permiso.

13. Citado en Wolfhart Pannenberg, traducido por Lewis L. Wilkins y Duane A. Priebe, *Jesus—God and Man* (Filadelfia, PA: The Westminster Press, 1977), p. 100.

14. McDowell y McDowell, *Evidence for the Resurrection*, Kindle lugar, 2735-2741.

15. Albert L. Roper, *Did Jesus Rise From the Dead* (Grand Rapids, MI: Zondervan Publishing House, 1965), ver la Dedicatoria.

16. John Duckworth, *Just for a Moment I Saw the Light* (Wheaton, IL: Victor Books, 1994), pp. 11-17.

17. Clare Ansberry, «Why Teens Need a Sense of Purpose», *The Wall Street Journal*, 10 febrero 2018, en https://www.wsj.com/articles/why-teens-need-a-sense-of-purpose-1518264001.

18. Jim Davis, «With 10,000 a Day Reaching Age 60, WSU Institute to Seek Answers», *Herald Net*, 1 septiembre 2017, https://www.heraldnet.com/business/ with-10000-a-day-reaching-age-60-wsu-institute-to-seek-answers/.

19. Rex Yancey, «Rejoicing in the Resurrection», *Sermon Search*, www.sermonsearch.com/sermon-outlines/24792/rejoicing-in-the-resurrection/ y Karen S. Schneider, «For the Parents of a Soldier Reported Killed in the Gulf, Death Takes a Holiday», *People Magazine*, 18 marzo 1991, en http://people.com/archive/for-the-parents-of-a-soldier-reported-killed-in-the-gulf-death-takes-a-holiday-vol-35-no-10/.

ACERCA DEL AUTOR

David Jeremiah es el fundador de Turning Point, un ministerio internacional comprometido a proporcionar a cristianos enseñanzas sólidas de la Biblia por medio de la radio y televisión, la Internet, eventos públicos y materiales de recurso y libros. Es el autor de más de cincuenta libros, entre ellos: *Una vida más que maravillosa, ¿Es este el fin?, En busca del cielo en la tierra* y *El anhelo de mi corazón*.

Dr. Jeremiah sirve como pastor principal de la iglesia Shadow Mountain Community Church en San Diego, California, donde reside con su esposa, Donna. Tienen cuatro hijos adultos y doce nietos.